编辑委员会

主　　任：鲁景超　李洪岩　喻　梅
副 主 任：高　原　陈　卓　刘　鹏
委　　员：赵　俐　翁　佳　查　谦　徐　力　刘　卓
　　　　　王　青　芦　巍　康　健　柴　璠　徐树华

主　　编：喻　梅
执行主编：徐树华
编　　辑：王文艳　王　航　章晓杰　郝君怡
特约编辑：林　阳　岳　军
编　　务：王　亮　马天硕　汪　昊

投稿邮箱：boyintougao@cuc.edu.cn

播音主持艺术研究

喻 梅 ◉ 主编

徐树华 ◉ 执行主编

第 01 辑

2025 01

中国传媒大学出版社
·北京·

图书在版编目（CIP）数据

播音主持艺术研究 . 第 01 辑 / 喻梅主编；徐树华执行主编 . -- 北京：中国传媒大学出版社，2025.6.
（2025.7 重印）
ISBN 978-7-5657-3973-6

Ⅰ . G222.2

中国国家版本馆 CIP 数据核字第 202550E568 号

播音主持艺术研究（第 01 辑）
BOYIN ZHUCHI YISHU YANJIU（DI-YI JI）

主　　编	喻　梅
执行主编	徐树华
责任编辑	赵　欣　张　笛　高卓毓　张　嵘
特约编辑	蔡家玮
封面设计	拓美设计
责任印制	秦　英

出版发行	中国传媒大学 出版社
社　　址	北京市朝阳区定福庄东街 1 号　　邮　编　100024
电　　话	86-10-65450528　65450532　　传　真　65779405
网　　址	http://cucp.cuc.edu.cn
经　　销	全国新华书店
印　　刷	唐山玺诚印务有限公司
开　　本	787mm×1092mm　1/16
印　　张	14.5
字　　数	307 千字
版　　次	2025 年 6 月第 1 版
印　　次	2025 年 7 月第 2 次印刷
书　　号	ISBN 978-7-5657-3973-6　　定　价　78.00 元

本社法律顾问：北京嘉润律师事务所　　郭建平

目 录

序 言

继往开来　守正创新　拥抱未来再出发
　　——智媒时代的播音主持艺术与专业教育 ··· 003
　◎ 喻　梅

本刊专稿

当AIGC照进现实，我们如何拥抱"改变" ··· 003
　◎ 丁亚平
新技术新环境下戏剧影视教育的信念与使命 ··· 006
　◎ 胡智锋
守正创新，做好人工智能时代播音主持教育工作 ··· 014
　◎ 姚喜双　岳　军

人工智能时代：AIGC与播音主持艺术的交汇与展望

身份、伦理和人格化：AI合成主播发展刍议 ··· 023
　◎ 高　原　曹　悦
AIGC发展对新闻主播职业生态影响研究 ·· 037
　◎ 王　航　陈　阳
技术与道德：智能时代AI主播的平台实践与伦理审视 ································· 044
　◎ 林玉佳　岑　迹

数智时代 AI 主播的具身逻辑与情感弥合研究 ························· 052
◎ 张　超　靳　迪

人的"延伸"：媒介元宇宙中的 AI 主播 ······························· 061
◎ 成帝成　顾熠男　孔垂永

数字智能时代 AIGC 赋能口语传播的声音景观建构研究 ················ 067
◎ 邓　君

虚拟主播与播音主持：技术现象学视角下的交互与影响 ················ 075
◎ 史泰然

人工智能技术介入播音主持艺术的前景及伦理研究 ···················· 082
◎ 魏博伦

学科与专业：面向智媒传播的学科和专业建设

播音主持艺术六十年学术研究热点回顾与启示
——基于 CiteSpace 的文献计量研究 ····························· 095
◎ 孙艳梅

智媒体视域下播音与主持艺术专业建设路径创新 ······················ 107
◎ 穆　洁　张苗苗

创作与未来：基于播音与主持艺术专业艺术属性的思考 ················ 113
◎ 李馨瑶

教育与教学：智能化的教学理念、平台与环境

试论公众表达中声音能量的抵达与交换 ······························ 125
◎ 赵　俐

智能化多模态教学在播音主持教学中的应用与探索 ···················· 133
◎ 雷　鸣

重大体育赛事体育展示主持人才高校培养路径研究
——以中国传媒大学播音主持艺术学院学生杭州亚运会实践为例 ······ 142
◎ 李元豪

业务探讨：技术赋能与人文价值

由内部言语论口语传播文本的创作环节 ⋯⋯⋯⋯⋯⋯⋯⋯⋯⋯⋯⋯⋯⋯⋯⋯⋯⋯⋯ 155
◎ 徐 力

SWOT-PEST 视角下 AIGC 赋能主持传播的数智力量 ⋯⋯⋯⋯⋯⋯⋯⋯⋯⋯⋯⋯⋯ 165
◎ 史惠斌

人机共创：AIGC 时代播音主持创作的技术升维与实践路径 ⋯⋯⋯⋯⋯⋯⋯⋯⋯⋯ 174
◎ 隋欣益 袁 璐

AIGC 技术视角下文化类视听节目主持语言的逻辑呈现与功能建构 ⋯⋯⋯⋯⋯⋯ 182
◎ 沙 莎 李婷婷

真人新闻主播在虚拟数字人技术发展下面临的挑战与机遇 ⋯⋯⋯⋯⋯⋯⋯⋯⋯⋯ 189
◎ 聂 勇

历史与发展

朗读美学理论的再阐扬：从播音主持教育实践的肌理出发 ⋯⋯⋯⋯⋯⋯⋯⋯⋯⋯ 199
◎ 柴 璠

继承与创新：齐越播音实践与理论的当代启示 ⋯⋯⋯⋯⋯⋯⋯⋯⋯⋯⋯⋯⋯⋯⋯ 204
◎ 林 阳 徐树华

第二次世界大战结束前美国华文媒体的历史发展 ⋯⋯⋯⋯⋯⋯⋯⋯⋯⋯⋯⋯⋯⋯ 212
◎ 查 谦

序言

继往开来　守正创新　拥抱未来再出发

——智媒时代的播音主持艺术与专业教育

播音主持艺术作为独具中国特色的传媒艺术表现形态，其发展历程与国家命运紧密相连，在党的宣传思想文化事业的历史长卷中绘就了浓墨重彩的篇章。从延安窑洞穿透硝烟的战斗号角到开国大典饱含民族自豪的铿锵解说，从改革开放浪潮中充满激情的发展讯息到新时代新征程里感人至深的奋斗故事，播音主持艺术工作者始终以有声语言为媒介，成为时代脉搏最敏锐的捕捉者，成为党和国家声音最坚定的传播者。

回溯学科发展轨迹，从 1954 年中央广播事业局广播技术人员训练班开启播音员专业化培养之路，到 1963 年北京广播学院创立中文播音专业，人才培养逐步走向规范化、体系化；从 1980 年北京广播学院播音系招收硕士研究生、1999 年招收博士研究生，到 2024 年首批播音主持艺术专业学位博士研究生入学，学科建设向纵深迈进。七十余载的探索实践中，播音主持艺术专业教育始终坚守政治站位，以国家需求为导向，在传媒变革的浪潮中不断突破创新，构建起具有鲜明中国特色的人才培养体系和自主知识体系。由此培育出的众多优秀播音员主持人，在传媒一线用声音镌刻时代印记，以专业素养弘扬民族精神，以真挚情怀诠释有声语言艺术的深刻内涵，成为连接党和国家与人民群众的重要桥梁。

步入智媒时代，以人工智能为核心的技术革命正重塑传播生态。智能合成语音、数字虚拟人、AI 主播等新生事物的涌现，使播音主持行业面临前所未有的挑战。然而，回顾历史，我们面临的挑战从未停止，我们一直在挑战中变革，在变革中发展。技术浪潮是重塑而非取代播音主持岗位，播音主持艺术专业工作内容、职业边界、生存空间都会被重新定义，人工智能不是播音主持行业的"终结者"，而是推动播音主持艺术专业教育生态重构的"催化剂"。技术迭代无法撼动播音主持"代表国家形象""传播国家声音"的核心功能，亦无法改变其"新闻性与艺术性交融"的本质属性，以及"信息传播与价值引领并重"的专业特色。在人机协同的新时代，优秀播音员主持人的人文特质与艺术创造力越发珍贵，这要求播音主持艺术专业教育必须回归育人本质，强化人文精神与艺术素养培育，推动学生从技能型人才向具备内容生产、创意策划、情感连接等多元复合能力的创新型人才转变，以适应智媒时代人与技术共创、共生、共荣的行业新生态。

《播音主持艺术研究》作为兼具学术深度与实践价值的专业集刊，既聚焦学科前沿的理论探索，又关注行业实践的创新发展，是对播音主持艺术专业人才培养与教学改革经验的系统总结，更是面向未来对行业发展与学科建设的前瞻性思考。在此，谨向为集刊出版倾注智慧与心血的专家学者，以及长期以来支持播音主持艺术专业发展的师生致以诚挚谢意。期待这本集刊成为学术研究的沃土，孕育创新思想；成为实践探索的平台，激发创作灵感；成为交流互鉴的桥梁，推动学科发展。

　　站在新时代的历史方位，我们必须坚持"守正创新"的理念，在拥抱技术变革的同时坚守价值底线，在传承语言艺术精髓的基础上创新传播形态。未来已来，时不我待，让我们携手共进，以坚定的信念与不懈的努力，为中国播音主持事业的创新发展注入源源不断的动力，书写新时代的辉煌篇章。

喻　梅

中国传媒大学播音主持艺术学院院长

教授、博士生导师

2025 年 5 月 15 日

本刊专稿

当 AIGC 照进现实，我们如何拥抱"改变"*

丁亚平 **

近年来，我们迎来了一波新的科技大爆发，人工智能、大数据似乎从科幻般的遥远未来被拉到我们的面前，让未来照进现实，短短几年里，数字技术的发展已经取得不少成果。

凭借着科技等独到的发展优势，以人工智能为代表的第四次工业革命已经在轰轰烈烈地开展，事实上，2024 年注定是载入历史的时间节点，已经成为机器人之年、游戏之年、模拟之年，人工智能及相关技术与产业发展朝气蓬勃，机器人的时代已经到来。相比传统行业，一些新型公司的市值快速增加，显示出后来者居上的态势。以蒸汽机的发明为标志的第一次工业革命开创了以机器代替手工劳动的时代，以电的发明为标志的第二次工业革命催生了现代科技的雏形，以互联网的发明及应用为标志的第三次工业革命引发了长达二十多年的互联网创业浪潮。如今的第四次工业革命将人类社会引入智能时代，数字技术的变革，包括互联网、人工智能技术的相互影响，使数字媒体、智能媒体持续发展。

不少企业和行业已经步入产品迭代时代，甚至完全突破了人们想象的边界。人们正热火朝天地讨论人工智能。各行各业看到，在数字技术、人工智能发展中，可以拓展出以"和合"的价值观引领潮流的广阔前景。

数字孪生地球已经上线，Earth-2 成为一个完全数字化的地球，对当下人类发展、对社会全行业经济拉动作用巨大。人工智能、颠覆性的虚拟数字环境、机器人技术自主开发平台艾萨克（Isaac）等，已经成为新的时代发展的领航者，催生新的市场风口，为包括播音主持应用在内的艺术技术持续赋能。我国自主开发的 AI 机器人、模拟智能体等即将全面进入播音主持领域，而且具备接地气以至开源的特点。播音主持艺术不

---

* 本文系作者在中国高等院校影视学会播音主持专业委员会 2024 年度学术年会开幕式上的致辞。

** 丁亚平：中国传媒大学艺术学部学部长、特聘教授、博士生导师。《艺术传播研究》杂志主编。中国艺术研究院二级研究员。中国高等院校影视学会会长，中国电视艺术家协会高等院校视听艺术委员会会长。国家高层次人才特殊支持计划领军人才，文化名家暨"四个一批"人才，文化和旅游部"优秀专家"，享受国务院政府特殊津贴专家。中国电影家协会第十届理事，国家电影局电影审查委员会委员。中国电影评论学会副会长。曾任中国艺术研究院电影电视研究所所长，中国艺术研究院学术委员会副主任，文化艺术出版社总编辑，《传记文学》杂志社社长、主编。先后主持完成三项国家社科基金重大项目，担任首席专家。

断创新、突围,与智能技术融合发展势在必行。

如今,人工智能浪潮席卷全球,必将对播音主持领域产生深远影响。

首先,人工智能已经在播音主持工作中扮演越来越重要的角色。从播音特效到虚拟主持,从播音主持文本生成到后期剪辑,人工智能工具正在提高播音主持工作的效率,丰富播音主持艺术的可能性。例如,生成式人工智能可以快速生成不同场景下播音主持的创意和效果,赋予播音主持者更多的想象力和更大的实验空间。

其次,人工智能对播音主持传播的形式和本质也产生了冲击。在信息爆炸的时代,人工智能技术可以分析海量受众反馈和传播数据,为播音主持传播提供更精准的接受趋势和社会情绪洞察。同时,人工智能生成的评论和评分系统也挑战了传统播音主持传播的权威性,迫使播音员主持人重新思考自己的角色定位,进一步强调播音主持的人文性、独特性和深度分析。播音主持创作者不仅需要解读播音主持的艺术价值,还要在人工智能无法触及的情感和社会层面提出独到见解,从而赋予播音主持及传播以新的价值。

最后,人工智能的发展可能会重新定义播音主持创作与研究的关系。人工智能生成的播音主持内容与人类创作的界限逐渐模糊,未来可能会出现由人工智能完成的完整的播音主持新视景。播音员主持人面对这种变化,需要探索如何评估和理解人工智能播音主持传播的艺术性、伦理边界以及社会意义。播音主持研究将不仅仅是对新型播音主持传播的解读,而且是对该领域技术与人性、算法与创意之间关系的哲学思考。

总之,人工智能的兴起为播音主持传播行业带来了新的机遇和挑战。作为观察者,我认为我们需要积极拥抱技术变革,同时坚守播音主持传播的核心价值,为受众和播音主持创作者提供更深层次的文化和社会对话平台。

中国高等院校影视学会自成立到现在,已有 41 年的历史,会员 4000 余人。这些年来,学会为推进专业化、精细化、规范化建设,先后创建了 15 个专业委员会、28 个创研中心。这些专业委员会和创研中心自成立以来,通过开展学术交流、举办学术会议和赛事活动、组织发表高水平论文等,形成了致力于研究影视教育、教学和学科建设的学术共同体。由喻梅院长担任会长的播音主持专业委员会迅速展现新的气象,专业委员会在年会论坛以外,再组织一次学术年会,邀请高校轮流主办。喻院长说要以此活跃播音主持学科的学术氛围,同时让更多的学校参与,凝聚力量,形成合力,这是特别好的有导向性和丰富性的举措,也是具有开创性的重要工作。

中国高等院校影视学会一直致力于推动影视及相关领域的学术交流与前沿观察,与本次会议主题"人工智能时代:AIGC 与播音主持艺术的交汇与展望"有着极其紧密的内在契合关系。

在 AI+ 这一新兴领域,我们看到了无限的可能性,同时也看到了播音主持艺术在这一技术环境与时代语境中的无限可能性。伴随着机遇和挑战，我们鼓励并支持学术界、产业界以及政策制定者之间的对话与合作，共同探索人工智能的未来发展路径。

本次学术会议会聚了来自学界和业界的专家学者，包括一大批青年才俊，我们将共同探讨播音主持智能化教学研究，全媒体时代播音主持人才培养，播音主持的跨学科融合发展、社会影响、教育应用、技术革新等重要议题。这样的探讨减少了教研实践中"雾里看花"的隔膜带来的片面性，拉近了科研与教学的距离。我相信，通过深入的交流和研讨，我们能够更好地理解人工智能广泛应用的内在机制，考察它的本体特性及流变，同时为解决人工智能在播音主持艺术中的应用提供思路和方案。

让我们携手共进，面向未来，为播音主持学术研究的繁荣发展贡献力量，为中国播音主持艺术的健康成长和可持续发展作出积极的努力。

最后，预祝本次"人工智能时代：AIGC与播音主持艺术的交汇与展望"论坛取得圆满成功，祝愿各位嘉宾在重庆的时光愉快、收获满满。谢谢大家！

（本文编辑　徐树华）

新技术新环境下
戏剧影视教育的信念与使命

胡智锋 *

自 2011 年"艺术学升门"以来,戏剧影视教育快步进入一个气象万千、蓬勃发展的新时代。十余年间,戏剧影视教育在党的全面领导下历经数次大小调整,始终面向国家所需、社会所需与人民所需,在学科专业建设、人才培养、学术研究、艺术创作和服务国家重大战略需求等方面皆取得了卓越的成就,标志着戏剧影视学科在新时代取得了历史性的突破。但近年来,伴随着由人工智能引领的第四次技术革命的到来以及由外部局势动荡所引发的行业环境的变化,戏剧影视教育和其他专业一样面临着发展中的困惑和挑战。由此,我们十分有必要对戏剧影视教育面临的新技术和新环境作出分析判断,并着力思考戏剧影视教育在集体性的困境和焦虑面前应当秉持怎样的信念与使命。

一、戏剧影视教育面临的新技术、新环境

(一)作为双刃剑的新技术

首先是人工智能技术的大发展。 从当前的观察来看,人工智能技术或将成为人类历史上第四次重大的技术革命,并展现出前三次技术革命所不具有的颠覆性特征。换言之,人类以往的技术革命大多被视为一种可控范围内的革新,历史上许多由重大技术革命带来的关键性发明成果也基本如麦克卢汉所言,是作为某种"人的延伸"来体现其价值的。例如,望远镜、显微镜及各类印刷媒介,均是对人类视觉功能的提升;而留声机、电话及广播等,则是对人类听觉能力的延展。这种对人类感官的延伸通过拓展人类传播和接收信息的能力,以技术手段解决人类自身肉体所不能及的问题。尽管它们会对人类的认知思维、生产方式等产生一定的影响,但尚不会从根本上威胁人自身的主体性。然而,当前的人工

---

* 胡智锋:北京师范大学艺术与传媒学院教授、博士生导师。北京电影学院原党委副书记、副校长。国务院学位委员会第七、八届戏剧与影视学科评议组召集人,中国文联第十一届全国委员会委员,中国电视艺术家协会副主席,中国高校影视学会学术委员会主任。教育部"长江学者"特聘教授,哈佛大学高级访问学者。入选中组部首批"万人计划"哲学社会科学领军人才,中宣部"四个一批"人才工程、"新世纪百千万人才工程"国家级人选,"新中国 60 年影响中国广播电视进程的 60 位人物"。

智能技术革命正展现出一种全新的、前所未有的态势。其应用前景已远远超越了简单的对人类感官的延伸，而是以一种更为全面、深入的方式渗透到社会生活的各个领域，力求实现技术与人的全面融合。这种融合无疑将对人类的个体生活方式、经济发展模式乃至社会运作规则都产生更为深远且广泛的影响。

从积极的角度看，这种颠覆性的技术为一系列曾经看似遥不可及的人类愿景之实现提供了可能。例如，它不仅催生了一大批更加高效的生产工具，也使得人类所期待的更具沉浸感的数字化生存成为现实。近些年，新媒体行业的迅猛发展正是得益于人工智能技术的全面赋能。但全面融合意味着全面渗透。伴随着人工智能技术的介入，人类原先基于生物性和生活性的经验输入逐渐被生成式、算法化的信息投喂取代。这无疑会导致人类自身主体性的某种丧失。如今，由生成式人工智能产出的文字、图片和音视频已经越发真假难辨，甚至许多由人工智能随机生成的伪数据、假讯息已经开始在不同程度上影响到人们的正常生活与社会运转。此外，当前各类网络舆情的日益频发与部分网络群体的日趋极化都或多或少与人工智能技术在背后的推波助澜有所关联。正是人工智能算法的个性化内容推送机制的大规模应用，使得今天的大众在获取讯息时很大程度上被人工智能与大数据算法裹挟，被迫生存在一个又一个由个性化推送机制制造的信息茧房之中。

回到戏剧与影视学的专业内，人工智能技术带来的影响已经开始显现，人类与人工智能技术的耦合逐渐加深，人工智能被视为拟人化的抽象主体，这从根本上改变了以人为主体的影视艺术创作模式，由此，影视艺术走向了人机协同创作新格局。[1] 在新格局下，不仅戏剧影视艺术的创作模式会产生新的变化，还会出现一系列伴随新技术而来的负面问题（诸如作品侵权、创作的同质化与劣币驱逐良币等），而这都需要业内各界积极思考应对之法。

其次是对数据处理技术的隐忧。 当前，全社会数字化进程加速，算力需求猛增，如何确保数据的存储与满足各方算力的需求成为新的现实问题。从地域上来看，我国主要数据处理需求大多集中在东部地区，数据中心也大都聚集于此。但东部地区土地资源日益紧张，运维成本逐年攀升，再在东部地区大规模地投建数据中心并不现实。而资源丰富且气候宜人的西部地区具有承接大量数据处理需求的潜力。为此，国家启动"东数西算"工程，依据全国一体化大数据中心体系的总体布局设计，推动我国数据中心的"合理布局、优化供需、绿色集约和互联互通"。"东数西算"工程在促进区域协调发展、可持续发展的同时，有力提升了我国的数据处理水平。

但与数据处理技术大发展相伴相生的还有大众对于数据安全的隐忧。海量数据的存储与传输如何兼顾效率与安全、关键信息的加密与调用如何做到既运用得当又便捷高效都是较为典型且尤为突出的问题。甚至对数字化本身，依据相关业内人士的实践经验与专业判断，各行各业是否全盘选择数字化也尚存值得商榷之处。例如，数字存储的发明远远晚于胶片存储,其本应是更为先进的存储方式。但事实上,从长期保存的角度上来看,数字化储存远不及胶片存储可靠、安全。因此,中国电影资料馆、中央新闻纪录电影制片厂以及北京电影学院等承担着国家战略性影像保存与摄制任务的单位已经着手重启胶片摄影、胶片修复甚至数字转胶片技术的相关研究工作。

(二)日益复杂的新环境

以人工智能技术与数字处理技术为代表的新技术对戏剧影视教育的影响只是作用于具体业务层面,而日益复杂的新环境对戏剧影视教育的影响更广泛也更深远。

首先从学科内的小环境来看,不对称的资源分配、内卷化的恶性竞争以及不完善的评价体系很大程度上限制了学科的进一步发展。

所谓"不对称的资源分配"指的是优质的教育资源和实践机会越来越集中在那些已经具备较高声誉和较好条件的平台与院校,导致学科内的"虹吸效应"越发显著。这不仅意味着优质的教育资源和优秀的师资力量不断被那些顶尖的平台与院校吸引,还意味着许多位置相对偏远、条件相对不足的院校,从一开始就因为缺乏足够的资金投入、先进的教学设施和高水平的师资力量而在人才培养的竞争中处于不利地位。这些院校事实上并不具备培养优秀专业人才的相关条件,因此难以在人才培养方面取得成就。

"内卷"特指当今社会上出现的一种激烈且过度的内部竞争现象。内卷化的过程会导致个体在过度的竞争中承受巨大的压力和负担。这种现象近年来在各行各业中普遍存在,在高校学术界尤为突出,常被视为一种由高校扩招引发的"溢出效应"的负面产物。内卷化不仅限制了教师们(尤其是青年教师)的专业成长和全面发展,还使得他们在学术研究、教学创新和个人职业规划等方面难以获得足够的时间与空间。甚至由于过度竞争,教师们往往被迫将大量时间和精力投入无休止的学术竞赛与各项评比之中,从而忽视了对教学质量和学术深度的追求,这一现象使得学术界变得越发功利和浮躁,进而影响戏剧与影视学整体的革新与发展。因此,如何防止内卷化的恶性竞争已经成为学科内亟待解决的重要课题。

戏剧与影视学作为理论与实践并重的学科,对从事教学工作的教职人员提出了全面且多元的要求。其要求不仅包括扎实的学术理论基础,还涵盖丰富的实践经验、创新的教学方法以及与时俱进的媒介素养。然而,现有的评价体系似乎并未充分考虑戏剧与影视学的独特性,难以全面地衡量教职人员的综合素质。评价体系的不完善导致在许多院校中,一线教职人员往往面临"缺学位"或"缺实践"的尴尬局面。许多院校培养的专业人才往往存在明显的"短板"。一些学生可能在理论学习上表现尚可,但在实际操作和应用实践方面显得力不从心;而另一些学生虽然具备一定的实践能力,但在理论素养和深度理解上仍显不足。这些问题使得学生在毕业后难以适应戏剧影视行业的需求,特别是在当前这个媒介融合趋势越发明显的时代背景下。因此，建立一个更加全面和多元的评价机制，对于提升戏剧与影视学的教学质量，培养更多符合时代需求、国家需求、行业需求的新型人才具有重要意义。

其次从行业里的大环境来看，近年来戏剧影视行业面临一系列新的挑战，其中既有外部环境动荡造成的市场低迷，也有行业内部产教脱节导致的人才不足。

一是外部环境的持续动荡。以电影市场为例，受到国际政治局势动荡以及世界经济走势低迷的双重影响，电影市场几经起落，呈现一种极不稳定的发展态势。国内电影市场的"大起大落"折射出的是戏剧影视行业本身极易受政治、经济和社会等多种外部因素影响的行业现实。

二是在行业内部，随着新技术的不断涌现，人才培养与行业需求之间出现了脱节现象。一方面，许多初入社会的毕业生逐渐意识到他们在学校学到的知识与技能并不能完全满足当前行业的需要；另一方面，许多刚刚走上教师岗位的青年教师也面临类似的困境，他们虽然拥有基于科研成果获得的高学历，甚至毕业于海内外的一流学府，但这些学历所代表的学术成就不一定能直接转化为一线教学工作所需的教学经验。这种所学非所用、所教非所需的局面导致行业内出现一种普遍的焦虑情绪。当这种焦虑情绪随着外部环境的持续变化，被从业者自发地传递并弥散开来，自然形成一种行业内的紧张氛围，进而在一定程度上加剧了当前戏剧与影视学发展的萎靡状态以及在社会上认可度低的现状。

二、新技术新环境下戏剧影视教育的理想信念

（一）坚信有用有为

首先是有用，戏剧与影视学的价值在于为国家、社会与个人提供精神支撑。

从需求端来看，戏剧影视作品向大众提供的不仅是一种物质化的生产成果，而且有一种更为深远的精神层面的支持与滋养。任何一个国家和社会都有对精神支柱的强烈需求，这种需求既体现在对整个国家文明的文化支撑上，也体现在对每一个个体生命的精神支撑上。如果没有这种精神上的滋养和支持，无论是整个国家还是个体生命，都可能变得缺乏方向和动力。所以，戏剧影视作品不仅是纯粹的艺术性呈现或简单的商业化产物，更是社会情感与社会需求的表达与体现。而戏剧影视教育在营造社会文化氛围、引导公众情感和塑造主流价值等方面也都有着至关重要的作用。因此，戏剧影视教育及其产出是当前社会不可或缺的组成部分，无论是国家、社会还是个人都对其有强烈的需求。

从供给端来看，尽管以人工智能技术为代表的新技术浪潮正以迅猛之势席卷而来，并且已经在戏剧影视行业的创作和生产流程中显露其取代人类工作者的潜力，但从根本上讲，人工智能技术无论如何进步和发展，它在人文艺术创作领域的作用只是部分替代，而非完全替

代。例如，在一些机械性、重复性的信息播报任务中，虚拟数字人可以替代传统的真人主播，但大众所需求的那些有思想、有情感、有内涵的视听内容，还是只能由接受过系统专业学习的人类艺术家创作。因为人类艺术家不仅拥有深厚的专业知识和技能，还具备独特的情感体验和创造力，这些都是目前人工智能技术所无法完全复制和替代的。因此，尽管人工智能技术在某些方面可以提供辅助，但在戏剧影视创作的核心领域，人类艺术家依然具有不可替代的独特价值。

其次是有为，戏剧影视教育满足了国家、社会与个人的多元化需要。

从宏观层面来看，新时代国家的强国战略，包括文化强国、教育强国、科技强国、人才强国都离不开戏剧影视教育的参与。具体而言，戏剧影视教育在这一过程中扮演了双重角色。一方面，它以各种文艺作品为媒介，积极地宣传和推广国家的重大战略，通过这些作品的广泛传播，有效地宣传了新时代的国家政策和时代精神，从而显著提升了国家的文化软实力。另一方面，戏剧影视产业的蓬勃发展，尤其是其在人工智能、数据处理等前沿技术领域的应用与探索，不仅为产业本身注入了新的活力，也为科技强国、人才强国战略的落实提供了强有力的行业支撑。

从微观层面来看，戏剧影视教育培养的部分人才具有较高的知名度和影响力。一方面，这些专业人才通过创作具有深刻的社会影响力和艺术价值的文艺作品，丰富大众的文化生活，满足社会日益多元的文化需求。另一方面，这些专业人才凭借其在业内的杰出表现和突出成就，通常拥有较高的知名度，容易成为社会的舆论焦点与意见领袖。因此，戏剧影视教育不仅能培养艺术创作的精英，还可以凭借人才的独特社会影响力在弘扬优秀文化、主流价值和宣传国家大政方针等方面发挥积极作用。

（二）坚定大胆创新

从空间上来讲，戏剧与影视学的创新是没有止境的。具体来说，戏剧与影视学的创新根据阶段的不同，可分为**原始创新**、**衍生创新和融合创新**三大类。

一是原始创新，其为学科建设中推动学科发展的重要根基。以播音与主持艺术专业为例，这一专业的创设，为我国广播电视事业的起步奠定了基础。戏剧与影视学中的大量专业，如由中央戏剧学院创设的戏剧表演专业、北京电影学院创设的电影导演专业以及中国传媒大学及其前身北京广播学院创设的电视编辑专业等，均是各大专业院校依托自身学术优势，紧密结合国家发展需求及行业发展动向进行原始创新的重要成果。

二是衍生创新，即在已有专业的基础上的一种自然延伸的、与时俱进的拓展。以广播电视艺术学为例，该学科的发展历程清晰地展现了衍生创新的逻辑轨迹。从早期的文艺编辑专业起步，经过文艺编导的发展阶段，最终拓展为当前的广播电视编导专业，并在此基础上构建起广播电视艺术学的相关理论体系。衍生创新不仅体现了学科发展所必需的连续性与渐进性，也表明学科发展需要顺应时代不断进行拓展与扩充。

三是融合创新，所谓"融合创新"就是打破某个单一的介质或工种而作出的综合交叉的一种创新。黄会林先生在 20 世纪 90 年代创设的影视学专业，正是融合创新理念在学术实践中的成功范例。此外，传媒艺术学的提出也是融合创新下的一个重要成果。传媒艺术学正是在原有的广播电视编导、广播电视艺术等专业的基础上，通过传媒类与艺术类的相关专业的交叉融合，形成了独具特色的学术体系与理论框架。学科的融合创新不仅能促进学术研究的多元化，也为学科间的交流与合作提供了广阔的空间。

综上所述，基于对戏剧与影视学自身发展历程的回顾与相关历史经验的总结，我们有理由坚信，只要继续秉持学科为国家、社会及行业服务的理念，并紧密对接国家的战略需求，勇于探索、大胆创新，那么无论未来戏剧与影视学面临的环境如何复杂多变，抑或新技术如何迅猛发展，戏剧与影视学的发展前景仍将十分广阔。

三、新技术新环境下戏剧影视教育的核心使命

戏剧影视教育面对新技术新环境的双重影响，应秉持怎样的信念、担当与使命，强化戏剧影视人才哪些核心素养，是当前颇为重要的议题。

（一）戏剧影视教育的核心使命：讲故事、传文化、造文明

戏剧与影视学就是**以视听叙事去讲故事、传文化、造文明，赋予生命以精神层面的意义和价值**。讲故事首先要做到会讲故事，即注重以戏剧影视专业独有的艺术手段去讲故事；其次要讲好故事，即学习和借鉴世界上优秀的戏剧影视作品和前沿的专业技术去讲故事。传文化则要求戏剧影视创作坚持以人民为中心，讲人民群众喜闻乐见的故事，讲弘扬中华民族优秀文化的故事，讲反映新时代中国精神与中国风貌的故事。习近平总书记指出："中国式现代化是物质文明和精神文明相协调的现代化，要弘扬中华优秀传统文化，用好红色文化，发展社会主义先进文化，丰富人民精神文化生活。"而造文明是指戏剧影视教育需要与当前全社会努力追求中国式现代化、努力建设中华民族现代文明的进程相适应。戏剧影视教育的责任是赋予个体生命和国家民族精神层面的意义和价值，这也是戏剧影视教育的核心使命。

讲故事、传文化、造文明进一步落实就是戏剧影视教育要**出人才、出作品、出思想**，即打造有影响的人才、创作被大家喜爱的作品、提炼有价值有意义的思想。为了实现这一目标，戏剧影视教育工作者要把握自身的核心使命，持续推动理论创新，构建具有中国特色的戏剧影视理论体系。同时要鼓励创作，用优质的影视作品来提升我国戏剧与影视学的社会影

响力与国际传播力。此外，还要继续加强戏剧影视教育与相关学科的交叉融合，培养新形势下行业急需的具有跨学科思维和综合素质的新型人才。

（二）戏剧影视教育要重视"史、诗、情、思"的培养

在当前的新技术新环境下，唯有高度重视对专业人才"史、诗、情、思"四个方面的培养，方能真正落实戏剧影视教育的核心使命。这四大要素不仅构成了戏剧影视艺术的本质特征，还是戏剧影视教育持续发展与创新的关键。

首先是树立正确史观。戏剧影视教育要注重培养专业人才研究历史的能力与意识。这种培养不仅仅是为了让他们掌握客观的历史知识，更重要的是让他们形成一种科学的历史观和宏大的历史观，而非一种狭隘的、简单化、单向式的历史观。换言之，戏剧影视教育下的专业人才不能将视野局限于眼前的技术和时新的媒介，而忽略历史的经验与多样的选择，从而导致自身的思维定式、观念固化，缺乏创新意识和开拓进取之心。

其次是提升作品诗意。戏剧影视作品的艺术价值，体现在对世俗价值的超越之上。尽管艺术作品的灵感与创作题材源自现实生活，但艺术的再创作必然要求艺术家对所观察到的现实进行某种程度的超越与引领。在此过程中，诗意成为实现艺术价值的核心。以热门电视剧《我的阿勒泰》为例，该剧并未刻意追求剧情的跌宕起伏，而是巧妙地将一部散文集进行了文学改编。这无疑为当前的戏剧影视教育提供了一个重要的启示：在专业技能之外，戏剧影视教育须重视培养专业人才"诗与远方"的追求以及超越世俗价值的审美能力。

再次是加强情感教育。在当今社会，情感教育的重要性不言而喻。情感教育不仅是个人全面成长的关键要素，还是塑造人格力量不可或缺的环节。而在戏剧影视教育中，尤其是播音与主持艺术等专业的人才培养，情感教育应占据重要地位。因为情感是艺术创作的重要驱动力，没有正确的情感观与足够的共情力，作品很难具有足够的感染力。具体而言，当前的情感教育至少需要涵盖三个层面：首先是深植于心的家国情怀，即对国家与民族的深厚情感与认同；其次是日常生活中构成人类情感世界的基石，包含人类生命体验中不可或缺的亲情、友情与爱情；最后是对人文艺术、美食美景等日常生活中情趣的感知力，以及在此基础上激发出的想象力与创造力。以上共同构成戏剧影视教育的情感教育。

最后是注重独立思考。戏剧影视教育应当致力于培育具备独立思考能力及独特思想见地的专业人才。在此过程中，首要任务是培养具有独立人格的个体，进而深化其专业能力。倘若只是培养出一批批掌握某项技能却缺乏独立思考的"工具人"，那么他们在未来势必难以适应戏剧影视行业日新月异的发展，时刻面临被新技术取代的风险。

综上所述，无论技术如何进步、环境如何变迁，戏剧影视教育的核心使命始终是为党和国家育人、为行业输送优秀的视听艺术专才。戏剧影视教育工作者唯有坚信学科自身的有用

有为，继续坚定地走大胆创新的学科探索之路，方能在推进中国式现代化与创造人类文明新形态的伟大历史进程中持续贡献学科的应尽之力。

（本文编辑　徐树华）

——————————

注释

[1] 胡智锋，谢霜天. 人工智能技术赋能影视艺术创作的观察与思考[J]. 电影新作，2023（4）：4-10.

守正创新，
做好人工智能时代播音主持教育工作

姚喜双　岳　军*

近年来，人工智能、大数据等技术已从未来照进现实。在科技创新的推动下，数字技术实现跨越式发展，以人工智能为核心的第四次工业革命正持续推动人类文明进程。2024年是具有里程碑意义的年份，是机器人与人工智能技术爆发式增长的"机器人之年"。人工智能技术的到来也深刻地影响并改变着播音主持事业的发展。2024年6月，中国传媒大学博士生导师姚喜双教授就播音主持事业在人工智能时代所面临的挑战与机遇、播音主持艺术创作的未来发展以及播音主持专业教育的发展方向等问题接受了特约编辑岳军的专访。

岳　军： 姚老师好，现在我们不难发现各行各业都在面临人工智能的冲击，在这样一个时代背景下，媒体行业同样面临这样的机遇和挑战。未来从事播音主持工作的人员、播音主持教育工作者以及还在学校就读播音与主持艺术专业的学生如何面对人工智能主播的到来，播音主持事业又将迎来怎样的机遇和挑战呢？

姚喜双： 我们研究播音主持教育就必须着眼播音主持一线工作的变化，再进行播音主持教育的改革与调整。20世纪90年代下半叶，我在播音主持艺术学院当院长，创办了集刊《播音主持艺术》，我写了一篇文章《播音主持发展的趋势》，预言了未来播音主持发展的10个特点，现在快30年了，应该说都得到了验证。当时我就预言未来（今天）的播音主持工作应该是人播机助、机播人助、人机互助的模式。今天随着人工智能技术的快速发展，我的预言基本上得以实现。如今，播音主持一线发生了很大的变化，呈现出两个播音主体共存的局面。因此，播音主持教育将会面对

---

* 姚喜双：中国传媒大学教授、博士生导师。国家语委咨询委员会委员，中国语文现代化学会会长，国家语委普通话审音委员会委员兼秘书长，教育部高校设置评议委员会委员，教育部关工委常务副主任。国家百千万人才工程第一、二层次人选，享受国务院政府特殊津贴专家。曾任教育部语用司司长，教育部语言文字应用研究所所长，国家语委普通话与文字应用培训测试中心主任，《语言文字应用》主编，北京广播学院（现中国传媒大学）播音主持艺术学院院长等。担任国家社会科学基金重大项目"百年中国播音史"首席专家。

岳　军：苏州大学传媒学院讲师，中国传媒大学播音主持艺术学院博士研究生。

两个培养对象，既要培养播音主持工作的从业人员，也要继续加强对机器主播的研发和培育。无论技术发展到什么阶段，还得靠人来操作。陈毅元帅在20世纪60年代就说过一句话，"全部电钮化，也得按一下"。这充分说明，人工智能也得靠人来推动向前。就播音主持教学来讲，我们既要发挥传统的播音主持教学优势，也要适应新的发展变化。过去，播音主持人才培养横跨新闻、艺术、语言三个学科。现在除了新闻、艺术、语言，还得增加技术这一学科。与此同时，过去播音主持人才的培养和教学非常强调学生对资料的收集与整理能力，而现在面对海量数据，如何选择内容，如何加工这些内容，是播音与主持艺术专业的学生必须学习的。因此，我们要培养学生对信息和数据的选择能力、分析能力、判断能力、研究能力。

岳　军： 谢谢姚老师！在人工智能快速发展的背景下，专业教育确实要依据时代的需求和变化，培养符合时代之需的播音主持高水平人才。谈完教育，再回到播音主持一线的工作，播音主持从业人员时常会思考一个问题，播音主持工作是否会在未来的发展中被人工智能取代？

姚喜双： 未来，简单重复的劳动生产方式被机器人取代是必然的。比如有扫地的机器人、算账的机器人、简单翻译的机器人等，也就是说，机器主播在未来取代一部分播音员主持人也是必然的。但真正高水平的播音员主持人是取代不了的。相较于人而言，人工智能还是有其滞后性的。此外，个性化的情感也是人工智能无法替代的。世界上没有两片完全相同的叶子，也没有两种完全相同的情感与态度。我们进行播音主持创作时能够把情感表现得淋漓尽致，在这一点上，机器主播还是很难取代人的。机器主播取代的是低端的重复性的劳动，所以我觉得，现在一线的播音主持从业人员不用太过担心。同时我认为，有些播音主持工作让机器主播代替人去做，能够减轻人力过度消耗。比如天气播报，人进行24小时实时动态播报，需要付出极大的精力。人工智能的优势就在于不怕累，使用人工智能技术让机器主播进行24小时的滚动播出，可以不断更新天气变化的信息，发挥人机互助的优势。现在，我带领我的博士生和博士后正在研究制定人工智能语言的评价标准。普通话水平分为三级六等，播音员主持人只有达到一定的等级要求，才能去媒体从事播音主持的相关工作。我们也应该为人工智能主播制定上岗的语言标准，制定人工智能从事播音主持工作的考核标准，也就是说，人工智能主播也要持证上岗，只有符合语言标准的机器主播才能从事播音主持工作。我认为，现阶段的播音主持事业虽然遇到了一些新的挑战，但人工智能的出现为播音主持事业的发展提供了新的思路，也为博士生阶段和博士后阶段的科研工作者带来了很多新的机遇、新的研究对象。我们要从自身的优势出发，制定人工智能主播语言的评价标准。我认为，技术的快速发展，为我们的研究带来了新的领域和机遇，也为创作高质量的播音主持作品提供了更多的可能性。因此，无论是一线的播音主持从业人员还是学校的师生都不用太过悲观，我们应该在挑战中发现新的机遇，继续推动播音主持事业的发展。

岳　军： 姚老师的解读可以让一线的播音主持从业人员以及播音主持教育工作者增强信心。还有一个问题是关于播音主持教育中师资队伍的建设，您觉得什么样的师资储备会对未来播音主持人才培养有更多的助力？

姚喜双： 播音主持教师的团队中应该有懂新闻传播学相关理论的、语言学相关理论的、艺术创作相关理论的，同时也应该有懂人工智能相关理论的。所以师资队伍的配备应从这几个方面入手，共同服务于学生。

与此同时，随着科学技术的发展，特别是人工智能技术的发展，我们做好播音主持工作包括要做好播音主持的业务工作、播音主持的教育工作以及播音主持的研究工作，这几个方面共同构成新时代播音主持事业的内容。我们做好这几个方面的播音主持工作，要以党的二十大提出的世界观和方法论为指导，贯彻落实"六个必须坚持"的世界观和方法论，推动播音主持工作更好地走向未来。

第一，必须坚持人民至上。播音主持事业是为人民服务的，播音主持工作所用的普通话通俗易懂，其目的就是让更多的人听得懂，让更多的人了解更为丰富的信息。播音主持事业的宗旨，就是为人民服务。

中国共产党的广播从延安新华广播电台开始就是为人民而发声的。林如说，我在天安门城楼上播音，我的脑海里就必须想着收音机前的听众。如果不想听众，我在天安门城楼上就"冒虚气儿"，看到热闹的场景就很容易喊起来。尽管我在天安门城楼上播音，我还是时刻想着收音机里那些远在山里的或者是在军营里的听众。由此可以看出，播音员主持人在话筒前进行播音主持工作的时候，只有心里想着人民群众，才能真正落实为人民服务的宗旨。播音员主持人在使用播音主持表达技巧的时候也直接反映着人民至上的理念。内在语是播音主持创作的内部技巧之一，其目的是为听众服务。尽管不需要播音员主持人说出来，它还是起到了很好的指向性作用，比如呼台号的时候，进行消息播报的时候，播音员主持人心里如果没有内在语，就没有办法找到对象感。播音员主持人在播报前要先想到，听众在问，你这是哪儿的电台呀，然后播音员主持人告诉他，这里是中央人民广播电台。只有这样，播音员主持人才能准确把握播音主持的对象感。除此之外，播音员主持人还得有主动为听众服务的意识。播音员主持人在进行播音主持创作的时候要时刻有回答感，同时播音员主持人坐在话筒前进行工作的时候还得有欠身感，要保持积极主动的播音发声状态。停连的运用，也是依据为人民服务的宗旨而确定的。比如播音员主持人给儿童播音的时候，为了让儿童听懂、听明白，应该多用扬停的方式表达。重音的使用也是这样的，播音员主持人面对不同的对象时，突出的重音可能就不一样。语气、节奏使用的原则亦是如此，播音员主持人给儿童播音的时候所用的语气和给大人播音的时候所用的语气是不完全一样的，播音员主持人在进行节奏处理时也会依据不同的受众有所变化。

播音员主持人每天就是这样开展播音主持工作的，这听起来很简单，但播音员主持人只有进行了大量的反复的训练才能做好播音主持工作，才能做好为人民播音的工作。在播音主持的过程中，人民至上的理念是必须坚持的。人民至上的理念不仅要落实在播音主持创作的内外部技巧上，还要落实在播音主持创作的思想里、观念里。播音主持创作的核心竞争力，就是要表达人民的思想感情，就是为人民服务。

人民至上的理念，在播音主持创作的过程中最根本的还是体现在播音员主持人对思想感情的理解和表达上。齐越老师经常说，"我一坐在话筒前他就来了，'他'是谁呢？他就是听众"。抗美援朝时期，齐越老师到朝鲜战场慰问志愿军战士。志愿军战士说，"我们最大的愿望就是能够在朝鲜战场听到来自祖国的声音"。一位志愿军战士为了保护收音机不被敌军炸毁而英勇牺牲了。后来还有许多志愿军战士给齐越老师写信，其中有一位战士把缴获的美军降落伞寄给齐越老师。齐越老师为了找到这位志愿军战士，在《人民日报》刊登寻人启事。齐越老师说，"想到这些牺牲的战士，想到这些听众，我就不敢有丝毫的怠慢"！齐越老师常说，"我们进行播音时的感情始终饱含着对人民的关切，我们可以嗓子不好，可以声音不好，就是不可以感情不好"。齐越老师在进行播音创作的时候，对情感的理解、感受以及表达，从来都不考虑自己，也不会依据个人的情绪。齐越老师说，"听众是我的良师益友"。他首先考虑的是听众的感受，因此他在进行播音的时候总是饱含了对人民群众的情感。从教学来说，师生是播音主持教育要服务的对象。如何帮助同学们解决在学习过程中遇到的难点，帮助他们设计职业生涯，规划事业的发展，这是播音主持教师要考虑的。同时，我们还要调动播音主持教师的积极性，对从事播音主持教学的优秀教师给予表彰和鼓励。我们进行科学研究的时候，应该时刻想着为广大读者和人民群众服务，我们的研究成果应该让读者看得懂、看得明白。因此，我们要将为人民服务的理念渗透到播音主持事业的各个方面。比如，为了做好服务残疾人的工作，我们要重视盲文手语的播音主持工作。只有将人民至上的理念贯穿到播音主持工作的各个方面，才能实现共享发展。只有把人民至上的理念融入播音主持事业的进程中，才能促进播音主持事业的繁荣发展。

第二，必须坚持自信自立。广播是为党和人民而发声的，我们要有这样坚定的理想与信念。正像齐越老师说的，"世界上有各种各样的播音员，我是中国人民的播音员、中国共产党的播音员，我以此自豪。解放战争年代，我播的是毛主席、周副主席、朱总司令等撰写和修改的广播稿和捷报；和平建设时期，我播的是县委书记的榜样焦裕禄、人民的好医生李月华、中国工人阶级的先锋战士铁人王进喜、毛主席的好战士雷锋，当然还有朝鲜战场上的志愿军战士，应该说我播的是中国人民战胜艰难险阻、走向胜利的声音，我传的是中国共产党堂堂正正的真理之声，我以此自豪。如果有来世，我还要做中国人民的播音员，做中国共产党的传声筒"。因此，我们要坚持自信自立。这份自信不仅源自我们表达时语言的韵律美，还体现在播音创作时的理想信念。

第三，必须坚持守正创新。我们既要守思想的正、价值观的正，又要守播音主持创作道路的正。正确的播音主持创作道路就是站在党和人民的立场，从人民群众的思想实际出发。播音员主持人拿到稿件后要完成深入理解—具体感受—形之于声—给予受众，这个正确的创作道路我们不能丢。同时，在播音主持教学中，比如播音主持的发声吸取了中国戏曲和中国传统语言艺术的发声方法，在教学方式上继承了从延安时期延续至今的"以老带新"和"上小课"具体指导学生的授课形式，这样好的传统也要守住。进入新时代，随着人工智能技术的快速发展，播音主持事业不仅要守正，还要创新。虽然人工智能主播已经出现在天气预报、股市行情以及路况信息播报等岗位，但人工智能主播还存在反应慢、精确度差等问题，甚至有"人工智障"的表现，影响了信息的表达。因此，播音主持教育在培养人才的同时，还要研发机器主播，建立机器主播上岗的标准。在播音主持事业发展的过程中，我们必须坚持创新，进行人工智能主播的培育和探索。同时，播音主持教学工作也要大胆创新，将人工智能相关的课程纳入播音主持人才培养的教学计划之中。

第四，必须坚持问题导向。我们要考虑真问题、大问题和保底问题，而不是无病呻吟的问题。我们要考虑现在播音主持工作中有哪些问题，播音主持教学中有哪些问题。首先是安全问题。播音员主持人迟到一分钟、播错一个字就造成播出事故，有时影响很大，所以安全播出这个问题必须经常抓、系统地抓。与此同时，播音主持表达的安全问题也与国家安全有着重要的关系，因此我们要把播音安全作为一个系统，对其进行分层级、分类别的研究和把控。播音主持教学中不能出现教学事故，这是播音主持教育的安全问题。其次是播音员主持人的政治素养问题。播音员主持人、播音主持教育工作者都要加强政治学习，以"六个必须坚持"指导工作。最后，实地调研一线播音员主持人面临的问题，调研学校老师和同学们面临的问题，只有研究这些问题的解决办法，我们才能够有针对性地推进播音主持实践，推动播音主持教学研究。

第五，必须坚持系统观念。若想全面把握运用系统观念，必须不断提高战略思维、历史思维、辩证思维、系统思维、创新思维、法治思维、底线思维能力。播音员主持人进行播音主持创作的时候应充分考虑内外部技巧之间的关系，这就体现了系统思维。同时还要注重创新思维，播音主持工作是一种创作，每一次创作都要有创新。同时，鼓励学生敢于创新、勇于创新。我们还要有法治思维，用国家通用语言文字法等法律法规和各种规章制度保障播音主持事业的安全发展。我们还要有辩证思维，只有树立起辩证思维，我们才能积极面对人工智能时代的来临。虽然机器主播来势迅猛，但我们仍可以在挑战中看到发展的机遇，这就充分展现了我们辩证思维的能力。

第六，必须坚持胸怀天下。互联网媒体时代，我们既要做好国内的播音主持工作，也要做好播音主持的国际传播工作，因为现在全世界都能听到我们的声音，我们要有胸怀天下的格局。为做好国内国际的播音主持工作，我们要培养双语播音员主持人。播音员主持人应该既能把普通话播好，也能把外文播好。我给深圳台（深圳广播电影电视集团）的播音员主持人说过，深圳台不仅仅是深圳市的广播电视台，因为深圳不只是广东省的一个市，也不只是中国的一个市，而是面向世界的大都市，因此深圳台的播音员主持人应该胸怀天下。只有坚持胸怀天下，播音员主持人才能够有大格局、大视野。我们经常在全球民众关注的新闻事件现场看到深圳台记者的身影。中美会谈时，深圳台记者在美国纽约现场进行报道。深圳台还经常播出分析国际局势的节目。因此对外播音主持工作是我们国家很多媒体都应该考虑的事情。播音员主持人要有国际视野，有胸怀天下的格局。

播音员主持人只有将"六个必须坚持"的世界观、方法论运用到播音主持工作中，才能明确新时代播音主持事业的发展方向，才能促进播音主持事业的发展。

（本文编辑　徐树华）

人工智能时代：
AIGC 与播音主持艺术的交汇与展望

身份、伦理和人格化：
AI 合成主播发展刍议 *

高 原 曹 悦 **

摘　要： 智媒时代，人工智能正在渗透各个领域，AI 合成主播是其在播音主持艺术领域生发出来的新事物，引发了学界、业界的关注和讨论。实际上，AI 合成主播只是人工智能语音合成技术的显性应用之一，从目前的应用层面看，其彰显人工智能技术发展水平并体现未来发展趋势的作用远远大于"主播"本体。无论是将其置于传播学视域下，还是在播音主持艺术学范畴内，讨论 AI 合成主播都离不开中国语境下媒介生态对其作用的相关考量。生态在很大程度上决定了 AI 合成主播的身份定位，从而间接决定了 AI 合成主播行为的底层逻辑。无论是基于自身的社会角色变迁，还是基于用户的形象主体重合导致了真伪边界消弭，AI 合成主播都无法回避身份角色模糊化的趋势。对于媒介生态中占据重要位置的 AI 合成主播而言，身份的不确定性会引发一系列的问题，深度伪造带来的信任危机、"把关人"权力的消解和工具理性的失衡，无不彰显着 AI 合成主播面临的伦理困境。另一个阻碍 AI 合成主播发展的"鸿沟"是人格化传播的不足，其中有技术的因素，但更多是非技术的因素。本文从身份、伦理和人格化三个维度对 AI 合成主播进行审视，探寻其未来发展中的重要因素和方向，明确提出了播音主持艺术学科参与包括 AI 合成主播在内的人工智能发展的新路径。

关键词： AI 合成主播；播音主持；人工智能；媒介生态；人机协同

随着大数据、物联网、语音合成、生成式人工智能等技术的不断发展及其在传媒行业的广泛应用，媒介生产方式、传播机制和格局、价值尺度都在发生改变，愈加显示出万物皆媒、人机共生、自我进化的智媒时代特征。在传

---

* 本文系国家社会科学基金重大项目"百年中国播音史"(20&ZD326) 阶段性成果，国家广播电视总局重大课题资助项目"中国播音主持人才数据库"（ZW20119）阶段性成果。

** 高　原：中国传媒大学播音主持艺术学院副院长、副教授。
　　曹　悦：上海师范大学环境与地理科学学院助教。

统传播格局下稳定已久的播音员主持人，也受到智媒时代新产物——AI合成主播的影响。一方面，人工智能为播音主持行业从业人员分担了部分工作任务，帮助他们从重复性、程式化的工作中解放出来；另一方面，AI合成主播有迈向播音主持核心工作领域的趋势，其在交互性、多语种能力和场景定制等方面具有巨大潜力，人工智能的语音合成技术在声音产品生产的初级阶段显示出强大的产出能力，基于大模型的生成式人工智能技术的交互拟真度大幅提高，这些因素促使播音主持行业以及有声语言创作领域的从业人员产生了一定的危机意识。对于两者关系的探究在很长的一段时间里一直是学界和业界的热门话题。初始时"替代"论甚嚣尘上，各相关领域的学者立足自身的学术领域进行"百家争鸣"，但近乎一致地认为播音员主持人在不久的将来会被AI合成主播取代。经过几年的观察、研究、反思和实践后，研究者们的观点开始向"共生"论趋同，更准确地说是"人机协作"的观点已成为主流共识，认为两者会"和平共处"，甚至成为"最佳拍档"，即AI合成主播作为高效工具辅助人类，而非完全取代。"共生"论似乎给两者的关系找到了最终答案，然而对于"共生"的具体形态、边界以及AI合成主播的身份界定等方面缺乏体系化解读，使得这个结论显得模棱两可，"共生"的理论基础和实践经验尚在不断丰富和完善中。

截至2025年初，AI合成主播已不再仅仅是智能语音合成技术的展示，而是搭载了更先进的生成式AI（尤其是多模态）技术的合成主播，在视觉自然度（微表情、口型同步）、语音情感表现力甚至一定程度的实时互动等方面取得了长足进步，使得用户对其机器属性的感知进一步减弱。但从目前的应用层面看，其彰显人工智能技术发展水平并体现未来发展趋势的作用远远大于"主播"本体。无论是将其置于传播学视域下，还是在播音主持艺术学范畴内，讨论AI合成主播都离不开中国语境下媒介生态对其作用的相关考量。生态在很大程度上决定了AI合成主播的身份定位，从而间接决定了AI合成主播行为的底层逻辑。本文以此为起点，从身份、伦理和人格化三个维度对AI合成主播进行审视，探寻其未来发展中的重要因素和方向。

一、AI合成主播的发展受媒介生态的制约

"AI合成主播"是以人工智能技术为核心，融合人脸识别、关键点检测、唇语识别、智能语音合成、情感计算等多项技术，通过采集真人的语音、面貌、表情、动作等多模态信息进行建模，或完全通过算法生成虚拟形象，最终生成在外观和语音上高度逼近真人的AI模型，力求达到与真人主播相似的信息传达效果。从技术路径看，"合成"是其关键特征，旨在将人的某些特质数字化、模型化。2018年11月，新华社联合搜狗，在互联网大会上发布了以新华社主持人邱浩为原型的全球首位合成新闻主播"新小浩"，使"AI合成主播"走

进大众视野，快速应用于众多头部媒体的宣传中。2019年，新华社又推出了全球首位女性AI合成主播"新小萌"，在两会期间正式上岗，引起全球媒体关注。同年，在中央广播电视总台"3·15"晚会预热新媒体直播中，财经频道以主持人姚雪松为原型推出的AI合成主播"姚小松"播报该晚会的预告消息。2020年，新华社推出了以新华社记者赵琬微为原型的全球首位3D版AI合成主播"新小微"。2021年两会期间，以主持人李雅妮的形象和声音素材为原型制作的AI合成主播"雅妮"，在新华社"新立方"智能化演播室实现了跨越多场景实时互动，其表现能力进一步提升。在2022年北京冬奥会上，全球首个手语AI合成主播为听障人士"解说"了谷爱凌夺冠的精彩瞬间。2022年两会期间，在中央广播电视总台《"冠"察两会》节目中，"AI王冠"作为主持人与财经评论员王冠共同解读两会热点政策。近两年，AI合成主播已不再局限于头部媒体的新闻播报，更广泛地应用于地方媒体、垂直领域（如金融、气象、教育、文旅推广等），并在2024年巴黎奥运会等大型活动中承担特定角色。其应用形态也更加多样，包括数字人客服、虚拟IP、教育辅导助手等。就传媒内容生产而言，目前新闻、综艺、社教、体育等多种类型的节目引进了AI合成主播，其中应用最为广泛的还是新闻播报类节目。继2024年首次尝试后，杭州电视台综合频道《杭州新闻联播》于2025年春节期间再次由AI主播承担新闻播报工作。

在人工智能技术的驱动下，AI合成主播在文本、语音、图像三个维度上，显示出强大的生命活力，并且展现了无可比拟的技术优势。传统的新闻生产在专业媒体人主导下，经由记者独立采访、编辑写作统筹、组织控制把关等一系列封闭程序完成。人工智能技术嵌入媒体生产链条后，可以促进新闻的自动化生产。通过算法和信息抓取，人工智能技术能够对新闻素材进行快速筛选，并通过新闻写作模式自动生成文本，AI合成主播接收到文本，就能准确从容地传递信息，没有时间和空间上的限制，也不受人为因素的干扰，并且日趋优化的渲染算法和图像建模使AI合成主播的形象更加生动、逼真和自然，这些都是AI合成主播在应用层面的优势。基于此，AI合成主播目前在业界的应用主要围绕三大功能，分别是内容生产、信息播报和人机交互。

从研究角度看，对AI合成主播的探讨已从早期的技术尝鲜和"替代"焦虑，转向更深层次。

一是，技术伦理与治理：聚焦数据隐私、信息真实性、算法偏见、知识产权等问题以及相应的监管策略。

二是，人机协作模式：研究AI如何赋能而非取代人类主播，探索最佳的协作流程和领域。

三是，受众接受度与影响：分析受众对AI合成主播的感知、信任度及其对受众信息消费习惯的潜在影响。

四是，艺术与审美：探讨 AI 在模拟人类播音主持艺术性表达（如情感、节奏、风格）方面的进展与局限。

总体来说，学界和业界对于 AI 合成主播的关注重点还是基于技术进行分析、预测，研究者也多为新闻传播和人工智能领域的专家学者。一方面，AI 合成主播真正进入大众传播的时间尚短，技术在初期是这一新事物发展的绝对关键因素，而这不是播音主持艺术学科的研究重点，所以播音主持艺术学科领域的专家学者和实践者在早期大多持审慎的观望态度，但现在他们已逐步深度参与 AI 合成主播的设计、训练和评估；另一方面，讨论任何媒介元素都脱离不开其赖以生存的生态系统，按照邵培仁的媒介生态学理论，"主播"作为媒介生态系统中的一级生产者，是位于传播起点的职业生产者，"是传播活动的发起人和传播内容的发出者，不仅决定着传播活动的存在和发展，而且决定着信息内容的质量和数量、流量和流向，决定着传播内容对人类社会的作用和影响，还决定着媒介生态的状况"[1]，同样，不同的媒介生态会赋予其中的"主播"不同的身份定位、职能内容、伦理规范和人格化边界，AI 合成主播也不例外。随着技术的成熟和应用的普及，播音主持艺术学界正积极回应时代需求，重新审视学科与人工智能的关系，为 AI 合成主播的健康发展贡献专业智慧。

二、身份审视：角色的模糊化

探究 AI 合成主播与传统播音员主持人的身份认同问题，首先应该正本清源，明确传统播音员主持人的身份定位，加以对照，将两者从本质上进行辨析。传统的广播电视播音员主持人是新闻工作者，是新闻传播流程的最终呈现者，是"以有声语言为主干或主线，出头露面，驾驭节目进程的人"[2]，是语言传播的主体，是话筒前、镜头前进行有声语言创作的主体，是"有稿播音锦上添花、无稿播音出口成章"的主体，是发挥"信息共享、认知共识、愉悦共鸣"社会功能的主体，是把有声语言从"生存空间"提升到"规范空间"再升华到"审美空间"的创造主体，是影响受众对新闻信息理解和接受的主体力量之一，承担着信息传递、舆论引导、审美示范等多重社会功能，其创作蕴含着深厚的专业积淀和人文关怀。而面对拥有同样面容、声音的 AI 合成主播，它的身份认知则更显复杂，有的学者认为这是一种以人类肉身主体为后台，在技术的帮助下多时空泛在的数字孪生，继承了物质实体的身份与功能，在其基础上拓展；还有学者认为这是一种完全脱离了原型，以新的独立虚拟生命体存在的"电子人"，并不直接继承原型的身份功能，而是重新构建自己的社会角色。

AI 合成主播的身份困境，由自身角色内生机理和外部认知偏差交织形成，既体现在合成主播无法突破现有的技术桎梏，无法塑造观众所期待的社会角色，同时也体现在技术的发展使人—机关系演进中人的"主体性"发生异变。所谓主体，"指的是实施行为并为之负责的个人或实体，而不是施行于其上的客体，因此这一术语常常被当作'人'的同义词，或指涉人的意识。在历史的语境中，主体指的是历史的行为者，即事件的有意识的设计者，而不是事件的无意识的工具。"[3] 人、机原本有明晰的物种鸿沟，人是自然体，机是人造物，人具有绝对的主体性。但人工智能技术发展，模糊了人们日常对人、机概念的理解和认知，尤其在未来，人工智能技术的终极目标是类脑智能，是让机器无限接近人，并在某些方面超越人，越发具有以理性为主导的主体的"自主性、能动性、反思性"[4]，这样的发展趋势更会让人们的认知出现混乱，甚至可能磨平物种间的鸿沟。

（一）基于功能：社会角色的演进与边界

结构角色理论认为，社会是一个由各种各样的相互联系的位置或地位组成的网络，个体在社会中占据一定的位置，扮演着各种不同的角色。社会越是向前发展，所容纳的社会位置就越多，而社会位置一旦被承认就被赋予社会角色，需要承担相应的角色期待。[5] 对于合成主播来说，自身产品的定位和用户对它的行为期待构成了它的社会角色。早期的 AI 合成主播是虚拟现实、计算机图形学和计算机动画等技术的产物，传播效果不尽如人意，没有引发大规模的生产。随着技术的进步，AI 合成主播具备信息感知、信息处理和多模态表达的能力，无论是语音的自然程度还是外观的美化程度都进一步提高，从能够"一问一答"的语音助手和真人分身，到可以进行智能交互的"新闻智人"，应用场景的扩大以及个性化、精细化的分工使信息生产和个性化的信息需求连接得更加精准。

2022 年 11 月，ChatGPT 问世，人们在欣喜于其展现出的惊人的语言理解、生成和知识推理能力之时，一种崇拜与恐慌交织的情绪比以往面对新技术产生的担忧来得更早更猛烈。AIGC（特别是大型语言模型和多模态模型）合成下的智能主播进一步开发了合成主播"对话 + 创作"的功能，合成主播实现了从"展示者"到"合作者"再到"创作者"的角色变迁。AI 合成主播看似被赋予更多的自主性和创意性，但究其本质，目前的 AI 合成主播的内容生产仍是基于"概率"与"反馈"的既有知识的集成，即合成主播的内容生产只是在算力逻辑下对已有信息的概率性利用和拼凑，而非人类基于理解、反思和价值观的创造。信息对于 AI 合成主播来说只是客观物。AI 合成主播不具备抽象思维能力，因此无法对信息进行解释和反思。而人类大脑则可以通过语言在具象的物之间抽象出深刻的思想和道理。这是 AI 合成主播暂时没有打破的技术壁垒，却是真人主播的价值所在：不仅传递信息，更能通过"二度创作"（理解稿件、体察语境、关照受众），赋予语言以情感、温度和思想深度，实现从"准确清晰"到"生动传神"乃至"意蕴深远"的表达。

真人主播对受众的传播是一种具有人际交往特点的大众传播活动，充满了人际性、个性化、人格化。受众期望获得发音准确、信息无误的内容外，也有对主播二度创作的情感需求和审美追求。播音的二度创作包含了三个重要因素，分别是创作主体、创作依据和受众。创作主体通过文字符号认知客观事物以及人与人之间的关系，并根据自己的经历、经验形成感受；创作依据是文稿的体裁风格、时代背景、传播目的等因素；受众是传播对象，主播需要关注传播对象的特征、接受特点、兴趣爱好等。这三个因素都对创作有直接的影响。有声语言不仅是一种物理上的音响，也是一种载体，承载了社会层面、精神层面的信息和情感，通过准确的内在语、恰切的对象感、精准的停连重音、丰富的语气节奏，首先对文本内容进行准确还原和呈现，进而展现创作主体的专业能力、艺术个性和审美取向。从这个角度来看，目前缺乏变化、语气生硬的 AI 合成主播不但难以达到和真人一样的艺术表达和审美追求，就连传统播音员主持人必须做到的"准确无误"和"客观清楚"也因为语义理解、情感烘托、语言逻辑和对象感的缺失而无法完全实现，因此目前 AI 合成主播只能替代播音员主持人部分程式化、创新要求低的"有稿"工作，"锦上添花""出口成章"这些需要主观能动参与的创造性工作、"咽喉要道"的核心功能、"审美空间"的创造能力体现了播音员主持人的不可替代性。

目前对于 AI 合成主播的研发更多的是出于对新技术的展示以及引起人们对新技术关注的需要，而不是真正要在这一领域取代"人"。AI 合成主播身份定位的基本逻辑还是以人为主导，其以"服务者"和"协助者"的工具角色出现，但技术的指向是向前的，一旦技术进阶到强人工智能或者超人工智能，AI 合成主播拥有了类脑智能，能够进行自主表达，也就是有了"自我"意识，人机的关系就可能出现根本性变革，媒介生态甚至整个人类社会都将因此出现颠覆式变化，那时对于 AI 合成主播的探讨将变得更加复杂和多元。因此，我们需要用发展的眼光去关注技术的进步给 AI 合成主播带来的角色定位和身份变化，未雨绸缪。

（二）基于用户：形象主体重合消弭真伪边界

根据唐·伊德在《技术中的身体》里提到的相关理论，"身份"可以分为三种类型：物质身体，即客观存在的肉质身体；文化身体，即在社会文化中构建出的自身存在；技术身体，即以技术或技术化人工物为中介建立起的存在物。在人工智能技术的作用下，"身体"的形态呈现多元化、复杂化趋势。AI 合成主播就是在技术的作用下创作出来的技术身体，是赛博格文化中"具身"的表现。从图形维度看，目前 AI 合成主播可以分为两大类：一类是以真人身体特点为样本，通过采集真人的图像、声音、动作制作出来的 2D 数字孪生，比如力求还原真实的"AI 王冠""小小撒"等；另一类是通过真人扫描、数字建模等技术，根据场景、需求对外形、声音、动作进行自定义的 3D 合成主播，比如山东广播电视台推出的首个超写实数字主持人"海蓝"。但无论是 2D 数字孪生还是 3D 合成主播，在虚拟、现实的人机互动过程中模仿人类的感知、理解、行动，都需要以具身的经验为基础。AI合成主播发展前期，由于技术的限制，其声音、动作、表情等呈现出明显的机械感、卡顿感。在这一时期，用户能够清楚地意识到，主播是主播，机器是机器，用户仍将AI合成主播看成"玩具"，"人""机"认知和情感边界清晰。

随着应用场景的扩大，AI合成主播通过技术身体，可以实现单人或多人在不同时空场景下，面对不同观众进行内容播报。在未来，随着技术的不断进步，人们可以根据自己的审美偏好和不同需求，定制不同文化背景、性格特点、表达方式的专属AI合成主播，并且可以依托全息、互联的方式"随身携带"，使其随时随地出现在接收终端，这样深度的沉浸式交互会使AI合成主播在场的"身体"状态成为常态，具备"拟主体性"，用户对AI合成主播的认知会随着其"身体"状态的变化而呈现从清晰到模糊的倾向。随着仿真技术以及深度学习等技术的更新迭代，AI合成主播无论在外形方面还是语言表达方面都更接近"人"，且前述应用场景的普遍在场，使得这一媒介的新鲜感降低，这时人们大多不再去辨认这是真人还是机器，AI合成主播的技术身体和物质身体相统一，形象主体相融。同时人们往往将以往对物质身体的经验认知赋予合成主播，对真人主播的媒介期望也将转移到合成主播身上。人们逐渐模糊了真实与虚拟的边界，"人""机"之间认知和情感边界开始趋于模糊，这时学者预测的人工智能技术的功能目标——"去主体化"目标达成，用"技术物"模糊了"感性人"。[6] 所以我们必须解决好三个问题：第一，合成主播背后主体的明确性与可追溯性；第二，原型人物与其数字分身的权利和责任关系；第三，合成主播作为社会角色的规范与伦理约束。

（三）基于原型：失去"光韵"的技术复制品

艺术从技术角度看经历了三个阶段：手工复制时代、机械复制时代和数字复制时代。本雅明的"光韵"理论在数字复制时代依然具有启发性，他用"光韵"这一模糊的概念区分了传统艺术和机械复制艺术的区别。传统艺术作品因为具有"即时即地性，即它在问世地点的独一无二性"和"原真性"而充满了"光韵"，而机械复制技术的发展则带来了艺术作品"光韵的消失"。[7] 传统艺术本质上拒绝一切模仿，因为对于艺术，"人类感性认识的组织方式——这一认识赖以完成的手段——不仅受制于自然条件，而且受制于历史条件"，艺术家的才情、所处的时代特点、审美情趣与精制而成的艺术作品是浑然一体的，是具有一定距离的膜拜价值的。而"现代的复制手段摧毁了艺术的权威性，将它从一切收藏处搬开，或者更妥帖地说，将它们自己复制的形象统统搬出收藏处"[8]。尤其在数字复制时代，从图像到声音都可以进行无限的自由复制，人可以无限地接近艺术品，这改变了大众对艺术的审美心理，从对先锋艺术的膜拜转向了对大众影像的消费[9]，人们不再在沉思和冥想中去思索这蕴藏其中的历史意蕴，转而沉浸在使人"震惊"的体验当中。

2018年央视纪录频道播出了全球首部用人工智能进行配音的纪录片《创新中国》，通过智能技术重现了已逝的配音员李易的声音，语音合成技术完成了声音的"复制—再造"过程，使时空的距离感消失。以真人为原型的AI合成主播则完成了从声音到形象的全方位的复制，从模拟走向虚拟，生成一个脱离原真物质的"超自然"的艺术材料和媒介。AI合成主播展现出来的是非人的功能性和符号性，而真正"人"的价值象征却不复存在，这在本质上是对人的主体性的消解。

身份问题对于AI合成主播而言，相当于哲学三问对于人的意义，身份问题会引发一系列问题，首当其冲的就是伦理问题。

三、伦理反思：AI合成主播引发的伦理困境

在工业文明时期，机器不存在伦理问题，因为那些都是人类完全可以控制的工具，而人工智能的出现，让机器可以自主学习、自我改进，机器拥有了人的部分能力，并且越发呈现出"类人化"趋势，这让人们开始担心和思考是否会出现超越人类的智能生物，是否需要提前制定规则约束技术的发展，如何处理技术带来的权利失衡，如何对掌握核心技术的少数群体进行管理和规范等问题，机器伦理成为人类必须面对的课题。AI合成主播作为人工智能在新闻传播领域的具体应用，其伦理挑战随着技术发展和应用深化而日益严峻。

（一）深度伪造与信任危机：监管与技术的博弈

随着深度合成技术的成熟和易用性持续降低，制作高度逼真的虚假音视频内容（包括利用AI合成主播形象）变得更加容易，很多人的特质，比如声音、面容等，都能被数字化重组、合成、转移到其他实体上，人不再是一个完整独立的个体，而是被分解成众多的元素，这些元素也不再为个人所独有。2022年瑞莱智慧与多个研究中心联合发布了《深度合成十大趋势报告（2022）》（以下简称《报告》），其中提及，当前技术不断成熟使得深度合成内容制作与传播数量高速增长，而随着技术的开放开源、服务的增多、技术门槛的快速降低，难以辨别的深度伪造正在解构"眼见为实"的认识论，冲击社会信任、媒体信任、政治信任。[10]

信息时代的社会公害——信息污染，已经引起从国家到民间的高度关注和广泛讨论。目前信息污染主要由以下三类信息构成："一是有害性和有毒性信息，二是虚假性和伪劣性信息，三是重复性和图像性信息"[11]，而这三类信息污染都有可能通过貌似权威的AI合成主播来完成。李普曼提出的"拟态环境论"认为，每个人的行为依据都不是直接而确凿的知

识，而是他自己制作的或者别人给他的图像[12]，也就是说，媒介会对人所处的环境进行加工，形成拟态环境，再对人产生影响。AI 合成主播的原型大多是各媒体机构中社会影响力较大的播音员主持人，他们作为媒体的形象代表，是党和国家思想宣传、文化事业领域的重要力量。形象主体重合使得这层符号意义在模糊中被赋予 AI 合成主播，主播形象一旦被恶意使用，不仅真人主播的个人名誉会受到损害，还会产生严重的社会后果，虚假信息飞速传播，主流媒体的权威性受到重创，甚至可能激化社会矛盾，损坏国家形象。《报告》里针对深度伪造带来的风险和危机，在法律、行业、技术、社会等方面提出了发展及治理的建议。中国《生成式人工智能服务管理暂行办法》（2023 年 8 月施行）等法规明确要求对 AI 生成内容进行显著标识，并对服务提供者规定了数据安全、内容管理、算法透明度等责任。国际上，如欧盟的《人工智能法案》（2024 年通过）也对高风险 AI 应用提出了严格要求。这些法规的落地执行、技术检测手段的提升（如数字水印、溯源技术）以及媒体机构的自律和社会公众媒介素养的提高，是应对信任危机的关键。然而，技术滥用与监管、监测之间的"猫鼠游戏"仍在持续。这也提示我们从国家治理的宏观层面，从媒介自律的中观角度，都应该及早布局对 AI 合成主播加强管理的方式方法，出台相关的法律法规，制定相关公约和守则，强调媒体的责任，对信息来源的可靠性和传播文本的质量加强审查，积极建立和完善 AI 合成主播的引入审查监管机制，以期最大限度地解除人们对于 AI 合成主播的信任危机。

（二）"把关人"权力的重塑与责任转移

传播学家库尔特·卢因把在传播过程中允许信息通过或不允许信息流通的人或机构称为"把关人"，这一理论的基础是"渠道理论"，只有符合群体规范和把关人价值标准的信息才能够进入传播渠道。在大众传播中，专业的新闻从业人员，包括记者、编辑、主播等无疑是最直接的新闻"把关人"。美国学者巴斯指出新闻采集和新闻加工是两个最重要的把关行为。AI 合成主播已经能够熟练参与这两个环节，将原本幕后的新闻生产过程和幕前的新闻播报工作集成一体。AI 通过大数据和云计算，能够快速从网络上浩如烟海的信息中筛选出有效信息，完成新闻采集，然后类似新华社"快笔小新"这样的机器人通过算法对信息进行加工处理，完成自动化写作，最后 AI 合成主播进行播出。新闻生产的主体实现了由人向机器的转变，"虚拟记者""虚拟编辑""虚拟主播"替代了原本属于人的工作。在这个过程中，媒体对于新闻的控制能力被削弱，无法根据所在媒体机构的身份定位和价值偏好进行议程设置。作为新闻生产最后一环"把关人"的播音员主持人，需要有政治意识、责任意识、新闻意识、受众意识等才能做到恪尽职守，而 AI 合成主播由于无法对信息进行充分的理解，也没有自身经验的加持，语言的内在意蕴无法传达，价值观导向作用被弱化。如果人在传播过程中大幅度减少和降低参与的环节和参与的程度，那么传统"把关人"的权力将被极大地消解。

"把关人"理论在本质上谈论的是媒介对社会的管控能力,当 AI 越来越多地参与内容筛选、生成和分发决策时,算法本身成为新的"把关"力量,问题从"权力消解"转向更复杂的"权力重塑与责任转移"。当智能技术和仿真技术不断成熟,脑机交互成为可能,人工智能技术的发展无限接近其终极目标,AI 合成主播被赋予理解、思辨的能力时,AI 合成主播的自主意识进一步放大其把关权力,人的把控能力被大幅度削弱,呈现"机器把关信息,无人把关机器"的被动局面,这将会引发关于算法偏见、信息茧房以及如何确保 AI"把关人"符合人类社会价值规范等新问题。确保 AI 系统的设计和运行中有人类监督,明确开发者、运营者和使用者的责任归属,成为伦理治理的重点。

(三)工具理性的深化与价值理性的坚守

人的理性在哲学视域中分为工具理性和价值理性两部分。工具理性是指"通过对外界事物的情况和其他人的举止的期待并利用这种期待作为'条件'或者作为'手段',以期实现自己合乎理性所争取和考虑的作为成果的目的"[13],工具理性强调的是实现目的的手段是否有效、利益是否能最大化。价值理性则是指"通过有意识地对一个特定的行为——伦理的、美学的、宗教的或作任何其他阐释的——无条件的固有价值的纯粹信仰,不管是否取得成就"[14],其更看重行为本身的意义,结果和手段不被摆在首要位置。一直以来,人们追求工具理性和价值理性的相互依存、平衡统一,但随着科学技术的不断发展,对于技术的崇拜情绪持续高涨,技术使人更加容易达到目的。人们对工具理性的追求也日益膨胀,考虑"怎么做"替代了思考"为什么做",忽视了对身处技术浪潮中的人的关注。

聚焦 AI 合成主播领域,依靠人工智能、语音合成等技术,AI 合成主播在算法的控制下准确性、及时性、持久性相比真人主播有明显的优势,提高了新闻的生产效率,节省了人力、场景、服饰等费用,边际成本递减,边际收益增加。然而,AI 合成主播存在的问题同样是显著的。与其他领域不同,播音主持并不只是简单的信息传递,而是对新闻内容进行"理解—感受—表达",是二度创作的主观能动性活动,并且始终以人文关怀为价值指向,关注对公众的价值引领和对舆论的引导过程。若一味追求利用技术提高新闻生产效率而不断压缩其中存留的价值输出的意识空间、凝结主体差异性的创作空间,降低非语言信息的丰富程度,那么人的创造性和能动性将受到严重冲击,技术将遮蔽人对情感、审美的基本追求,机器"无人文"的论断得到应验。因此,有学者指出,人工智能时代的人文主义精神就是持续地促进并在可能的情况下筹划人的发展和进化,借助日新月异的科学和技术,持续地提高人类自身而使其得到升华。[15] 把握机器的发展方向,就需要时时将其放在人文精神的坐标中进行审视和反思,工具理性和价值理性共存统一的基础就是确保"人"的崇高主体地位。

四、人格化传播：AI 合成主播的进阶"鸿沟"依然存在

当电视这一大众媒介以视听影像的方式将播音员主持人呈现在观众面前时，一种模拟出来的"面对面"的人际传播效果嫁接在了大众传播之上。"主持人在节目里有独特的声音形象和鲜明的个性特征，便于和听众建立密切的心理、感情上的联系"[16]，"它使受众在接收传媒提供的信息的同时，感觉不再是面对冷冰冰的媒体，而是活生生的，可亲、可近、可信赖的，与自己'相同'的人。"[17]这也就是所谓的人格化传播：传播主体通过语言和非语言符号在传播过程中展现人格魅力，以达成形象塑造、信息传递、情感共鸣的传播目的。对于播音员主持人来说，实现人格化传播是取得节目成功的关键。同样，当 AI 合成主播出现在荧幕前时，人格化传播仍是其努力的方向，而如何跨越面前的"鸿沟"成为 AI 合成主播进阶的关键。

人设是网络时代下的文化现象，"是指在商业化社会中借助现代科技实现的人物和人格设定，是迎合现代社会生活需要、在结构性的想象和设计中虚拟完成的新自我建构，是一种新现代性自我生成"[18]。这也符合戈夫曼提出的"拟剧理论"，人设就是"前台"展现出的遵循规则、精心安排的人物形象。人设的构成既包括个人的外貌、形象、性格、职业身份定位等个人因素，也包含大众审美偏好、需求偏好等社会因素。人设并不完全等同于真实的个人，其展现的是一种为了获得公众认可以及社会流量而放大出来的标签化、碎片化的特征，而这些特征也需要真实的文化背景、生活方式、行为习惯等作支撑。而作为依附于原型产生、追求拟态仿真的 AI 合成主播，无论是纵向与原型播音员主持人比较，还是横向与各平台 AI 合成主播相比，都呈现出人设单薄的现象。

AI 合成主播以公众熟知的播音员主持人形象出现时，只有人设特点贴近原型，才能更好地在短时间内被更多受众接受。目前，AI 合成主播在外貌、服饰等外在形象方面与原型的差异不断缩小。比如新华社的"新小萌"以新华社主播屈萌为原型，在外形上以干练的短发、淡雅的妆容出现，身着粉红色的连衣裙，显得端庄大气；人民日报社合成主播"果果"以主持人果欣禹的形象出现，身穿主播服，妆容整洁，面带微笑，给人亲切熟悉的感觉。但是当个性更为鲜明的主持人有了 AI 合成主播分身时，则显示出目前 AI 合成主播的人格化局限。比如中央广播电视总台主持人撒贝宁既能主持法治节目，又能主持综艺节目，有较强的控场能力，语言风趣幽默，亲和力强，在观众中有非常好的口碑。当以他为原型的虚拟主持人"小小撒"和他同屏出现在央视网络春晚的舞台上时，两者之间的"实力失衡"显而易见。撒贝宁看到"小小撒"时，先是表达了对新技术的惊奇和感叹，继而在讲述五年前与人工智能专家讨论"主持人会不会被人工智能替代"的话题时既明确表达了担心，又适度进行了调侃，被"小小撒""抢话"时流露出无奈的表情，再辅以惊喜、开心、思考、疑惑

等一系列复杂多样、起伏多变的表情变化，以及扫视、左右观察、捂脸、摆手、试探、挠头等丰富的体态语，生动地营造了一个真实、热闹、有趣的话语场。而他旁边的"小小撒"虽然语言流畅度和吐字清晰度较好，但是情绪起伏较小，情感指向不明确，停连、重音、语气、节奏等语言表达的准确程度无法和真人相比。虽然它也辅以微笑和摆手等简单动作，但是无论是面具式的微笑还是频率一致的招手动作都显示出其背后程式化的机械处理，难以复制基于内在驱动的、情境化的、充满个性的真情流露，缺乏真正的理解、共情能力和创造性思维，难以形成独特且深入人心的"人格魅力"。当下人工智能大语言模型对自然语言的处理和语义理解的准确率可以让 AI 合成主播通过"预训练"+"算法筛选"演绎出自然人在真实语境下的感知、思考、评价、决策等表现，但这仍不是机器的自主思维，而是在统计意义上学习了对应规律，这中间的技术迭代绝非短期内可以完成。

另外，各平台推出的 AI 合成主播在人格化设定上还存在高度的相似性和模板化。播音员主持人的差异性体现在他们独具个性的风格特点、与众不同的表达方式以及别具匠心的视角上，正是这些差异性使屏幕上出现了众多个性鲜明、生动鲜活的主持人形象。同时，播音员主持人在与受众的互动中强化了这些差异性。AI 合成主播目前缺乏鲜明的个性特征和风格，以男性为原型的 AI 合成主播通常身着西装、身形挺拔、沉稳干练，以女性为原型的 AI 合成主播身着主播服、身形匀称、端庄清秀，这样的人格化设定具有高度的相似性，透露出流水线生产的"塑料感"。观众对其猎奇心理消退后，很容易产生审美疲劳，这些问题不利于 AI 合成主播形成差异化的竞争优势和培育用户黏性。

解决这些问题除了依靠技术的不断进步之外，更重要的是依托播音主持艺术学的科研、教学和实践成果。当技术的门槛逐渐降低，技术对 AI 合成主播的发展不再起决定性推动作用的时候，推动 AI 合成主播向"人"继续靠近的重任需要另外一股力量接手，这股力量有能力为 AI 合成主播"喂养"大量数据和信息，能够从专业角度为 AI 合成主播的创作道路提供建议，能够把控 AI 合成主播有声语言的"音声美、意蕴美、分寸美、韵律美"[19]，能够检验 AI 合成主播的人格化效果……已经掌握相对成熟的创作范式和理论依据的播音主持艺术领域的教学研究和实践人员应该也有能力成为这股力量，这也是播音主持艺术学在人工智能时代当仁不让的职责所在。目前播音主持艺术学界与业界人士大多是零碎地、松散地、被动地参与 AI 合成主播的相关工作，接下来如何基于自身的理论体系和实践经验成为 AI 合成主播的"训导师"，如同培养优秀的播音员主持人一样去全方位训练 AI 合成主播的业务能力，指导它更加符合人类的生理和心理需求，将是播音主持艺术学新的学科发展方向。

五、结语：拥抱未来，坚守价值

技术发展驱动媒体创新，人工智能技术对于媒体的赋能创造了 AI 合成主播。作为一种智媒融合的新兴产物，AI 合成主播展现了强大的传播优势：首先，能够通过机器化的信息生产和智能化的信息分发制作新闻和呈现的新样态，实现采、编、播一体的工作要求，达到了全媒体时代的媒体人才标准。其次，稳定和永续的播报能力提高了新闻生产效率，降低了人工成本。AI 合成主播可以满足新闻以每周 7 天每天 24 小时跨所有渠道的分发模式，尤其对于一些重大的、突发的、持续性的新闻事件，可以不受时空的限制迅速上岗。最后，不断提升的合成技术和仿真技术使得 AI 合成主播和播音员主持人外在差距越来越小，AI 合成主播通过大量的数据学习，语音面貌更贴近真人，可以替代播音员主持人的程式化工作，解放了劳动力。这些传播优势一方面使 AI 合成主播替代人类承担了信息传播的重任，另一方面引发了人们对于人机关系的反思。

人机关系的本质是人物关系，只不过在此之前的"物"都完全在人类的控制之下，人可以预知其对人类的影响边界。而人工智能是正在发展的"物"，是可能超越人类、威胁人类主体地位的"物"，因此需要明确人工智能应用的角色定位：可以是"补充者"和"协助者"，而绝不能成为"替代者"和"领导者"。正是因为人机关系的变化，更需要人们审视其中的技术伦理的重要性，解决问题才是良策。而解决问题的核心就是关注智媒时代的"人"，无论是法律还是人伦都需要在技术发展的同时，完善对人的基本权利的保护，避免在极端工具理性的扩张中，将人变成"机器上的螺丝钉"。

根据上面的论述，我们可以预见 AI 合成主播本质就是播音主持艺术学在智媒时代出现的一条新的发展路径，和其他发展路径并行不悖。同时这条新路径给我们带来了两个方面的思考：

一是，从人文学科的致思角度来说，AI 合成主播是播音主持艺术学在智媒时代发展演进的一个重要方向，但并非全部。我们更应关注人工智能技术（包括 AIGC、多模态交互、情感计算等）对整个有声语言传播领域（包括内容创作、编辑、分发、接收各环节）的全面影响和赋能。AI 带来的机遇与挑战是全方位的、系统性的。

二是，人工智能技术在播音主持艺术领域中应用潜力巨大，目前更急迫、更广泛的需求来自有声读物制作、个性化教育辅导、提升无障碍信息服务（如更自然的手语合成、面向视障人士的语音描述）等方面，但由于这些需求给人工智能提出了更高的艺术层面、审美层面的要求，所以实现的难度也更大，是技术攻关和学科交叉融合的重要方向。对此，笔者将另文专门探讨。

未来播音主持艺术学研究领域将与人工智能领域形成更紧密的合作，实现更深度的互动和融合,共同培养符合身份定位、伦理要求、业界规范且具有较强人格化传播特征的AI合成主播,使其服务于高质量的信息传播和人类美好的精神文化生活。

注释

[1] 邵培仁.论媒介生态系统的构成、规划与管理[J].浙江师范大学学报(社会科学版),2008(2):1-9.

[2] 张颂.播音语言通论:危机与对策[M].2版.北京:中国传媒大学出版社,2002:184,114.

[3] 汪民安.文化研究关键词[M].南京:江苏人民出版社,2020:34-35.

[4] 荣耀军.现代性与媒介文化批评中的主体型像:从本雅明、麦克卢汉到鲍德里亚[J].厦门大学学报(哲学社会科学版),2008(3):28-34.

[5] 奚从清.关于建立角色社会学的几个问题[J].中共长春市委党校学报,2004(3):56-60.

[6] 郝君怡,周勇.身体在场·形塑化身·共时展演:真人主播及其"数字孪生"的人-技关系[J].新闻与传播评论,2023(2):17-25.

[7] 本雅明.摄影小史、机械复制时代的艺术作品[M].王才勇,译.南京:江苏人民出版社,2006:157.

[8] 伯格.观看之道[M].戴行钺,译.桂林:广西师范大学出版社,2005:31.

[9] 周计武.形象的祛魅:论本雅明的视觉思想[J].上海大学学报(社会科学版),2016(4):132-140.

[10] 清华大学人工智能研究院,北京瑞莱智慧科技有限公司,清华大学智媒研究中心,国家工业信息安全发展研究中心,北京市大数据中心.深度合成十大趋势报告(2022)[R/OL].(2022-03-03)[2024-09-06].https://www.digitalelite.cn/h-nd-3039.html.

[11] 邵培仁.信息污染已成为新的社会公害[J].新闻与写作,2007(2):20.

[12] 李普曼.公众舆论[M].阎克文,江红,译.上海:上海人民出版社,2002:20.

[13] 韦伯.经济与社会:上卷[M].林荣远,译.北京:商务印书馆,1997:56.

[14] 王锟.工具理性和价值理性:理解韦伯的社会学思想[J].甘肃社会科学,2005(1):120-122.

[15] 韩水法.人工智能时代的人文主义[J].中国社会科学,2019(6):25-44.

[16] 徐曼.节目主持人的播音[J].现代传播,1985(2):56-62.

[17] 东亚.主持人:在文化超越的背后[J].现代传播-北京广播学院学报,1996(2):55-58.

[18] 徐强."人设":新现代性的自我生成及其未来走向[J].求索,2022(3):92-98.

[19] 谈华伟,姚喜双.齐越播音创作的编辑意识及其现实意义[J].中国广播电视学刊,2020(11):93-96.

(本文编辑 徐树华)

AIGC发展对新闻主播职业生态影响研究 *

王 航 陈 阳 **

摘　要： 数字时代，AIGC在传媒领域大放异彩。数字技术与新闻传播的深度融合，人工智能与真人主播的交互共生，不仅重塑了新闻制作与传播的流程，还改变着新闻主播的工作模式，引领整个传媒生态的转型升级。这一变革既展现了人机协作带来的生产力解放和传媒环境剧变，也暴露出人工智能复制生产可能引发的播音审美品质降低和传播秩序挑战。传统新闻主播需要在"知它""明我"与"共生"的过程中，进行认知更新与行为选择，借助技术之翼实现自我革新；在不断提升自身素养的同时，坚守理性，当好传播的"把关人"；在明辨物我、研思并举中创造价值，传递人文关怀；在与日俱新的思考和乐观积极的行动中，拥抱AIGC，实现优势互补。

关键词： AIGC；新闻主播；职业生态

人工智能生成内容，简称AIGC（Artificial Intelligence Generated Content），是继PGC、UGC之后以AI技术为支撑的一种新的内容生产形式，以硬件、算法和数据为基础，可以高效精准地完成智力任务。2022年9月，《人工智能生成内容（AIGC）白皮书（2022年）》对其作出界定：AIGC是"从内容生产者视角进行分类的一类内容"，也是"一种内容生产方式，还是用于内容自动化生成的一类技术集合"。[1]AIGC以文本、语音生成和数字人交互等诸多新的形式吸引人的注意力，使得人们的信息消费习惯逐渐发生改变；同时，媒体行业面临前所未有的变革，新的传播格局和传媒生态正在加快演进。其中，AIGC对新闻主播的职业生态也提出了新的挑战与机遇，而新闻主播如何突破桎梏、迎来新生，探讨并实现人机共生或许是破题的关键点。

---

* 本文系国家社会科学基金重大项目"百年中国播音史"（20&ZD326）阶段性成果。

** 王　航：中国传媒大学播音主持艺术学院讲师。
　　陈　阳：中国传媒大学播音主持艺术学院硕士研究生。

一、AIGC 在传媒领域的应用现状

海量的数据和四通八达的知识源，使得 AIGC 在传媒领域的优势非常显著，尤其是在文本生成、声音塑造、数字人交互方面，为用户带来了非凡的使用体验，而且改变着内容生成方式，提高了生产效率，使受众感受到更为优质的视听效果。

（一）文本生成：客观高效的字符呈现

在传播实践中，内容生产处于整个传媒产业链和价值链的中上游位置。占据内容优势地位的媒体，往往能够在竞争中立于不败之地。[2] 内容是传媒产业的核心，AIGC 依托自身的数据分析优势和检索组合能力，可以输出高质量的文本内容。

综观内容生产模式的演变，与 PGC、UGC 相比，AIGC 在内容创作上能脱颖而出，有其不可替代的数据优势。PGC 模式注重内容的质量，需要专业团队在时间成本和技术成本上的付出；UGC 模式下，用户内容生产的门槛降低，人人手持话筒造就了内容产品的繁盛，但也使得内容质量参差不齐。到了 AIGC 模式，人工智能生成内容以其海量的数据、强大的算法和算力，在确定创作权、表达权平等的同时，也让生产效率显著提高，进一步促进了文本创作市场的繁盛。比如 2023 年 2 月，澎湃新闻、封面新闻等多家媒体机构宣布接入 AIGC；2023 年 8 月，面对中国媒体的实际需求，新华社联合百度推出 MediaGPT 这一大型语言模型。这些 AIGC 系统或模型，都经过了大量媒体数据的训练，可以生成新闻报道、文章摘要、评论分析等高质量的文本，实现更快速、更准确的新闻内容传达。

AIGC 的强大算法和数据分析能力，极大助力了客观高效的文本呈现，令用户真切体验到 AIGC 提高新闻生产制作的速度和效率，也为读者提供了更加个性化的新闻体验。

（二）声音塑造：多元精准的讯息传达

声音在新闻传播过程中的作用举重若轻，传神的音色引人入胜，能增强新闻的吸引力和传播度。语气、基调的准确把握不仅传达了新闻叙述者的个人情感，还由此构建起与观众共情的桥梁。正因如此，音频制作对配音者的音色及情感驾驭能力均提出了较高要求。AI 技术的发展，让语音识别及合成技术走进创作者的视野，AIGC 的入场更是在一定程度上令非人声配音效果大幅提升。

早期的语言生成系统内在表达逻辑和因果推理能力欠缺，音质上缺乏韵律的连续性，机械感强，听感上极不自然。而今，语音合成技术已渐趋完善，语音播报、仿真人配音功能已在新闻媒体中得到广泛应用。如央视网《比划》系列创意微视频中的声音通过 AIGC 技术生成，实现了真人语音模仿和语音生成，生成的声音能够模拟出真实人物的语调变化、语句停顿、情绪转换等，呈现出符合人物性格、年龄及身份的声音，为节目增色。

AIGC语音生成体现的智能性和多元化实现了更具真实感的声音塑造，在流畅叙事、烘托氛围、传递情感的层面带来越来越出色的仿真效果，为受众增添了视听的新奇感。

（三）数字人交互：惟妙惟肖的形象塑造

数字人可以根据人的具体特征进行生动的形象模拟和行为模拟。作为一种数字分身，数字人在本质上建立了人与虚拟世界的链接，拥有模拟人类的智慧系统和无感无觉的虚拟形态。数字人由计算机创建，理论上可以全天候在场，是当之无愧的"劳动模范"。

首先是虚拟在场。数字人可以通过模仿受众认可度高、专业素养强的主创，以"数字分身"扮演栏目主持人或新闻主播。2024年全国两会期间，以中央广播电视总台主持人孟湛东、郭若天为原型的数字AI主播亮相，全天候与用户互动，回答用户在经济领域、民生领域提出的问题，兼具亲切感和专业性。其次是超时空性。真人与数字人同台亮相，打破了传统的时空限制，带有科技感和趣味性。如湖南卫视《你好，星期六》节目中，数字人小漾作为实习主持人与现场主持人同台合作。小漾表情生动、形态逼真，与观众的互动真实自然，实现了真实空间的虚拟交错。

二、AIGC的发展对新闻主播的影响

AIGC具有生成文本、声音、数字人等多样态功能，其专业化、精细化、个性化的内容生产已被推广到多个行业领域。在传媒行业，AI新闻主播在各级媒体纷纷上岗。从传播习惯到行业范式、从内容生产到传媒生态，AIGC一方面以智能高效的特性"助人为乐"，另一方面导致播音审美降级、播音人员过剩等危机出现。

（一）善用AIGC形成的人机互益

1. "主体"的解放：高质量内容生产辅助个体创作

《2023年中国AIGC行业发展研究报告》显示：AIGC在规模化内容生产上具有强大的潜力，尤其是对初级、通用内容的批量生产。AIGC生成文本效率较高、质量较好。新闻主播录入关键信息后生成的新闻文本格式准确、表达客观、语言规范。如《每经AI电视》这一视频直播栏目，由《每日经济新闻》与小冰公司联手打造，全程用人工智能技术驱动，综合图文生成、视频剪辑、金融知识、AI虚拟主播等多种元素，实现了财经资讯内容的高质量输出。

总体而言，AIGC的高质量内容产出在一定程度上实现了新闻主播的"主体解放"，这一

解放主要体现在以下两个方面。其一，AIGC 提升了新闻主播的工作效率。传统的新闻写作，为了保证真实性，往往牺牲了时效性，同时耗费了大量的人力物力。而 AIGC 凭借其海量的数据资源，有效地弥补了这一短板，实现了新闻的快速写作。其二，AIGC 激发了新闻主播的才能进阶。借助 AIGC 强大的计算能力和多元化的功能，新闻主播从繁杂琐碎的重复性劳动中解脱出来，赢得自我提升的时间。而且 AIGC 可以充分利用大数据的优势，为新闻播报提供基础性支持。在这样的助力下，新闻主播获得了更加广阔的自由发挥的空间。

2."环境"的和谐：多样性媒介形态激励行业创新

AIGC 丰富了媒介形态，在人机互促的过程中呈现充满创造性和可能性的媒介景观，并以此激励着百花齐放的行业创新。如今 AIGC 技术生成的 AI 主播具备精准把握稿件的语气、节奏、停连、重音的能力，可以在输入文本的同时进行新闻播报。中央广播电视总台 AI 记者助理"小白"，在认真"学习"主持人白岩松的声音特点和语言习惯之后，"受命"采访全国政协委员，取得了不错的工作成果。

和谐的传媒环境要求社会分工的合理化与人性化，唯有 AIGC 与真人主播发挥各自优长，并形成良好的协作关系，才能提升新闻报道的效率和品质。在理想的状态下，人机和谐的局面会为从业者和行业两个层面带来新的可能性。人工智能赋能新闻播报，真人主播利用好时间挖掘潜在才能和补充性才能，可以更好地适应数字媒体时代的传播需求。同时，虚拟主播与真人主播优势互补、配合协作，新闻播报领域将出现更多富有创造力的场景。科技和人文的交相辉映，将对新闻内容的整合、播报形式的创新产生巨大的作用。

（二）依赖 AIGC 带来的危机寓言

1."灵韵"的黯然：复制生产的语音破坏播音美感

尽管 AIGC 具有无可替代的高效性和出神入化的模仿本领，但不能全然替代真人表达。过度依赖技术，极有可能在新闻播报领域走向与高质量内容生产相左的方向，即用复制生产、毫无纰漏的智能语音替代发自内心、音调本然的真人声音，从而破坏播音美感，造成新闻播报"灵韵"的黯然。

本雅明侧重作品精神内涵的表达，他提出"灵韵"理论，赞赏艺术作品的"原创性""独特性""神秘性"。在他看来，机械复制技术的出现削弱了原作那种具有特殊魅力、令人敬畏的审美价值，而大量的复制品使艺术品走入寻常百姓家，艺术的神秘性减弱，灵韵也随之消逝。本雅明对机械复制技术的悲观引起我们的警醒，因为随着 AIGC 的飞速发展，其全方位的拟人、多角度的模仿，形成与真人主播几乎别无二致的数字形象，以一连串代码、文字与图像为蓝本，借由技术运作发出声音，"替代"真人主播出场，将真人口语传播转换为智能技术传播，这本身就是对有感情、有温度、有思想的真人播报"灵韵"的冲击。高标准化、高精准度的技术声线毫无瑕疵，无限趋近于自然人声，但无限趋近不能上升为等同。那些发乎情、止乎礼的真心流露，那些由于莫感乎情、莫先乎声而情不自禁的真人声线，是 AI 主播暂时无法替代的。也就是说，AIGC 难以具备真人主播的感染力和共情力，如果我们偏颇置之，就会留下新闻播报"灵韵"黯然的一声叹息。

2. "身份"的恐慌：新闻主播受到职业冲击

AIGC 在传媒行业的广泛应用让从业者从机械的、重复性的工作中解放出来，但是盲目追求 AIGC 的低成本和高效率，无疑会打击新闻主播的从业心态，进而对新闻播报行业的正常秩序构成威胁。

一方面，AIGC 生成的 AI 主播对新闻主播带来了身份上的挑战。AI 主播的广泛应用使新闻主播面临职业冲击。AI 主播具有高效率、低成本的特性，表达也十分精准。由此，真人主播很有可能在与 AI 主播的职业竞争中处于下风，引发真人主播的职业危机。另一方面，对 AIGC 的盲目信任可能导致虚假信息的生成。2023 年 2 月 16 日，一则关于"杭州市政府 3 月 1 号取消机动车依尾号限行"[3] 的新闻引起全网关注，后经警方调查并证实，该消息是由 ChatGPT 生成的虚假信息。因此，新闻行业不能过分依赖 AIGC，要加强人对新闻报道全流程的监督和把关。

三、AIGC 的发展对新闻主播的启示

善用技术是走向人机共生的必要条件，过于依赖技术则会导致技术"座驾"凌驾于人的主体性之上。AIGC 的发展势不可当，新闻主播只有转变观念、精进自身，达到人机和谐共处，才能适应新的发展环境，实现人工智能时代媒体从业者的自我超越。

（一）明辨物我：提升素养 秉持理性 当好"把关人"

技术被视为"座驾"，而人本是驱动"座驾"的角色。海德格尔的"座驾"理论到了卢因这里，变成了"把关人"理论，即媒介从业者要对媒介内容乃至媒介本身进行把关，在提升自身专业能力的基础上，对技术的运用加以规约。现阶段人工智能在计算机视觉、语音识别、自然语言处理、数据挖掘等领域都取得了突破性进展，也不断地深入新的领域，呈现深度学习、跨界融合、人机协同、群智开放、自主操控等新特征，对新闻生产模式和新闻编辑都产生了重大的影响。[4]AIGC 更是如此。"快速的""庞大的""海量的"等形容词常被用以描述 AIGC 的强大功能，它有算法、有算力，无时无刻不在显现其技术的高超。但人是目的，技术是手段，新闻主播在这场主导权"争夺战"中要成为 AIGC 的把关者和驾驭者。

技术中心论认为技术是有益的，但并非百分百安全，所以在 AIGC 的应用过程中，建立

严格规范的审核机制或许是传媒业界需要思考的方向之一，而做好技术的把关工作本身即每一个媒体人的基本职责。当然，要肩负这份职责并非易事，就新闻主播而言，需要有极强的洞察力和逻辑能力，还要具备正确的价值观和伦理观，且在人文理念和价值理性之间找到平衡，只有这样才能真正秉持理性，在智能时代，做好本职事、当好把关人。

（二）构建共鸣：学思并举 创造价值 传递人文关怀

中国播音学理论的开拓者张颂教授曾提到，有声语言具有信息共享、认知共识、愉悦共鸣三大功能。相对而言，信息共享比较容易实现，达成认知共识需要基于深入细致的沟通，而产生愉悦共鸣需要的条件往往更多。对 AIGC 来说，智能生成内容带来诸多快捷和便利，AI 主播共享知识的能力超乎想象，但由于没有主体意志，它注定不能像一个"意见领袖"那样自由地表达思想，这就使其缺乏达成共识的基础，仅仅停留在知识共享的阶段。思维和情感是人类独有的能力，思维引导共识，情感联通共鸣，用思维说理、以情感叙事，这是人之特性。

在这个信息庞杂化、时间碎片化的时代，新闻主播要秉持为学日益的态度，学思并用、知行合一，坚守职业道德，永葆守业初心。用 AIGC 之所长，做 AIGC 所不能，以独到的见解、家国的大义来传递观点和引导舆论，用互通的情感、相通的文化、共通的经验来重塑共鸣，带领受众走过 AIGC 营造的短浅阵地，通往人性的更深处，令新闻报道的价值得以充分发挥，让人文关怀得到更好的传递。

（三）人机共生：转变思想 走向以人为本的人机协同

人是艺术的创造者，也是技术的推动者。当技术与艺术相互融合，便有可能实现技艺高超的成就。法国文学家居斯塔夫·福楼拜对艺术和技术的关系作了阐述："艺术愈来愈科学化，科学愈来愈艺术化，两者在山麓分手，有朝一日会在山顶重逢。"[5] 这一关于艺术和技术的阐述为新闻传媒带来的启示是：主流媒体只有投入到智能传播变革之中，才能把握媒体融合的机遇；新闻主播亦只有躬身入局，结合自身禀赋和职业规划走向以人为本的人机协同，才能让人的独特性与技术的精准性最大限度地合二为一。

在数媒时代，AIGC 大有可为，真人主播也充满无限可能。2023 年 7 月，国家互联网信息办公室等七部门联合发布了《生成式人工智能服务管理暂行办法》，鼓励生成式人工智能技术在各行业、各领域的创新应用。在不久的将来，AI 主播在形象优化的基础上，还会向功能更加多样化的方向发展。真人主播与 AI 主播协同工作，优势互补，在人机共生中探寻人与技术的共同进步。

四、结语

科技潮涌之下，AIGC 的入场为新闻主播乃至整个传媒领域注入新的活力，也激发了业界的创新潜力。作为新时代的媒体从业者，新闻主播需要重新探寻平衡，摸清形势，发挥优势，携 AIGC 共舞，向人机和谐共生的理想状态不断靠近，共同开创新闻播报的新图景。

注释

[1] 中国信息通信研究院，京东探索研究院.人工智能生成内容（AIGC）白皮书（2022 年）[EB/OL].（2022-09-02）[2024-02-22]. http://www.caict.ac.cn/kxyj/qwfb/bps/202209/P020220902534520798735.pdf.
[2] 邹海涛.对融媒体时代"内容为王"的思考[J].今传媒,2017（11）: 150-151.
[3] 常正尚.杭州 3 月 1 日取消限行？媒体称系 ChatGPT 所写，警方将发布调查结果[EB/OL].（2023-02-17）[2024-02-23]. https://www.thepaper.cn/newsDetail_forward_21953693.
[4] 任瑞娟,王保超,赵雅倩.演进与动向：人工智能在传媒领域的应用[J].新闻与传播评论,2021（2）: 26-35.
[5] 赵广远,田力.技与艺的博弈：人工智能语境下主持人职能重构[J].当代电视,2019,（10）: 93-96.

（本文编辑　王文艳）

技术与道德：
智能时代 AI 主播的平台实践与伦理审视

林玉佳　岑　迹*

摘　要： 随着媒介技术的不断发展，AI 主播逐渐被运用到新闻传播行业实践之中，但这也存在着诸多的潜在风险。通过对 AI 主播的技术与道德审视，我们发现传统媒体遵循的"社会责任"正在逐步被瓦解，数据安全、把关人缺失、人格化消退都是具体的表现。此外，对于 AI 主播拟人化的过度追求，又会引发"恐怖谷"效应，不管是 AI 主播与观众，还是 AI 主播与真人主播，双重的复杂关系都需要被重新定义。对实践中的道德伦理风险，也应该建立适当的管控机制。

关键词： AI 主播；社会责任论；恐怖谷效应；风险管控

一、问题的提出

1956 年，达特茅斯会议的召开，标志着人工智能（AI）概念正式被提出。历经半个多世纪的发展，AI 已经可以和移动互联、物联等相关领域协同发展，为智能时代的到来奠定了技术基础。数字技术推动着媒介的发展与变迁，特别是 1960 年以后，AI 经历了几次重要的发展期。2006 年之后，深度学习的相关技术日趋成熟，AI 推理以命题逻辑、谓词演算等知识表达、启发式搜索算法为代表[1]，意味着 AI 与互联网时代的个人已经形成了密切的联结关系，我们的日常行为都暴露在 AI 的视域之下。与此同时，AI 主播也成为 AI 技术成熟之后的重要产物。2001 年英国报业联合媒体公司推出了名为"阿纳诺娃"的 AI 主播。同样是在英国，2017 年《早安英国》节目推出了能识别 62 种人类表情的 AI

---

*　林玉佳：四川外国语大学新闻传播学院副教授。
　　岑　迹：西南石油大学艺术学院硕士研究生。

主播索菲亚，这也标志着 AI 主播已经可以完成简单的播报功能，与真人主播的差异逐步缩小。从 2018 年拥有 AI 对话系统的日本电视新闻主播埃丽卡，到 2019 年拥有自由对话能力的英国索菲亚，在智能技术的驱动下，AI 技术从感知阶段逐步推进到认知阶段且呈加速发展态势。[2]

智能时代，AI 主播逐渐渗透到我们生活与生产之中，不管我们是热情拥抱，还是被迫接受，AI 作为智能时代的产物，正成为新型的社会角色，改变着生产模式和人际关系。[3] 在这样的媒介与关系变迁的社会环境之中，AI 主播必将承担越来越多的传播功能，同时也需要肩负起更重的社会责任。我们应思考：如何从道德情感、媒介伦理、社会法制等多个层面，考察 AI 主播在平台实践中的语言与非语言行为，并关注其在传播过程中潜在的风险管理？AI 主播在媒体中与真人主播有何差异？AI 主播在传播中是否存在伦理风险？面对行业的空白，媒体与政府又应该制定怎样的策略与政策？等等。

二、研究方法

AI 作为社会与媒介发展共同的产物，有着强烈的实践色彩。虽然技术造就了 AI 主播，但目前仍以真人主播的声音、形象、肢体与表情作为建模基础。北京电视台 2021 年发布的 AI 主播"时间小妮"，其原型是真人主播春妮，经过对她 7000 个句子和形象表情进行影像采集与智能处理，最终打造出与她形似度高达 97% 的 AI 主播。目前，这一技术建模的 AI 主播不仅能完成新闻的播报，也能与受众进行多维度的互动，并完成多种社会服务。可以说，AI 主播虽然在某些方面已经超越真人主播，但因其最初的语料与影像库需要，真人主播在这一系统中仍然发挥着极其重要的作用。基于此，笔者采用了质性访谈的研究方法，结合焦点团体访谈（focus group discussion）与深度访谈（In-depth interview），对受访者的论述做分类整理与分析。

焦点团体访谈起源于社会学的群体访谈和历史学中的口述史研究，在这种访谈中，访谈的问题通常集中在一个焦点上，研究者组织一群参与者就这个焦点进行讨论。[4] 一般情况下，人数应该控制在 4—8 人，团体成员在个人背景和看问题角度方面同质性越大，需要的团体数量就越小。针对"AI 主播"的议题，媒体从业人员都有自己的理解，在焦点团体访谈中，能够打破访谈固有的结构，达到更好的交流效果。笔者组织了两场焦点团体访谈：2023 年 11 月，参加北京某学术会议期间，组织 6 名媒体一线的主持人，在中国传媒大学国际交流中心内的咖啡厅进行访谈，其中 3 名主持人谈到自己的声音与影像被征用，正在打造专属的 AI 主播；2024 年 3 月，组织重庆电视台与重庆交通广播、音乐广播的 5 名主持人，在笔者家中进行了第二次焦点团体访谈，部分受访者深入地谈了自己对于 AI 主播相关议题的看法。

由此，笔者从这 11 位受访者中挑选出 8 名更具代表性的真人主播，并对其进行 1—2 小时的深度访谈（受访者信息见表 1）。

表 1　受访者信息表

序号	编号	性别	年龄	工作岗位	所在城市
1	M1	男	35	节目部主任	北京
2	M2	男	28	主持人	北京
3	F1	女	25	主持人	杭州
4	M3	男	30	记者	长沙
5	M4	男	39	主持人/副主任	重庆
6	F2	女	42	主持人	重庆
7	M5	男	27	主持人	重庆
8	F3	女	30	主持人	重庆

三、技术迭代：主持人实践的虚拟与现实

（一）真实与镜像的主播新业态

后现代的视觉文化以"虚拟形象"为代表，特别是 1975 年以后，现实与影像的关系日趋疏远，计算机技术可以对其进行篡改、修饰与复制。[5] 从进入现代社会开始，本雅明的机械复制理论就一直统治着文化研究领域，而布希亚提出的仿像则直接否定了现代社会文化复制的可能。那么，AI 主播与真人主播之间的关系究竟是什么？是单纯的复制关系吗？抑或是已经进入布希亚提出的仿像阶段？笔者认为，AI 主播目前还停留在复制阶段，即需要采集尽可能多的真人主播的素材，以此生成更真实的节目效果。如前文提到的"时间小妮"就是以北京电视台主持人春妮的原型进行建模打造的。再如科大讯飞以康辉为原型打造的 AI 主播"康晓辉"、以撒贝宁为原型打造的 AI 主播"小小撒"，都是依托观众对真人主播的认知，而将其情感转移至 AI 主播的一种操作方式。真人主播的形象、语言风格以及在受众层面的认知度、认可度等，都是 AI 主播在平台实践中获取良好传播效果的重要指标。本雅明认为，大规模的机械复制对于视觉文化是有一定冲击的，无差别的复制使得大规模的传播成为可能，但这样原作的重要性被降低。那么 AI 主播的精确复制是否也会导致原型真人主播的重要性降低？换句话说，如果康辉等主持人在媒介中的权威性与中心化逐渐消退，媒体是否会因为 AI 主播而缺失价值与道德引领的重要社会责任？其实，目前我国对于 AI 主播的打

造与曝光还是有着严格的控制，因为当虚拟形象逐渐成为主流后，媒体的真实性与权威性会被削弱，这样的去中心化对于新闻传播而言，无疑是致命的打击。

从数字孪生到镜像世界，现实世界里的每个地方、每件事物都将拥有数字孪生体，我们可以在真实世界中操作、体验、感知，但这并非真实的存在。其实，技术与场景的深度融合，带来的是真实与虚拟界限的消融，AI 主播代替真人主播只是时间问题，但也正因如此，媒介的业态可能发生颠覆性的变化。从效率、精确性、体验感上来说，AI 主播的介入，提升了播音与主持的实践业务水平，但从传播风险、认知风险、伦理风险等层面来看，AI 主播又冲击着来之不易的良好的媒介生态。当虚拟与真实缺乏必要界限之时，主播的规则与制度也将发生巨大改变。

（二）内容生产与新闻传播的再造

从现今的新闻传播实践来看，互联网平台创造了一个海量信息自由开放流通的公共领域，各类新闻资讯汇聚到平台之中[6]，而信息量的激增促使数字算法与精准分发的技术逐渐成熟。有学者指出，智能化算法分发模式解决了人与内容的连接问题[7]，实现了传统媒体时代人们展望的"分众化"，更是彻底改变了内容生产与分发的基本范式。的确，AI 主播所能触达到的受众，不管从精准性上，还是覆盖面上，都远远高于真人主播，这源于平台实践中的算法优势以及后期推广的分发策略。AI 主播可以在短时间内处理大量的新闻素材，并根据需求进行相应的编辑和排版，还可以通过智能算法预测新闻话题的热度和传播效果，从而为新闻传播提供更有针对性的建议。[8] 此外，从单纯的播报效果来看，AI 主播在某些方面的表现也是优于真人主播的。如 AI 主播具有较高的语言准确性和稳定性，且不易受到情绪波动的影响[9]，原则上能更好地把握新闻播报的情感态度。但同时，我们也应该看到，新闻传播不应依赖于没有情绪价值的机械播音。受访者 F1 谈道："如果没有情感倾向是优势的话，AI 当然是优于我们（真人主播）的，但情感不应该是主持人最重要的品质吗？"

可以说，AI 主播的出现以及快速的迭代发展，给媒体的内容生产与信息传播秩序带来了极大的挑战。如灾难性事件的出镜报道、时政新闻的主持播报，对于真人主播绝不仅限于专业能力的考查，更是职业素养的展现。而 AI 主播虽有更高的效率，却无法在情感层面完成更加准确的表达。我们不能完全否定 AI 主播的传播内容与形式，但也需要正视 AI 主播与真人主播之间的媒介鸿沟，为今后的 AI 主播发展确定方向。

四、伦理审视：人工智能带来的风险管控

（一）重读"社会责任理论"

美国新闻自由委员会 1947 年出版的《一个自由而负责的新闻界》，标志着"社会责任理论"的诞生。[10] 社会责任理论是传播学著名的"传媒的四种理论"之一，是为了应对"自由主义理论"过分强调言论自由而导致的媒介资本集中垄断与信息传播粗俗浅薄化趋势而提出的。至此，媒介开始进行自我约束，并报道尽可能真实、客观、公正的新闻。不管是中国还是西方国家，对于媒介应该承担的社会责任，都持有共同的行业准则，但当人工智能出现并快速发展之后，相应的媒介责任出现了诸多真空之处，受众权益遭受损害的案例时有发生。

1. 数据安全与用户隐私

数据是算法结构化及逻辑化运作的基础和结果，建立在大数据和深度学习基础上的 AI 技术，需要海量数据来学习训练算法。[11] 人工智能嵌入新闻传播领域带来的较为显著的传媒伦理隐忧，包括数据盗用、信息泄露、用户隐私权被侵害等。[12] 百度地图开通个性化语音播报功能后，上百万人都用自己的声音录制了专属导航，可以说，语音合成现在已经成为一项并不高端的技术，而真人主播的语料资源也是可以轻松获取的，那么，真人主播的虚拟声音是否可以得到保护？AI 主播的生成是否会对真人原型造成困扰？受访者 F2 谈道："我也录制了自己的语音包，但其实只是想自己用，但不小心公开了，后来不少听众告诉我，他们下载了我的语音包，总感觉有些尴尬，但又不好要求听众删除，因为别人也是喜欢你才会使用的，只是我并不认可。"其实，当庞大的真人主播声音与用户资料被用于大数据运算时，很容易导致相关平台对数据的垄断与算法的操控。数据的数量的确决定了用户的体验，但当数据缺乏管理，真人主播的语料资源被滥用，用户个人信息被操控，平台运算又大量挖掘用户隐私用于分析之时，数据安全的隐忧则完全显现。

2. 把关人的缺失

由传播学四大奠基人之一的库尔特·卢因提出的"把关人"理论指出，社会上存在着大量的新闻素材，大众传媒的新闻报道不是也不可能是"有闻必录"，而是一个取舍选择的过程，这正像一道关口一样，受众最终看到的只是众多新闻素材中的少数。在传统媒体时期，信息的筛选被发挥到极致，这是为了净化媒介生态，同时也是为了树立媒介权威。智能算法将传统新闻业的把关人角色转移到机器身上，解构了传统新闻的价值选择标准以及新闻的"公共性"。[13] 而依赖于大数据与云计算的人工智能，在内容生产过程中很容易造成虚假新闻的传播，甚至因信息量过大而产生的"麻痹性"，继而影响计算的准确性。针对 AI 主播，从文稿撰写到新闻播报，再到内容传播，缺乏把关人的审核，发生相关问题后无法得到及时

纠正，甚至事后也难以追责。受访者 M1 谈道："不敢普及 AI 主播的主要原因是缺乏问责机制，新闻出了问题应该找谁？如何保证今后不再出现类似问题？AI 的确解放了我们，但让我们在工作中更加提心吊胆，总给人一种不可控的感觉。"不可否认，AI 主播可以在烦琐的新闻资讯中找出有价值的内容，并完成精准的播报，但因其打破了原有的制播流程与管理机制，增添了更多的不确定性。社会责任论指出，大众传媒具有很强的公共性，因而媒介机构必须对社会和公众承担并履行一定的责任和义务，这集中体现在每一环节的真实把关人身上，特别是新闻节目的把关人缺失，很容易造成传播的混乱，甚至引发舆情。

3. 人格化的消退

AI 主播的普及，不可避免地会导致真人主播在信息传播中主体地位的丧失。"风格"一直是主持教育中的核心之一，主持人应该具备区别于其他人的个人特质，以此成为媒体前台的知识传播者。因此，在媒体实践中，我们强调主持人通过形象、语言凸显出强烈的人文关怀与风格特质，从而在情感上获得受众的认同。但在目前这个阶段，AI 主播只能通过计算，尽量贴近真人主播的风格特质，且这样的特质在互动交流中时常出现分裂，导致 AI 主播的人格化消退。其实，AI 主播在形象与语言上的模仿能力已经非常成熟，但作为缺乏主体性的机器，情感上的契合是很难达成的。尤瓦尔·赫拉利认为，"数据主义"盛行导致"人本主义"的崩塌，同样，卡尔·雅思贝尔斯对现代传媒的批判性观点同样深刻地揭示了"技术对人的控制"。由此可见，通过数据算法与复制再造的虚拟 AI 主播，放大了媒体平台的技术逻辑，忽略了对主持人主体性的彰显，很容易导致主持人这一角色被媒体与受众边缘化。受访者 F3 谈道："有血有肉的真人给观众一种更加值得信任的感觉，这其实是一种人格化的体现，谁会希望和一个机器人对话呢？哪怕它回答得再完美，或者说正因为过分完美，反而让我难受，其实我就是希望屏幕那头是一个人，一个真人。"可以看出，至少在现在，真人的主体性仍是受众所看重的。

（二）越真实越可怕

原则上，AI 越逼真，越能获得受众的好感，但受访者 M5 说道："我们台用 AI 合成主播完成节目，发到短视频平台后，一面倒的都是负面评论，甚至有网友说这个 AI 主播有点瘆人。"其实，早在 1906 年德国心理学家恩斯特·延奇就发表一篇论文指出，人们无法作出抉择时的不确定性会成为恐怖的源头。比如，在难以判断物体是否具有生命时，人会产生恐惧感。AI 主播因为外形酷似真人，却不具有真实生命，所以让受众产生了恐惧感。1970 年，日本机器人专家森政弘提出了"恐怖谷效应"，认为机器人的外观和行为跟人类越接近，人们越容易产生积极的正面情感；但是，当这种正面的情感到达一个峰值之后，随着相似度的提高，人们会对机器人产生恐怖的感觉，形成所谓的"恐怖谷效应"。[14] 恐怖谷其实就是人类对机器人的心理排斥反应。[15] 森政弘进一步指出，活动的仿真人比静止的仿真人的恐怖谷效应更加明显[16]，正如尸体会让人不舒服，如果尸体突然站立，会让人惊恐。之后有相关实证研究证明，机器人越像人，人们越是感到热情，但当达到一定程度之后，人们会产生不舒服的恐怖感觉，并由此产生更少的积极态度[17]，这也就解释了受访者 M5 提到的，受众觉得 AI 主播比较瘆人的说法了，其根本原因是人类对于陌生事物不了解、不熟悉会导致一种恐怖的心理，而当这样的陌生事物处于认知与非认知交界处、人类无法分辨真假之时，恐怖谷效应会增强。

  AI 主播要代替真人主播，首先要符合人们脑海中所认知的主播形象，此时真人就成了最容易模仿的对象。但有学者反对指出，拟人化设计背后是一种对自我的内在假设，而 AI 主播要形成所谓"道德共同体"的伦理标准，就必须具有与这一群体内部成员较为相似的道德图像。[18] 简单地说，AI 主播可以在视觉形象上无限地接近真人主播，但在道德层面却难以接近。要受众认可 AI 主播，设计师就要使 AI 主播的形象设计接近真人，但这样做的效果还有待验证。恐怖谷效应指出，随着机器人的逼真度不断提高，人们对机器人的情感会逐渐回归至正面，即恐怖谷是一个波谷状，好感度从负面转为正面的原因同样是机器人的逼真度。所以，为了使 AI 主播更好地被人们所接受，我们应该重视它的外观，但这并不能弥补 AI 在道德层面上的缺失，因为它仍然无法成为一个道德行为体，只是一种虚拟的存在。如今的 AI 主播大都以真人的声音、形象作为建模的主体，但当其在传播过程中，如果因数据运算不受控而引发的问题甚至事故时，究竟应该怎样进行处理与问责？AI 的拟人化的核心是幻觉，社交机器人的一个关键伦理问题就是欺骗，有学者甚至认为，设计机器人来鼓励拟人化的属性应被视为一种不道德的欺骗行为。[19] 那么，AI 主播的身份如何界定？其权利与义务应该如何分配？真人主播与 AI 主播的关系为何？公共问题又应该如何划分责任？这都是 AI 主播在伦理层面需要面对的问题。一方面，当恐怖谷效应走过低谷之后，AI 主播逐渐被受众所认可，好感度不断升高之时，我们应该怎样处理 AI 主播与受众之间的传播关系？另一方面，因为 AI 主播的形象越来越接近真人，甚至受众无法快速辨认，我们要如何避免传播的道德风险？

五、结语

  如今，我们正在经历虚拟数字人的媒介变迁，作为一项新技术，AI 主播为行业带来了全新的发展思路。的确，数字技术解放了曾经任务繁重的媒体工作者，但同时也引发了"社会责任论"的再思考：数据安全如何保障？信息把关怎样实现？虚拟形象的人格化如何呈现？这些都是智能时代 AI 主播发展必须解决的问题。此外，由于恐怖谷效应，AI 主播与受众、AI 主播与真人主播之间呈现出双重的复杂关系。从外观上来说，AI 主播与真人主播应该更好地达成视觉一致，而从道德层面来说，AI 主播与真人主播又应该如何划分权利与义务？可以说，媒介技术的发展带来了不可避免的人机关系变革，同时也造成了社会伦理的问题与风险，我们需要对 AI 技术保持审慎的理性态度，持续探索 AI 主播的发展之路。

注释

[1] 梅剑华.理解与理论：人工智能基础问题的悲观与乐观[J].自然辩证法通讯，2018（4）：1-8.

[2] 刘霞，陈昌凤.3D+AI 主播：伦理演进与价值引领[J].青年记者，2021（5）：60-61.

[3] 郑子睿，孙昊.AI 主播的平台实践、技术演绎与伦理审视[J].中国广播电视学刊，2023（9）：75-78.

[4] 陈向明.质的研究方法与社会科学研究[M].北京：教育科学出版社，2000：211.

[5] 本雅明.机械复制时代的艺术作品[M].王才勇，译.北京：中国城市出版社，2002：95.

[6][11] 宋建武，黄淼.媒体智能化应用：现状、趋势及路径构建[J].新闻与写作，2018（4）：7.

[7] 彭兰.增强与克制：智媒时代的新生产力[J].湖南师范大学社会科学学报，2019（4）：132-142.

[8] 梁亚宁.AI 主播在新闻传播中的应用研究[J].新闻爱好者，2021（9）：47-50.

[9] 刘娜，黎樟浩，吴晔.AI 主播与真人主播的播报效果研究[J].青年记者，2023（6）：58-61.

[10] 郭庆光.传播学教程[M].2 版.北京：中国人民大学出版社，2011：142.

[12] 曹素贞，沈静.AI 嵌入新闻传播：智能转向、伦理考量与价值平衡[J].电视研究，2021（4）：76-78.

[13] 刘德寰，王妍，孟艳芳.国内新闻传播领域人工智能技术研究综述[J].中国记者，2020（3）：76-82.

[14] MORI. The uncanny valley[J]. Enerny, 1970（4）：33-35.

[15] 范秀云.恐怖谷理论与动画电影中的逼真人物形象[J].当代电影，2014（6）：187-190.

[16] MORI. The uncanny valley[J]. Energy, 1970（4）：33-35.

[17] KIM, SCHMITT, THALMANN. Eliza in the uncanny valley: anthropomorphizing consumer robots increases their perceived warmth but decrease liking[J]. Marketing letters, 2019（1）：1-12.

[18] 杜严勇.恐怖谷效应探析[J].云南社会科学，2020（3）：37-44.

[19] 栾轶玫.AI 主播的媒介应用及伦理风险[J].视听界，2022（2）：126.

（本文编辑　王文艳）

数智时代 AI 主播的
具身逻辑与情感弥合研究 *

张 超 靳 迪 **

摘 要： 数字技术更迭重构传统媒介生态，AI 主播在讯息生成、情感交互、价值认知等具身智能层面重新定义媒介感知、交互、实践要素，凸显了虚拟"自我"与"主我"的适应调试、叙事离散及情感逻辑偏差等问题。本文基于德里克·德克霍夫"文化肌肤论"理论，审视数字镜像复刻下 AI 主播的媒介替代机制。在媒介技术加持下，发现 AI 主播的具身性与类人性是人类改写自我生命时空规则的内在逻辑，人类主体在现实文化空间与虚拟情感交互中促发数字化交互与延展，数字化伴生将成为新型社会文化景观。

关键词： AI 主播；具身逻辑；情感弥合；数字交互

媒介与技术作为人类有机体的延伸，其根源深植于我们自身的映象。[1] 数字时代，媒介技术人体与外界空间的媒介成为我们的新环境，并用我们喜闻乐见的方式进行呈现。人们创造媒介环境，环境也在不断塑造我们。AI 主播作为具有数字化外形的虚拟人物，通常是为特定内容的对话而训练的人工智能角色，具有一定的形象能力、感知能力、表达能力和娱乐互动能力。[2] 然而，任何媒介技术产物的普及都需要经历社会心理调适的考验，从而顺应受众的文化情感需求。这种情感弥合的实质是现实主体与具身智能之间，在技术伦理、媒介规范等维度的逻辑相洽。在数智时代，媒介技术厚植人文要素，增强了虚拟空间与现实生活的互通联结，通过对现实传播主体形态的虚拟移植，促使 AI 主播与受众在交往互动中生成情感，进而在增进受众技术适应的同时，持续推动数字媒介技术的赋权与进阶。

---

* 本文系河南省高等教育教学改革与实践项目"数智时代'全媒体口语传播基础'情景教学模式创新与实践"（2023SJGLX250Y）阶段性成果。

** 张 超：河南大学新闻与传播学院副教授，口语文化传播研究中心副主任。

靳 迪：北京外国语大学国际新闻与传播学院博士研究生。

一、文化肌肤与媒介"神话"

人类创造的一切都是技术,一切技术都会生成一种环境,宛若人的肌肤,成为人与世界的中介,即媒介。[3]在数智时代,媒介深度影响我们的感知模式,由语言和声学空间为方向的平衡感觉中枢,转为更高的视觉主义(Visualism),媒介塑构的虚拟空间则是将视听空间朝更为极致化的方向延展。德克霍夫指出:"在电力时代,我们身披全人类,认识就是我们的肌肤。"通过电力技术,我们每个人都与其他人有所接触,这种接触也许是在不知情或非主动的情况下进行的。人类在电力技术后吸收电子技术,第二次改变自己的"肌肤"。以技术计算为传播主体的"人机"传播(Human Machine Communication,HMC)成为一个新的传播实践和理论领域,AI主播作为技术凝结产物,进而成为被凝视的对象。

(一)镜像主体的时空脱域

麦克卢汉提出的"媒介即讯息"意味着新技术一旦被接受,就很难阻止其被使用。新媒介携带原有媒介技术的功能,并将传统媒介某一领域进行升级与替代。哈罗德·伊尼斯认为,传播技术的变化是通过改变兴趣的结构(思考的事情)、符号的特征(用于思考的事情)以及社区的性质(思想发挥的舞台)来影响文化的。[4]技术为我们的生理潜能与有机潜力提供了替代与延伸,AI主播则是传统播音员、明星的媒介替代与延伸。

数字化时代技术身体的主体性弥补了肉体"缺席"的遗憾,尼葛洛庞帝认为:"分散权力、全球化、追求和谐和权力赋予"为数字化生存的四个特征[5],虚拟数字技术下沉与赋权是技术身体得以存在与进阶的理论基础和现实映照。随着元宇宙、虚拟数字人、AIGC技术的普及应用,数字信息逐步充斥社会空间,新媒介技术引发的虚拟表征和符号激发人们的关注,虚拟化、数字化、赛博化、液态化成为新媒介技术信息传播的表征样态。[6]被技术介入的身体,割裂为分散的相对对立的符号,各符号之间具有微弱的交流,在复杂的编码指令和个体化差异的记忆间,身体成为真实与虚拟、物质和信息的混合物。[7]自我本体与数字虚拟中的客体重构,不只是信息符号外形轮廓与类人性的表达,深层次的代码、指令、算法技术还将遮蔽身体客观存在性带来的时空限制,从而拓展传播效能。

(二)身体映像的跨维度在场

媒介学把身体视为一种媒介,把生命体视为一种复杂且具有自主情感的有机媒介。AI主播作为现实主播身体和心理的延伸,是媒介与技术支撑下身体和心理存在本质的外化。在以人工智能生成内容(AIGC)为象征的AI智能时代,人类本体被技术逐步复刻,从眼睛、耳朵、感知到身体的延伸,技术实现了人类肉体与精神的剥离,以及肉体意义上的外化。无论是智能辅助人、机器仿生人还是数字生命意义上的"拟人"，其背后都是以 AI 技术为支撑的数字交互。

人类主体感知的"在场"（presence）强调与技术相似的"媒介在场"（media presence）以及依赖身体和空间的"社会在场"（social presence）。[8] 在原有媒介技术支持下，人类的媒介在场需要"身体"的延伸才能实现，或者需要真实身体充当媒介进行信息传递，这就造成各种中介化传播备受"缺席与在场"矛盾的拉扯。信息内容生产为便于整理与传输，在"编码"过程中会尽量剥离内容中的身体信息，而在终端，又需要尽力复刻出原有的身体，来填补受众在场的感官体验。[9] 技术的发展证实，智能是具身的，身体与人、机传播都有着千丝万缕的联系。人类的沟通需要"身体模式"的在场，身体同在的场域是生物学中个体互联的基础，而 AI 主播可以通过声音、形象、真人动作的复刻建立传受主体之间的情感，从而使受众在多感官沉浸在场中提升媒介适应。

二、AI 主播的具身互动与符号叙事

AI 主播作为具有交互功能的虚拟数字人，表征着现实个体在数字媒介环境中的具身嵌入与符号互动行为，以技术为中介的具身模式进而催使数字媒介时代的叙事样态发生新变化。[10] 在这种互动结构中，AI 主播具身性的定义有所延伸：它们是被 AI 辅助的人，是生理意义上增强的人，是非整数维度意义上的数字人。[11] 简单来说，AI 主播逐步成为人类社会交往的中介，成为人与信息文化之间沟通的桥梁。

（一）具身关系中的认知调试

技术哲学家唐·伊德指出，人与技术最基本的关系是具身关系。个体通过技术重新"激活"身体的感知器官，增加个体融入群体、获取信息的能力，从而加强群体认同。在数字媒介空间的具身关系中，技术看似受制于人，但实际上技术对人的改造作用反而更为显著。若将这种改造实践视作 AI 技术能动性的体现，那么现实身体在某种程度上也可被视作服务于技术发展需求的工具。人们为提高传播效能，复刻、延伸出身体样貌趋于完美的 AI 主播，但当技术功能替代甚至超越身体功能的时候，身体就成为媒介技术突破时空束缚、实现镜像功能的现实载体。

在大数据模型支撑下，AI 主播逐步具备在算法指令下进行自我深度学习的功能，这意味着它们在自我学习、信息反应方面已然实现了对真人主播的替代，甚至超越。例如新华社以记者赵琬微为原型创设的 AI 主播"新小微"，能够以 360°任意角度呈现内容，支持多机位、多景深画面，在视觉形象呈现方面不仅可以根据文字产生不同的微表情，甚至能够根据

不同场景、不同新闻报道的需要快速变换发型、服装和妆容。与此同时，在新闻播读、信息互动与情感沟通等工作中，AI主播的拟人化外观与表征技巧甚至更易触发人们的社会脚本（如礼貌、问候、互助等），从而进一步促使受众产生情感与认知的社会性反应。[12]AI主播依托类人化的身体表达方式以及超人类的数据存贮能力，将现实人际沟通移入数字空间，回应数字人的类人化交际行为。人与数字媒介的沟通交流进而逐步演化为人与"新常人"的沟通交流。在这种交互关系内，数字媒介技术通过整合具身在场、远程在场和虚拟在场等多样化场景形式，颠覆了身体"在场"的嵌入意义。技术和身体的深层互嵌促使现实与虚拟的边界被打破，肉体在场的必要性被数字媒介削弱。蒂姆·乔丹认为，伴随媒介技术的发展与下沉，身体的实体属性需求在逐步降低，我们将会把"身体"上传至网络，作为纯粹的信息，承担非具身化的意识。[13]AI主播作为今后"人际"传播的对象，可实现自我身体的情感延伸和时空在场，同时其背后的算法模型及附属"意志"将在沟通交流过程中涵化人性思维，影响人类的文化认知。

（二）数字拟化同在的技术返魅

霍布斯将人分为自然人、拟人和虚拟人。[14]这里的虚拟人（虚拟数字人）指的是不同于自然人、实体人的行为"代表者"。以AI主播为代表的虚拟数字人作为计算图形技术进步的产物，在拟态空间中持续重构社会行为价值。[15]纵观虚拟数字人的演化发展历程（图1）我们可以发现，虚拟数字人的外貌及职业属性在技术赋能下逐渐发生具身性、社会性转化。虚拟数字人开始以类人化的方式塑造其自身形象与符号价值，并逐步出现替代人类的趋向。

伴随人工智能经济的蓬勃发展，AI主播逐步成为流量资本占据文化娱乐市场份额的商业利器，成为被资本操控裹挟的"数字偶像"。虚拟空间中的偶像符号打造与其说是算法模型对个体理想人设、社会心理向往的数字化凝练，不如说是商业资本与民众对"技术神话"共同的价值依附。AI主播等数字化产物作为"技术神话"的具象呈现，持续回应每个凝视者的心理期待。诚然，伴随数字技术发展与媒介下沉，数字媒介与现实生活的深层互嵌增进了民众对技术识别等功能的认知，并在一定程度上实现了对技术的祛魅。但正因这种数字伴生情境的日常生活转向，算法模型对民众日常决策的部署与指引同时映射出"技术神话"的返魅趋向。

在虚拟数字人领域，技术返魅通常伴随着人类感知与虚拟数字人形象的交互建构。AI主播自出现伊始就因其类人属性、具身性与超人能力而备受"技术神话"叙事框架的青睐。如今在商业资本的流量倾斜下，AI主播已然升格为具有神话符号意涵的虚拟偶像，进一步推动技术返魅的热潮。受众在"饭圈文化"的影响下形成以粉丝意见领袖为核心的趣缘圈，从而产生高于偶像本身的经济效益和文化力量。当消费技术最终被引入我们的生活时，使用

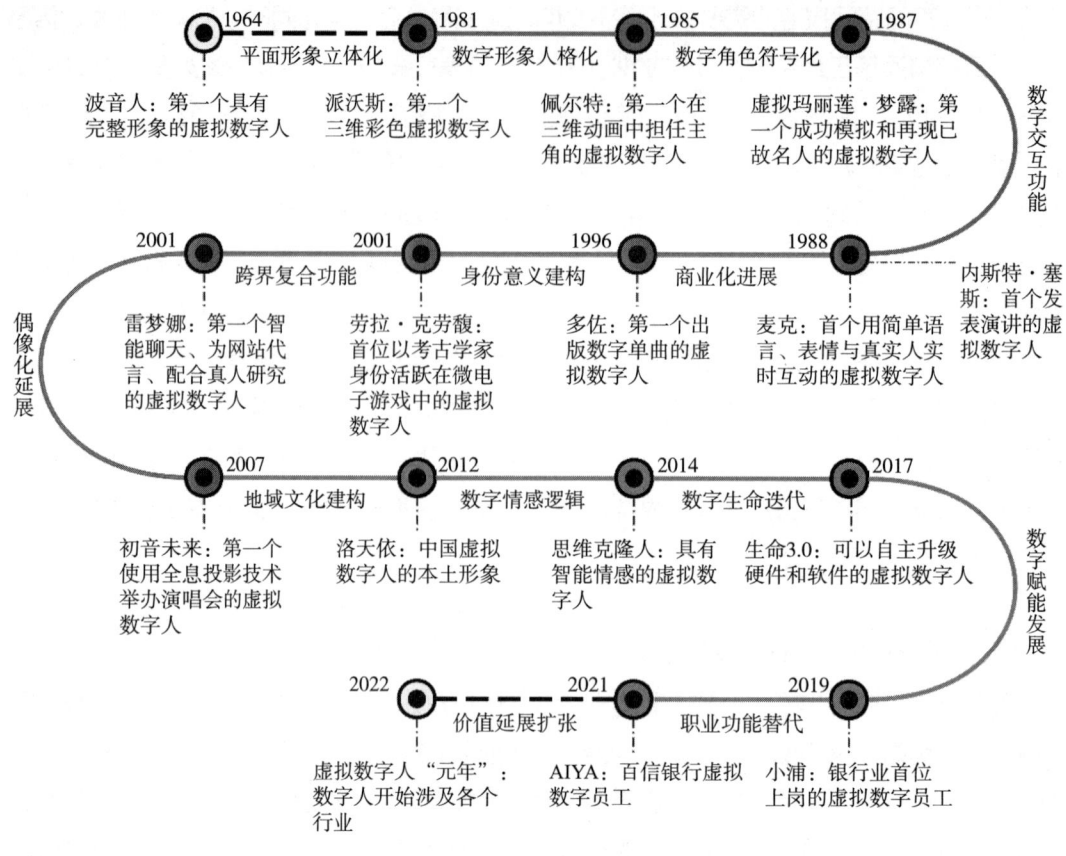

图 1 虚拟数字人演化发展历程

者可能产生拜物教似的狂热。当个体无法控制这种狂热时，可能出现"致死"的麻木。"技术神话"在受众对技术价值的依赖中日趋固化，从而导致部分民众从技术悲观主义进入乌托邦。

三、AI 主播的媒介进阶与情感弥合

"媒介非表意，媒介即存有"是媒介化生存、沟通、融合的社会机理。正是人类的面部表情、动作行为和身体语言组成了社会的交往"线索"，构成了人间的"烟火气"，给人以"社会在场感"，从而帮助人们获得一种生存的安全感。在数字化媒介环境中，人类生存环境发生迁移，身体的虚拟在场、信息的身体传播、信息的镜像复刻使社会互动方式日趋多元，AI 技术建构的数字化虚拟空间正在逐步成为"中介环境"，这种媒介空间通过创设 AI 主播等具有情感交互属性的媒介要素，接续我们个人的想象力、专注力与行为动作，从而实现人机的深层次沟通。

（一）文化复刻与情感互联

AI 主播是人造物也是"人"，它既有人的形象、语言、行为和表情，也有通过算法比拟的人类情感。虽然这背后的驱动不是细胞、神经元和难以把控的灵魂，但其信息数据制成的数字身体依旧复刻的是人的基本行为，甚至在部分能力上实现了超越。这种超写实的虚拟数字人具有高逼真的类人效果，其皮肤纹路、表情状态、手势动作与真人无异。AI 主播在数字场景中通过自我形象、数字道具与真实世界进行互动，进而具备了对接现实交互需求的可能性。AI 主播在与人类交互过程中，其类人形象能够促使受众自我代入，甚至在特定交互叙事中产生情感联结。从技术先导的视角来看，人工智能技术对 AI 主播情感交互功能的植入与打造是帮助后者实现类人化进阶的关键。伴随技术的下沉与溢出，虚拟数字技术与 AI 主播建模技术的使用端转向自媒体用户，媒介使用者可借助数智系统的终端操作打造符合自身传播需求的 AI 主播模型，进而将本土符号、品牌形象等文化要素移入虚拟世界。[16] 借助数字技术，人类可在数字虚拟世界中创设"完美"的类人数字镜像，将归属于现实空间的历史、情感和经验全部上传至数字虚拟空间，实现现实符号的数字化表征，并利用数字文档、图像、AI 智能等数字材料，在虚拟空间中建构经由现实复刻的完美映像。

AI 主播虽然不具备自生意识，但其视觉形象能够通过归纳受众的凝视行为，持续优化自身的呈现样态。这种类人化形象作为凝视者肉体意志与数字化视觉技术的杂糅体，在虚拟空间中交织缠绕，映射出现实文化建构模式的演进。人机融合的赛博格人被悄然跨越，AI 主播与用户的形象、情感、认知和经验将相互建构，在虚拟、数字化的具身感知中，呈现出新的感性经验模式。[17] 人与物的情感沟通逐渐升级，AI 主播将成为物的高阶情感赋予物，呈现出文化的物质性方向，人与人的情感勾连将有部分转移至人与物，也就是人与虚拟数字人的情感共情，从而形成人际文化的间歇。这种间歇更多表现为数字社交主体的革新，从主体人变为虚拟数字人，改变"人际"交往模式，丰富受众的认知情感，满足其社会归属意愿，但可能会带来新的社会圈层、群体关系问题。

（二）符码人像与数字"孪生"

AI 主播在虚拟数字环境中的数字化身体图像在面对不同的场景和情况时，会基于算法和人工智能技术进行和真人一样的调整、适应与变化，使凝视者通过视觉对 AI 主播产生具身化共情，从而产生现实空间与虚拟空间中的自我"孪生"。

AI 主播的技术表征主要表现为声音、形象、动作与思维。其中，声音具有强大的神经穿透能力。声音从人类诞生以来，一直是人们交往、沟通的媒介工具。正如保罗·利文森所说："我们可以闭上眼睛，但是不能把耳朵也闭上。"[18] 数字媒介技术发展催生出新的社交场景，这种媒介环境变化更加凸显了声音的重要性。2024 年 6 月 27 日，美国 NBC 宣布

Peacock 流媒体平台对知名体育主播阿尔·迈克尔斯的播报语音内容进行全方位采集，并通过大模型内容训练的方式为 2024 年巴黎奥运会奥运集锦视频的解说内容献声。洞察声音传播的关键问题是回归到受众对于声音的感知与思维层面，虚拟数字人可以实现音色、音高、音强近乎完美的复刻，进而以一种亲近的方式彰显其"人格"。虚拟数字人为适应具身化表达的不同经验，用来建构声音和身体的表征方式也不尽相同。[19] 声音的复刻是其存在的必要条件，而具备人的形象与气质则是虚拟数字人追求的最佳效果。人类的身体感性一旦被植入虚拟数字人形象之中，人类在面对虚拟数字人身体时就容易产生情感，仿佛凝视其惟妙惟肖的表情动作，就是在直面自我、寻求共鸣（如图 2）。

人类真实的相貌处于肉体局限与社会文化的双重规训体系中，而 AI 主播的身体形象创设则彰显出人类自我极限的追求。虚拟数字人的"超真实"形象诱导社会情绪转向一种理想化的视觉体验，人类的数字化和虚拟数字人的类人化，在这种复合型视觉经验中混融为一。在人类身体、面貌的数字化建构进程中，现实躯体可以产生数据、成为网络的义体，可以作为技术系统的"补丁"存在。与此同时，物质性的身体又能够切断网络的连接，作为秩序的"病毒"存在。[20] 因此，AI 主播只有作为现实躯体特征的集中、感性化呈现，才能将自身完整映射进人类的心灵世界，从而存在和作用于现实空间的真实情感中。受虚拟数字人的具象化表征，人类对于 AI 主播的自我认知容易从"它"逐步转移至"他"，AI 主播的存在形式进而从媒介工具逐步升级为具有数字生命、可洞察凝视者心境的类人朋友。

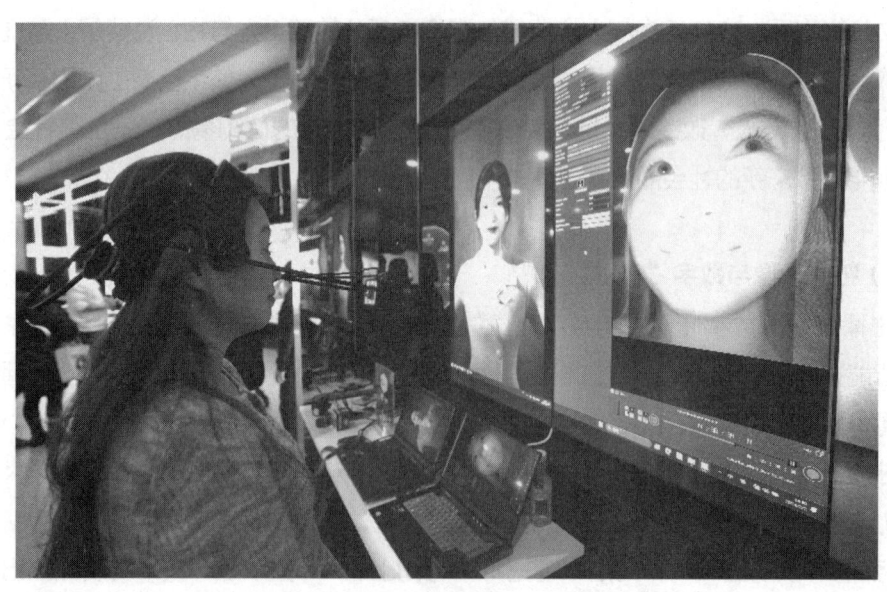

图 2　人机传播中的镜像复刻与自我"孪生"

四、结语：媒介环境再造与智慧离散

虚拟技术的发展持续重构现实身体的再造与实践模式，数字身体创设进而深度嵌入人类的价值生产环节。商业资本与媒介技术共同形塑的虚拟数字化媒介空间使人类生活的媒介环境发生变化，并通过 AI 主播等具象形式与受众建立以镜像复刻为基础的情感联结，帮助个体在视听过程中弥合群体性心理缺失。AI 主播是身体媒介延伸的综合体现，其具身性代表了类人媒介的进阶方向，帮助人类实现了现实空间传播的数字转化。然而，过度的媒介依赖是否会引发个体思维能力的减退？AI 主播对现实身体的媒介替代是否在技术伦理层面存在合理性边界？上述问题仍需进一步商榷。

注释

[1] 张咏华. 媒介分析：传播技术神话的解读 [M].2 版. 北京：北京大学出版社，2017：59.

[2] 程思琪，喻国明，杨嘉仪，等. 虚拟数字人：一种体验性媒介——试析虚拟数字人的连接机制与媒介属性 [J]. 新闻界，2022（7）：12-23.

[3] 林文刚. 媒介环境学：思想沿革与多维视野 [M]. 何道宽，译. 北京：北京大学出版社，2007：197.

[4] TAMAS. From technopessimism to digital utopia-cultural construction of communication and media technologies[J]. Informacios tarsadalom，2014（14）：113-115.

[5] 尼葛洛庞帝. 数字化生存 [M]. 胡泳，范海燕，译. 北京：电子工业出版社，2017：229.

[6] 张爱军，乔运涛. 后人类的媒介身体、工具境况与调和面向 [J]. 现代出版，2024（10）：52-62.

[7] 熊国荣，黄婉婷. 个体化理论视域下虚拟网红的身体实践与情感连接：以 Lil Miquela 的传播实践为例 [J]. 编辑之友，2022（9）：51-60.

[8] 邓建国. 我们何以身临其境？人机传播中社会在场感的建构与挑战 [J]. 新闻与写作，2022（10）：17-28.

[9] 邓建国. 意义、他者与身体：高度媒介化时代传播哲学的三个重要议题 [C]. // 谢清果，华夏传播研究（第三辑），北京：中国传媒大学出版社，2020：3-21.

[10] 张文娟. 具身性之思想溯源、概念廓清与学科价值：一种对具身传播研究元认知 [J]. 新闻与传播研究，2022（9）：112-125.

[11] 杜骏飞. 何以为人？AI 兴起与数字化人类 [J]. 南京社会科学，2023（3）：76-84.

[12] CHATTARAMAN，KWON，GILBERT. Virtual agents in retail web sites：benefits of simulated social interaction for older users[J]. Computers in human behavior，2012（6）：2055-2066.

[13] JORDAN. Cyberpower：The culture and politics of cyberspace and the internet[M]. Oxford：Psychology Press，1999：31.

[14] 霍布斯. 利维坦 [M]. 黎思复、黎廷弼，译. 北京：商务印书馆，2017：125-126.

[15] 吴洁. 数字人类的起源：1964~2001[M]. 上海：同济大学出版社，2016：190-200.

[16] 王莹，梁雪媛. 虚拟主体性与虚拟物质性：论数字人形象 [J]. 福建师范大学学报（哲学社会科学版），2022（5）：49-58.

[17] 海勒. 我们何以成为后人类：文学、信息科学和控制论中的虚拟身体 [M]. 刘宇清，译. 北京：北京大学出版社，2017：39.

[18] 利文森. 软边缘：信息革命的历史与未来 [M]. 熊澄宇，等译. 北京：清华大学出版社，2002：98.

[19] 王峰. 人工智能形象与成为"我们"的他者 [J]. 上海大学学报（社会科学版），2020（4）：107-115.

[20] 刘海龙，谢卓潇，束开荣. 网络化身体：病毒与补丁 [J]. 新闻大学，2021（5）：40-55.

（本文编辑　王文艳）

人的"延伸"：
媒介元宇宙中的 AI 主播

成帝成　顾熠男　孔垂永 *

摘　要： 近年来，元宇宙概念下的 AI 虚拟主播技术日趋成熟，大量真身复刻的 AI 主播抢占真人主播的传统收视"份额"，导致播音主持工作"消亡论"甚嚣尘上。麦克卢汉认为，媒介是人的延伸。以此得出，新媒介技术也是人的延伸，而非人的"替代"。本文通过梳理 AI 虚拟主播技术的四个方面："身份"使用的延伸、"角色"扮演的延伸、"人性"外化的延伸、"虚实"交替的延伸，从技术和"人"的角度进行反思，分析得出"人"是"技术"的引领者、"审美"的把关者、"艺术"的创造者，AI 虚拟主播技术是"人"的补充。广大播音主持从业者要以积极的思想，勇敢面对技术革新带来的行业冲击。

关键词： 媒介元宇宙；AI 主播；播音主持

科学技术的日新月异迅猛推动媒介各要素的更新迭代，若以"物化"组件的方式理解传播活动，其中的"三大件"：传播的由来——信源、传播的介质——媒介、传播的受体——公众，三者时逢媒介要素剧变期。主要体现为：科技加持信源获取方式，科技赋能介质提档升级，科技催化受众审美情趣。早在 2016 年，新闻工作者与人工智能技术就迈出了耦合共融的第一步，媒体技术的发展动向越发清晰，呈现出"万物皆媒、人机共生、自我进化"[1] 的时代特征，AI 虚拟主播这一技术手段一别以往，同时具有"专业性强、性价比高、应用场景广等优势"[2]。再者，由国家广电总局发布的《广播电视和网络视听"十四五"科技发展规划》要求"推动虚拟主播、动画手语广泛应用于新闻播报、天气预报、综艺科教等节目生产，创新节目形态，提高制播效率和智能化水平"[3]，又为虚拟主播技术提供了纲领性指导和政策土壤。

---

* 成帝成：成都体育学院新闻与传播学院讲师。
　顾熠男：上海视觉艺术学院表演艺术学院讲师。
　孔垂永：中央广播电视总台技术局新闻制播三部中级工程师。

这种虚实结合的生态图景生成的元宇宙,"让虚拟数字人将以不同于当下的身份参与其中,在塑造元宇宙中多用户场景的社会互动上发挥重要作用"[4]。这其中,AI 虚拟主播技术的全面运用,在新闻传播领域掀起了一道靓丽的风景,让大众"对'新闻人'的期待也推到新闻 AI 主播身上,期待它能够像一个'真人'一样对新闻信息进行理解、共情和播讲"[5]。至此,从国家级媒体到地方媒体,从传统媒体到新媒体,从小屏幕到大屏幕,AI 主播大量衍生。如央视在 2018 年推出 AI 主播"康晓辉";新华社在 2018 年推出全球首个全仿真智能 AI 主播"新小浩";人民日报社在 2019 年推出 AI 主播"果果"等。随后,各地方媒体也相继交出"元宇宙成绩单",如广西广播电视台 AI 主播"小晴"解读中国共产党第二十次全国人民代表大会;北京广播电视台 AI 主播"时间小妮"对话党的二十大代表;东方卫视 AI 主播"申雅"介绍上海各区发展历程;川观新闻 AI 主播"小观"主持节目《首席观会》。AI 主播的浪潮席卷而来、遍地开花,迅速抢占了真人主播出镜、发声"份额",元宇宙媒介技术与"人的专业能力"被放在同一天平作比较。二者一经对比,AI 主播不仅完美复刻真人主播的外形样貌、声音色彩、语言表达,还拥有真人主播无法企及的 24 小时直播的"体能",0 元工资酬劳以及给受众带来的科技感、新鲜感等。脱离了碳基身体的 AI 主播似乎不再只是一项新技术,更像是成功嵌入社会生活的"行动者"。由此,业界、学界,甚至普通受众纷纷开始探讨一个新的话题——播音员主持人的职业时代是否已经过去?即媒介元宇宙是否会成为终结播音员主持人职业道路的一把技术利器?语言的传播工作不再以"人"为主,媒介传播场域从碳基体的"人"转向非碳基体的"数字劳工"。

但本文认为,媒介是人的延伸,任何媒介技术同样只是人的"延伸",并非人的"替代品",它们都是"延伸"后的运行作用方式,而非"延伸"后的具体存在形式。播音主持的艺术创作、艺术革新、艺术表现、艺术思潮,将始终由"人"来引领。正如著名学者于丹评价"ChatGPT 写高考作文"时所留下的论断,"第一,答案都绝对正确;第二,毫无灵性和才情"。笔者始终坚信,人的才气、人的个性、人的创造,永远是技术或机器无法替代的,AI 主播只是播音员主持人的有效补充,而非传播工作的主体。

一、作为"身份"使用的延伸

传统的新闻信息生产传播模式简单可以提炼为"采、编、排、发",由此产生的文字信息、文字符号等经由真人主播的"二度创作"后,以有声语言的"介质"和计算机自动生成的图像动作向受众传递。与传统播音员主持人对比来看,AI 虚拟主播技术的运用是传统传播能效的几何升维。其中,(1)真人主播的荧幕形象是计算机运作下的图形渲染;(2)真人主播的声音是计算机运作下的语音合成;(3)真人主播的副语言是计算机运作下的动作捕捉；（4）真人主播的表达习惯、表现特点是计算机运作下的深度学习。

上述运作可以理解为由计算机生成的"数据"新闻，其生成结果就是真人主播的工作成果。真人主播作为新闻信息的"播者"，仿若一位讯息的传递者，旨在协助受众认知世界；而 AI 主播虽同为新闻信息的"播者"，但它实质上是真人主播社会身份在数字领域的延伸，它以"数据"的样态传播新闻信息，特点是高效、便捷、低成本、无损耗。不过值得注意的是，"技术"对"人"的能力"超越"，其目的只是人们"通过新兴技术迭代提升新闻信息的数据化处理能力，使新闻产发体系呈现智能化、自主化趋势，从而'帮助受众穿透信息迷雾'"[6]。我们可以简述为，"播者"身份从真人转移至 AI 数字的动程，目的只是补充、丰富信息传播活动，而非技术对人的替代。

二、作为"角色"扮演的延伸

为了获得更好的节目内容传播效果，真人主播是以节目类型和节目需要为标尺来塑造个人荧幕角色的。通俗来说，真人主播实际上在一定程度上磨灭或者隐藏了本质性格，是人为塑造的荧幕角色。因此根据节目类型的不同，主持人角色也有相应的不同。如新闻节目主持人、娱乐节目主持人、法治节目主持人、财经节目主持人等。AI 主播实际上是接过真人主播的衣钵，以数字技术的方式塑造主播角色，它的本质依然是对主播角色的扮演，而在这一动态过程中，AI 主播只是真人主播人性的"延伸"。

如果结合元宇宙设想，AI 主播能够通过"虚拟生产、劳动来最终形成虚拟世界的社会关系和结构"[7]。当 AI 主播的智慧功能植入生活设备或用品后，它可以成为高效有用的 AI 助手。一方面，当我们以技术维度为切入视角时，AI 主播可以分为真人驱动、计算机驱动两种不同类型。一种是基于 IP、偶像原画等设计后进行脸、身 3D 建模，基于真人表情与动作驱动的 AI 主播，这样的角色样态在呈现上更加灵动、更加鲜活，如 AI 姜子牙、AIQ 版肖战等。另一种是计算机驱动的 AI 主播，这种主播需要通过深度学习、离线驱动及效果渲染才能获得较好的角色表现，如 AI 邓丽君演唱歌曲。另一方面，当我们以类型分化为切入视角时，AI 主播可以分为服务、特殊两种不同类型。前者往往是内容生产、动作交互的机器助手，如中国建设银行的机器大堂经理、如家酒店的智能外卖服务员、顺丰快递的自动上门揽包员等。后者一般主打特殊陪伴，包括陪聊、陪同检测等，也可将其称作 AI 助手，如高德地图自动导航助手、小度智能音箱、小米手环、iPhone 的 Siri 等。

AI 主播或者 AI 助手扮演不同角色的过程，实际上是承担起连接个体与场景，甚至是各类场景功能和任务反馈的运作过程。这种角色会逐渐在未来发展为虚拟社交、虚拟活动的虚拟媒介，这一切的扮演都是在进一步延伸"人"所渴求塑造的角色。

三、作为"人性"外化的延伸

"人性是人的全部属性的总括,似本能需要是人性的集中表现。"[8] 当前,研究或创造 AI 主播将仿生人类作为目标,简言之,制造类人形智慧主播,使 AI 具有人性的温度。高度相似的外表、高度贴合的动作幅度、高度精准的智能语音系统,都是为了让 AI 进一步附加"人性"的特征。同时,"当人工智能的外观、行为给设计成人,并协助完成本应由人类完成的任务时,人们会更加倾向于把人类社会规则和社会期望赋予人工智能"[9]。AI"人性"的外化也是促进 AI 主播社会化的训练、改造过程,在这种反复运作的过程中,人性的"产生"是 AI 社会化成功的一种表现。

"虚拟数字人的外观、行为仿真度是影响社会互动感知的关键因素"[10],高度"人性"化的 AI 主播在不同状态下会呈现不同的社会接受程度。身体接触、眼神接触、面部表情、语气等,在与 VR 环境下的虚拟数字人的交互中同样能产生亲密感。[11] 现阶段,诸多技术类企业在打造 AI 主播时,十分注重对其皮肤细节、肌肉纹路、骨骼形状、声音造型的"人性化"一比一还原,其追求的目标似乎仍然是越有"人味"越好。但有意思的是,月满则亏、水满则溢,在过分追求 AI 主播"像不像人"这一议题的过程中,可能产生恐怖谷效应。当 AI 主播与真人的相似度达到某个临界点时,受众反而会觉得非常不适甚至反感。类人机器人虽然是 AI 主播真实化的一个发展方向,但并不是越像就越好,也应掌握一个度。这种感觉就好似进入真人蜡像馆,面对形似、神似、貌似的真人蜡像时,很多游客都会感到不适,这似乎有相通之处。

四、作为"虚实"交替的延伸

在媒介技术的发展进程中,即便是传统媒介手段,也具备打破时空局限的能力,让受众在足不出户的情况下领略远方的景致,感受自然的磅礴,于虚实之间为受众带来独特的感官体验。而 AI 虚拟主播技术作为元宇宙媒介领域的新兴力量,在人机交互过程中带来了更为深刻的"虚实"现象。当 AI 虚拟主播技术介入传播场景,受众的"真实物理自我"(physical-self)与"虚拟数字自我"(digital-self)在同一媒介社交进程中相互交织。其中,虚拟自我作为受众进入元宇宙的关键载体和媒介延伸,被统称为自我数字孪生(digital twin)。在此过程中,受众"对真实自我与虚拟自我关系的感知受到虚拟自我形象的表征影响"[12],进而产生普鲁斯特效应。普鲁斯特效应表明,当呈现于受众眼前的虚拟形象与受众自我想象趋近时,受众在社交互动中会表现得更为主动积极,我们可以将其理解为感官的正向引导。这一效应深刻地揭示了受众在元宇宙空间中对"虚拟自我"的认知与情感投射机制，即"虚拟形象的表征与受众真实自我越接近，普鲁斯特效应就越强"[13]。这意味着，对于受众而言，与真实自我形象契合度高的虚拟自我具有更强的吸引力与亲和力，此乃人类感官在"虚实"情境下的本能反应。

需要强调的是，"虚拟自我"并非简单机械地对"真实自我"进行数字化克隆复制。它是对"真实自我"全方位、深层次的开发拓展。随着数字技术的不断发展，"虚拟自我"在外观、行为、性格等表征方面将衍生出更为丰富多样的可能性。从这一维度上来看，对"人性"的拓展、对"外貌"的衍生依然是围绕着"人"而展开的技术革命。

五、结语

曾有学者预计到 2025 年，虚拟数字人的"繁衍"速度将首次超过地球人类的繁衍速度。[14]AI 虚拟主播技术必将在中国媒体智能化的助力下取得傲人成绩，具有文化、审美双重底蕴的播音主持有声语言艺术也将得到长足发展。总结"身份"使用的延伸、"角色"扮演的延伸、"人性"外化的延伸、"虚实"交替的延伸后我们发现，人与技术不是对立的关系，而是补充的关系。因此，众多从事播音主持艺术工作的研究者、实践者、学习者不会因技术的更新换代而被时代湮没和淘汰，反而可以因人的主观能动的艺术思想、审美情趣，为包括 AI 虚拟主播技术在内的所有数字人技术的进步，做好引领、带头、勘误等工作。在面对 AI 虚拟主播技术的进步时，播音主持工作者应乐见其成，用广大的胸怀包容新技术、理解新技术、研究新技术，不应将 AI 虚拟主播技术视为从业、就业的绊脚石、拦路虎，更不应陷于"人"与"AI"的业务能力的比拼中，因为与"媒介技术"比智慧、比能力、比业务，就如同人对牛弹琴一般。

媒介是人的延伸，先进的媒介技术应是人类创造美好生活的有效补充。AI 虚拟主播技术前景广阔，会朝着形象个性化、功能延展化的方向发展。广大播音主持工作者要在技术创新的同时坚守新闻传播价值，在媒介元宇宙时代发挥作用，更好地为社会的快速发展服务。

注释

[1] 彭兰. 智媒来临与人机边界：2016 中国新媒体发展报告 [R]. 腾讯网媒体高峰论坛. 北京，2016.
[2] 曹欣怡，吴天琦. AI 虚拟主播在新闻报道中的应用 [J]. 青年记者，2022（16）：81-83.

[3] 国家广播电视总局.广播电视和网络视听"十四五"科技发展规划[EB/OL].(2021-10-15)[2023-04-23].https://www.nrta.gov.cn/module/download/downfile.jsp?classid=0&showname=%E3%80%8A%E5%B9%BF%E6%92%AD%E7%94%B5%E8%A7%86%E5%92%8C%E7%BD%91%E7%BB%9C%E8%A7%86%E5%90%AC%E2%80%9C%E5%8D%81%E5%9B%9B%E4%BA%94%E2%80%9D%E7%A7%91%E6%8A%80%E5%8F%91%E5%B1%95%E8%A7%84%E5%88%92%E3%80%8B%EF%BC%88%E5%85%AC%E5%BC%80%E7%89%88%EF%BC%89.pdf&filename=1de90b366f5148e5a956397e579f41f0.pdf###sec=1.

[4] 刘宏宇,张怡然.虚拟媒介观开启的媒介人类学研究进路[J].当代传播,2021(4):61-65.

[5] 王忆希,吴福仲,王峥.人工智能新闻主播何以被接受?新技术与社会行动者的双重视角[J].全球传媒学刊,2021(4):86-102.

[6] 郭全中.虚拟数字人发展的现状、关键与未来[J].新闻与写作,2022(7):56-64.

[7] 程思琪,喻国明,杨嘉仪,等.虚拟数字人:一种体验性媒介:试析虚拟数字人的连接机制与媒介属性[J].新闻界,2022(7):12-23.

[8] 林崇德.心理学大辞典【M】上海:上海教育出版社,2003:1008.

[9] PRAKASH, ROGERS. Why some humanoid faces are perceived more positively than others: effects of human-likeness and task[J]. International journal of social robotics, 2015(2): 309-331.

[10] MORI, MACDORMAN, KAGEKI. The uncanny valley[J]. IEEE robotics & automation magazine, 2012(2): 98-100.

[11] BAILENSON, BEALL, LOOMIS, et al. Transformed social interaction: decoupling representation from behavior and form in collaborative virtual environments[J]. Presence, 2014(4): 428-441.

[12] PRAETORUIS, KRAUTMACHER, TULIUS, et al. User-avatar relationship in various contexts: does context influence a user's perception and choice of an avatar?[J]. In mensch and computer, 2021(5): 275-280.

[13] RATAN, BEYEA, LI, et al. Avatar characteristics induce users' behavioral conformity with small-to-medium effect sizes: a meta-analysis of the proteus effect[J]. Media psychology, 2020(5): 651-675.

[14] BANKS. Object, me, symbiote, other: a social typology of player-avatar relationships[J]. First monday, 2015(2): 33.

（本文编辑　王文艳）

数字智能时代
AIGC赋能口语传播的声音景观建构研究

邓 君*

摘　要：随着数字智能时代的到来，传媒业遇到了前所未有的冲击和挑战。口语传播的教育理念和培养模式也在新时代、新语境下发生变革和价值重塑。人工智能技术虽然给播音员主持人带来了危机，但也带来了机遇。在数字智能时代，人与人、人与场景的互动关系将变得越来越重要，人机交互成为口语传播的新生态。本文以声音景观作为理论研究基础，从传播主体、观众、场景三者的关系为切入点，研究人机交互的内在运行机理以及人与机器的交互模式，探索人工智能生成内容（AIGC）在有声传播领域的创新应用，为传媒行业未来发展的研究提供新思路。

关键词：口语传播；人机耦合；虚拟数字人；数字分身

2024年，随着Sora的横空出世，人们看到了AIGC技术带来的革命性飞跃。人工智能对于各行各业的冲击来得比想象中还要快。早期的数字人主播存在间离问题，如表情呈现、肢体语言和语音表达等局限让观众很难代入，具体表现为数字人主播的面部表情僵硬、动作模式单一、语言缺乏节奏等问题。然而，2025年的数字人主播却有了质的飞跃，不仅有自然的面部表情，还能实现流畅的肢体动作，更能模拟人类复杂的情感状态，如从喜悦到感动、从兴奋到悲伤的情绪转变。在情感计算和动作捕捉技术的支持下，数字人主播具有了真人主播的语气、韵律、语言风格、情绪节奏等特征。可见，AIGC技术赋能播音主持行业已经迈入了新的阶段。

AIGC技术为播音员主持人带来了职业变革，播音员主持人的角色定位和角色特征已发生改变。传统媒体的播音员主持人要以开放和创新的姿态主动拥抱数字智能技术，探索人与机器智能交互的新路径，实现播音员主持人的数智化转

---

* 邓　君：韩国清州大学艺术学院博士研究生。

型。此外，AIGC 技术的高速发展也给高校播音主持的培养体系带来了全新的挑战。高校教育工作者面临如何在新时代不被社会淘汰，以及寻找新语境下的教育理念和教学方法等难题，而这也是教育界和学术界亟待解决的问题。因此，构建 AIGC 赋能口语传播的新场景和新语态成为传媒人的新课题。

一、AIGC 赋能口语传播的内在机理

近年来，虚拟数字人受到广泛的关注，口语传播向专业化和多元化的细分领域发展。在新媒体领域，虚拟数字人的代表性应用是虚拟主播。虚拟主播依靠 TTS、ASR 等技术支撑，因此，在分析 AIGC 赋能口语传播的内在机理之前，我们需要先了解 AI、AIGC、TTS、ASR、数字分身等概念。

AI 即人工智能，全称是 Artificial Intelligence。它是具有学习、推理、论证等功能的计算机系统。人工智能涉及跨学科的研究内容，融合了计算机技术、数理逻辑、认知科学以及哲学思想等多元领域，其核心目标是开发具备类人智能水平的计算设备与程序体系。[1]

AIGC 即人工智能生成内容，全称是 Artificial Intelligence Generated Content。它是一种通过机器学习算法驱动的智能化内容生成体系，其核心在于利用深度学习模型对海量数据进行特征提取与模式识别，从而实现创造性内容的自动化生产。[2] 目前，虚拟主播之所以能够越来越接近人类，正是基于 AIGC 大模型的自主学习与迭代能力。

TTS 和 ASR 是语音技术领域的两个概念，TTS 是文本转语音，ASR 是语音转文本，目前市场广泛应用的"智声云配""剪映"中的配音功能都以 TTS 和 ASR 作为应用基础。具体来说，TTS 的全称是 Text to Speech，是一种通过语音合成算法将书面文字信息转化为可听化语音并输出的技术体系。ASR 的全称是 Automatic Speech Recognition，是运用声学模型和语言模型将语音波形信号解码为相应文本信息的技术体系。以前，当用户有较高的配音需求时，会找配音演员来配，但现在，用户只需要在软件上操作，便可轻松配音。TTS 和 ASR 都是依赖声学特征提取、语言模型解码等技术，实现了语音合成与语音识别的功能。人类的发声机制是依赖呼吸系统驱动声带振动，通过口腔等共鸣器官的协同作用形成语音信号。但 TTS 语音合成的核心在于运用深度学习算法对目标音色的声学特征进行数字化建模与重构，包括基频、共振峰、韵律模式等。TTS 通过大规模语音数据库的训练，构建声学参数与文本特征的映射关系，最终实现高保真度的语音合成与输出。语音样本的规模与合成音质的逼真度呈现显著的正相关关系，即训练语料库的容量越大，系统生成的语音在自然度和拟真度方面的表现就越好。

虚拟主播是数字分身技术在新媒体领域的具体应用。数字分身是指通过计算机图形学、

人工智能和多媒体技术构建的虚拟形象实体，其核心技术包括三维建模、动作捕捉、语音合成和情感计算等。当前的虚拟主播主要有两种形态，一是动漫风格的虚拟形象，二是依托真实主播构建的数字替身。后者具有高度拟真性，在市场中被广泛应用。这类数字替身整合了多项前沿技术，包括图形渲染引擎、视觉识别系统、动态捕捉装置、语音生成模块、深度学习框架以及多通道交互系统等。人们通过系统化的模型训练和智能算法驱动，最终生成具有真实主播特征的数字化形象。

数字分身形成了真人主播的数字化形象实体，在虚拟空间中建立与真人主播的映射关系，变成虚拟主播。首先，虚拟主播能模拟真人的外貌特征，如面部表情和肢体语言等。其次，虚拟主播具有语言理解与交互能力，能使用自然语言沟通对话，具有真人的语音语调和配音风格。最后，虚拟主播能理解并对人类的情绪和话语给予反馈。例如，虚拟主播在传统电视节目中，展现出新颖有趣的主持方式和灵活敏捷的交互能力，大大提升了主持的趣味性。再如，虚拟主播在实际应用场景中，不仅能够胜任常规资讯与气象信息的播报任务，还能够深入各类大型会议场所，完成现场实时报道等工作，展现出强大的信息处理与自适应学习特性。

随着声音和图像这两种引擎技术的升级，虚拟主播的声音和表情变得越来越细腻自然。声音的生产与传播不再依赖于真人的生理特性和专业技能。虚拟主播从以前简单的内容输出，变成能够智能撰写文稿、独立生成视频的超级个体。这种基于大数据的口语传播能给观众提供直观、专业、全面的信息。而真人主播可以借用 AIGC 技术将"采""编""播"等工作高效融合，再由虚拟主播实现一体化的生成。此外，虚拟主播能让观众直观感受到数字智能技术对媒体行业的改变。AIGC 技术大大降低了普通人进入媒体行业的门槛，即使没有接受过播音主持专业训练的人，也可借助数字分身的虚拟现实工具，进入自媒体行业成为主播。可见，AIGC 技术降低了新媒体节目内容生产的技术壁垒。

二、AIGC 赋能口语传播的声音景观

"声音景观"是声响生态学中的概念，最早可追溯至 20 世纪 60 年代后期，由加拿大著名作曲家、声响生态学家莫雷·沙弗尔（Murray Schafer）首次提出。他将声音视为环境的构成部分。从声学参数的维度来看，声音景观是指包含频率、振幅、频谱等物理特性的集合体。然而，从更宏观的视角来看，"声音景观"这一概念体现出声学现象跟生态体系、人文环境的动态交互关系。基于这样的认知框架，我们可以将声音景观视为一种融合个体感知与社会认知的独特媒介。[3] 通过声学信息的载体，"声音景观"不仅保留了特定历史阶段的声音特征，更为解读人类与环境的历史互动提供了重要线索。同时，它也折射出相应时期的技

术发展水平与社会文化特征。[4]

本文探讨的声音景观的核心其实是人与人的关系以及人与世界的关系。在智能化的数字时代，生成式人工智能技术重塑了语音传播的生态体系。这一新型声学体系主要包含三个核心维度：声源载体、传播主体与接收对象、声学环境。回溯人类口语传播的发展脉络，我们可以发现，信息交换主要依赖面对面的交流模式，这种模式的声源、传播者与接收者处于同一物理空间。然而，随着智能技术的演进，在 AI 语音合成技术构建的声学体系中，空间关系发生了重构，声源、传播者与接收者呈现出跨维度和多层次的分布特征。

参考莫雷·沙弗尔提出的声音景观范畴，AIGC 赋能口语传播的声音景观其实也是人和机器感知环境的方式。从传播学的角度来看，约翰·彼得斯指出："具备信息处理能力的实体均可被视为潜在的传播主体。"虽然口语传播的概念传入中国的历史并不长，但其实人类从古到今都在进行口语传播活动，今天的播音、主持、演讲、谈判、论辩、营销等交流方式，都属于口语传播活动的范畴。

从传播学理论的视角来看，以声音为载体的信息传递方式，即有声语言传播，构成了传播学研究的重点。这种传播模式是由信息发出者通过发声器官产生声波信号，并借助特定的词汇系统、语法规则以及辅助性表达手段，向信息接收者传递特定内容。[5] 在传播学的概念中，"oral communication"与"speech communication"这两个术语均可用于指代以口头语言为媒介的信息传递过程。[6] "oral communication"揭示了人类在进化过程中，形成的一种独特的信息交换模式，即通过发声器官的系统性运作与结构化的语言符号体系，再结合多样化的表达方式，实现有效的信息传递。它与文字媒介、印刷技术、电子传播及数字网络等传播形态共同构成了人类信息交流的完整谱系。

"speech communication"是一门学科，起源于 20 世纪的美国，与"大众传播"共同构建了人类传播的学科领域，为传播学的学术研究与实践拓展提供了研究框架与理论基础。

在口语传播领域，存在两种常见的表现形式，分别是视频口语传播和音频口语传播。视频口语传播是借助视觉情景模拟，用沉浸式的表现方式实现视听传播互动，迅速把信息传递给受众。音频口语传播相当于对文字进行了二次创作，使受众无须依赖文字阅读，凭借声音就能把文字描绘的场景内容和情感传达出来，在情感再现这方面表现得十分出色。在市场经济语境下，AIGC 赋予了口语传播更大的能量和更高的地位。因此，口语传播这一独特的声音景观应当得到重视。

在数字智能时代，随着科技的迅猛发展，虚拟主播与智能语音助手已经进入寻常百姓的日常生活。这标志着机器人正式进入口语传播领域，并成为口语传播的主体。这一现象引发了口语传播生态的重大变革。美国传播学家麦克卢汉提出"媒介即人的延伸"，这一观点为数字智能时代的口语传播提供了深刻的研究视角。具体来说，报纸杂志是对人类视觉功能的延伸；广播凭借声音传播信息，是人类听觉功能的延伸；电视融合了视听元素，实现了对人类视觉与听觉的综合性延伸。而如今的 AIGC 生成式媒介内容，依托强大的算法与数据处理能力，实现了对人类感官的全方位延伸，不仅拓展了信息传播的维度，还挖掘出了口语传播的深度。[7]

此外，在语音交互领域，AIGC 的具体应用主要体现在声学信号识别、语义特征提取、语音波形合成等环节，这些技术相当于为语音传播系统提供了虚拟发声装置，打破了人类作为语音传播唯一主体的局面。智能语音交互系统不仅具有高效、精准的口语传播能力，极大地丰富了口语传播的形式与内容，更促进了口语文化在不同群体、不同场景中的传播和扩散。口语传播在 AIGC 技术的赋能之下，为观众营造出极具沉浸感的视听氛围。综上所述，AIGC 技术与口语传播的深度融合，彰显出口语传播在信息传递、文化传承以及情感交流等方面的重要地位。

三、人机耦合的浸入式口语传播

在探讨人机交互的浸入式口语传播之前，需要先梳理三个相关概念，即人机交互（Human-Computer Interaction）、人机协同（Human-Computer Collaboration）、人机耦合（Human-Computer Coupling）。这三个概念既有相似性，又有不同之处。首先，它们同属智能系统研究领域的概念，人机交互主要探讨的是人与计算机设备之间通过交互界面实现的信息双向传递的机制；人机协同强调人类智能与机器智能的互补性，通过任务分配与资源共享实现协同工作；而人机耦合则代表更高层次的整合，追求人类认知与机器计算的无缝衔接，以实现双向适应与共同进化。其次，从交互深度来看，人机交互停留在信息交换的表层，人机协同实现了功能层面的互补，而人机耦合则达到了认知层面的融合。最后，在应用价值方面，人机交互提升操作效率，人机协同优化任务执行，人机耦合则推动智能进化。

由此可见，人机交互是基础，它为人机协同和人机耦合提供了信息交流的途径。若没有高效的交互方式，人与机器难以顺畅沟通，协同与耦合更无从谈起。人机耦合追求的是人与机器在物理、生理、心理等多层面的一体化，致力于实现人与机器的高度一体化运作。

在口语传播领域，人机耦合的传播模式已逐步实现规模化应用。"人"是指具备专业素养的媒体从业者，"机"是指智能播报系统及其底层技术支持体系，包括海量数据处理平台、分布式计算架构以及机器学习算法等核心技术集群。播音员主持人应当充分发挥人类在情感表达与即兴反应等方面的独特优势，强化核心竞争力；同时，还要积极适应智能化发展趋势，与虚拟播报系统形成优势互补的协作关系。真人主播可利用虚拟主播的智能化渠道，将人文、艺术与工具深度融合，注重人文价值和技术理性，发挥技术优势，实现与时俱进，从而推动传播模式的创新升级。

　　科技发展推动虚拟主播的迭代更新。以科大讯飞的定制化语音合成产品与出现在"两会"报道场景里的虚拟主播"雅妮"为例，它们的外貌已经逼真到让人难辨真假。在声音方面，它们同样模拟得极为自然，唇动与声音配合得恰到好处。不仅如此，在面部表情以及肢体动作的展现上，它们较以往数字人也有了十分明显的改进与提高。

　　近年来，人机耦合的主持方式逐渐成为一种新趋势。人机耦合的主持方式是指由真人和人工智能共同完成主持工作。真人负责情感表达、现场互动、话题引导等内容，而人工智能如 AI 助手、虚拟形象等，则承担信息检索、数据分析、实时反馈虚拟场景、实时翻译等任务。[8] 人机耦合的主持方式可以实现人机之间的优势互补，提升主持效果，为观众带来全新的视听体验。

　　当下是一个任何人都可以自主创作内容并成为主播的个人媒体时代。信息接收者的角色发生了根本性转变，从传统的单向信息接收者演变为兼具内容生产与价值导向功能的复合型主体。综观世界各国的传播领域，口语传播的形态都在跃升发展。在韩国，"一人媒体"被广泛推崇。"一人媒体"是指一个人既是频道主持人，又是内容制作者。在中国，人人都可以成为口语传播的自媒体。越来越多的人利用人工智能技术进行选题策划、文案撰写、脚本编写、视频生成、后期剪辑、平台分发等工作，真人主播则专注于富有成效和创造性的口语传播。

　　在国际传媒领域，多家知名媒体机构已成功部署智能化播报系统。美国 Fox News 整合深度神经网络与语义分析技术，开发出具有高度拟真特征的虚拟主播，能精准模拟人类的面部微表情及肢体语言，不仅能实现新闻稿件的自动播报，还能对文本内容进行智能分析，自动调整语音语调、播报节奏及面部表情。更令人难以置信的是，虚拟主播还能与真人主播进行实时互动，参与新闻事件的讨论与分析。同样，日本 NHK 电视台推出的智能播报系统也展现出专业化的媒体形象。韩国 MBN 电视台以知名主播金柱夏为原型，构建了能精准复现其面部表情特征与主持风格的智能播报系统。

　　在人机耦合对话的过程中，用户能够获得与真人互动时相同的满足感，即便用户心里明白与之对话的对象并非人类。以中国科学技术大学研发的具有情感交互功能的智能机器人系统为例，它能够感知环境的温度变化，并通过语音交互模块向用户发出穿搭建议，同时配合拟人化的面部表情，实现多模态的信息传递。由此不难看出，AIGC 赋能的口语传播具有理解用户情感需求的能力。例如，它能展开人际沟通，对用户进行情感鼓励和引导，逗用户开心，带来积极的情绪价值。此外，它还能 24 小时待命，为用户随时随地提供情感体验。

　　综上可见，世界范围内的虚拟主播都呈现出人格化的特征。专业播音员主持人借助数字化的虚拟形象与观众互动，不仅展现了技术创新的实际应用，更反映了技术与口语传播专业知识的深度融合。这种技术与人的融合重塑了人类社会的连接模式，并对人类个体的自我定位和身份认同产生了深远的影响。

人机耦合的协作为新时代口语传播带来更多可能。作为数字智能时代的媒体从业者，我们应该思考在时代发展中，人类应该扮演什么角色。真人主播和虚拟主播要在实践中不断探索、总结经验，提升人机协同主持的技巧与策略。

在数字智能时代，口语传播的形态和内容生产方式更加开放多元，呈现出智能化、可视化、互动性等特征。例如，节目可以采用AR、VR技术丰富观众的感官体验。这种虚实融合的传播方式能够有效激发观众的临场感知体验，提升节目的视觉表现力与感染力。在使用虚拟主播协同演播时，真人主播应确保内容的准确性和伦理性，避免误导观众。真人主播承担着引导正确价值观的关键角色。

此外，随着AR、VR等技术的推陈出新，虚拟主播、虚拟记者、虚拟偶像的普及，数字智能时代高校人才的培养体系也面临全新的挑战。如何打造一门沉浸感、交互性强的智能口语传播课程，成为值得探索的重要课题。增加与AIGC相关的实践类课程，一方面有助于培养学生适应人机耦合协同主持的多维空间环境；另一方面，有助于学生掌握智媒时代的新技术，具备跨学科的综合素质。口语传播的教育者需要将目光聚焦于自身的优势，积极拥抱新技术，把口语传播在传情达意方面的作用最大限度地展现出来。

人机耦合的主持模式在未来将发挥更大的作用，这对于传统播音员主持人来说既是机遇，也是挑战。媒体从业者须明确自身优势和不足，利用AIGC技术寻找新的发展路径，提高自身适应能力，只有这样才能不被行业淘汰。播音员主持人首先需要提升文化知识的储备量，培养全局思维；其次，提升即兴创作的口语表达能力，机智、幽默的播音员主持人是无法被取代的；最后，注重同理心的表达。播音员主持人可以运用眼神交流表达同理心，向观众传达节目的诚意。人机耦合衍生出的新模式带来了重塑传媒业的可能，但在此过程中，人类的想象力与创造力依然是无可替代的核心能力。总而言之，无论何种节目形态，其核心都离不开作为主体的"人"的参与。人机之间应当呈现出相互补充、相互促进的态势，进而朝着共同的方向前进。

注释

[1] 王垚，邓逸钰．人工智能时代的移动阅读：需求、内容及交互设计[J].现代出版，2021（6）：76-79.
[2] 刘艳辉．大数据和AI技术在新媒体传播渠道中的应用分析[J].中国传媒科技，2022（5）：70-72.

[3] 莱文森. 思想无羁：技术时代的认识论 [M]. 何道宽, 译. 南京：南京大学出版社，2003：121.

[4] 季凌霄. 从"声景"思考传播：声音、空间与听觉感官文化 [J]. 国际新闻界，2019（3）：24-41.

[5] 黑格尔. 美学（第1卷）[M]. 朱光潜, 译. 北京：商务印书馆，1979：8.

[6] SENEFF，HIRSCHMAN，ZUE. Interactive problem solving and dialogue in the ATIS domain [C]. Association for computational linguistics. California，USA，1991：354-359.

[7] 麦克卢汉. 理解媒介：论人的延伸 [M]. 何道宽, 译. 南京：译林出版社，2019：114.

[8] 尼葛洛庞帝. 数字化生存 [M]. 胡泳, 范海燕, 译. 海口：海南出版社，1997：290.

（本文编辑　王文艳）

虚拟主播与播音主持：
技术现象学视角下的交互与影响

史泰然 *

摘　要： 随着人工智能技术的发展，虚拟主播逐渐成为一种新兴的媒体形态，对传统播音主持行业产生了深远影响。本文基于技术现象学视角，从具身关系、解释关系、他异关系和背景关系四个层面探讨虚拟主播的多维影响。在具身关系中，虚拟主播作为技术的延伸，提供了沉浸式互动体验，重塑了人与技术的界限；在解释关系中，虚拟主播不仅传递信息，还塑造了用户的认知框架；在他异关系中，虚拟主播作为"准他者"虽具拟人特性，但本质仍受技术系统控制；在背景关系中，虚拟主播嵌入技术生态，对传统模式形成挑战，同时推动行业转型。虚拟主播为播音主持带来了机遇与挑战，跨学科合作研究和人机交互技术的提升至关重要，虚拟主播应在创新与人文关怀的平衡中发展，推动构建更加公平、包容和富有创造力的数字社会。

关键词： 虚拟主播；技术现象学；播音主持

　　随着数字技术和人工智能技术的迅猛发展，虚拟主播作为一种新兴的媒体形态正在全球范围内崭露头角，引发了广泛的关注和讨论。它不仅挑战了传统的播音主持模式，还颠覆了人们对媒体、技术和社交互动的理解。在这个快速变革的时代，理解虚拟主播与播音主持行业以及更广泛的社会文化环境的相互作用成为一个迫切的课题。

　　唐·伊德（Don Ihde）提出的技术现象学为我们提供了一个独特而深刻的理论视角。伊德从现象学的角度研究技术，并于1979年出版了他的第一本技术哲学著作 *Technics and Praxis*，他的另一本重要著作 *Technology and the Lifeworld* 于1990年出版。他将技术视为一种实践方式、一种存在于世界的方式，并思考技术如何影响人们对周围世界的感知和行动。他将人与技术的互动关系细分为四个层面：具身关系、解释关系、他异关系和背景关系。

---

* 史泰然：湖北大学新闻传播学院博士研究生。

一、问题意识与经验课题

新技术，如智能化、可视化和交互性[1]为播音员主持人带来了前所未有的机遇，但同时也带来了一系列挑战。虚拟主播作为以人为蓝本的新技术实践，为观众构建了一个介于真实人物与技术之间的独特"感知界面"。[2]

然而，这些技术进步也引发了一系列问题，包括对传统媒体体系的"创造性破坏"、传播权力的演变与失控，以及传播过程中的共情与共鸣缺失等。[3]AI在"文-语转换"中的表现也受到限制，无法完全捕捉人类复杂的思想和情感变化，从而影响表达的准确性。[4]

有学者注意到虚拟主播"具身性"的问题，即将身体角色提升为理解智能传播中人机关系的核心。[5]这种"具身互动"已成为不可忽视的现象，特别是在虚拟播音主持环境中，人机关系经历着从"形似"到"神似"再到"具身"的转变。[6]如在数字孪生人工智能主播的引入下，传统的播音员主持人角色首次融入了媒介技术生产，与人工智能技术产生了直接的身体关系。[7]从最初的"机器他者"到现今的"智能具身"，AI主播的发展经历了明显的迭代，展现出技术与媒介的紧密融合和发展。[8]

这种新型的AI主播不再是传统意义上的"技术身体"，它已经演变为能够灵活适应各种传播场景，促进传播融合的"新中区"。这一"新中区"作为媒介技术和人类体验的交汇点，为我们提供了一个全新的视角，帮助我们重新思考技术、媒介和人类之间的复杂关系。[9]

在当前学术界，虚拟主播逐渐引起了广泛关注，尽管关于其"具身性"问题的研究仍然有限。本文从技术现象学的角度出发，将虚拟主播看作一种技术而非纯粹的媒体工具，深入探讨虚拟主播如何改变人们的沟通方式、文化认同和自我认知。

二、具身关系：重新定义技术与人类的互动与界限

伊德考虑的"具身关系"强调技术在人类感知和理解世界过程中的重要作用。伊德解释了用粉笔在黑板上写字的行为：在任一情况下，工具将人们的感知领域扩展到他们遇到"世界"的地方。这样做的结果是，工具（部分地）对使用者透明，因为使用者不是直接体验工具本身，而是通过工具体验世界。工具不是作为一个完全外部于操作者的对象或事物被体验，而是作为"自己体现的共生延伸"。[10]人类通过使用技术和技术产品来感知和理解世界，而不是直接、原始地与之接触。这种感知结构在伊德看来是一个三方关系："人—技术—世界"。在这一过程中，技术被视为海德格尔所描述的"上手的用具"，处于一种"上手状态中"。

在具身关系中，虚拟主播作为人工制品深度融入用户的身体经验，成为声音与情感的

延伸。它不仅改变了人们的感知和互动方式，还挑战了传统的技术界限观念。虚拟主播作为技术的延伸，使人们能够在数字空间与虚拟个体进行互动，超越了传统媒体的局限，提供了一种全新的、高度互动的体验。以社交虚拟现实（SVR）平台为例，如Facebook的Horizon Workrooms，用户可在其中创建和定制虚拟形象，与他人进行沉浸式社交互动。虚拟主播在此扮演引导者和社交中心的角色，主持虚拟会议，进行音乐表演，与用户实时互动。这种互动重新定义了社交和表达方式。

虚拟主播还挑战了人们关于技术的传统观念。在与虚拟主播的互动中，用户常常感受到与现实世界不同的"存在感"。这种存在感不仅是技术媒介作用的结果，还涉及身体、情感和社交经验的复杂交织。尽管用户的身体依然存在于现实世界中，但他的注意力、情感和社交焦点却常常转移到虚拟空间中。在虚拟空间中，身体特征、语言和文化背景不再是主导的社交界限，这要求人们重新思考身体在技术环境中的角色。虚拟主播不仅扩展了传统技术的中介功能，还重新定义了人与技术之间的关系，呈现出一种新的"人－技术"交互模式。

首先，与传统播音主持的线性信息传递模式不同，虚拟主播通过高度互动的方式，使信息传递变得更加动态和双向。传统播音主持依赖于主持人单向传递信息，而虚拟主播则允许用户参与内容的塑造，提供个性化的互动体验。其次，虚拟主播打破了时间和空间的限制，支持跨文化、跨地域的交流。最后，传统播音主持侧重于声音的传递，而虚拟主播则将身体、情感和社交经验融入技术交互中，这使用户的感知和互动方式发生了根本性的变化。

三、解释关系：虚拟主播与解释框架的塑造

在伊德的解释关系中，机器不再是透明的工具，而是人们体验和理解世界的焦点。这种关系更接近海德格尔对锤子的描述，当锤子失去功能性时，它不再是人们意图的延伸，而变成一个独立的实体、一个客体。

伊德通过一个工程师监控大学供暖和制冷系统的例子来说明这一点。在这个例子中，工程师不是通过机器来体验世界，而是通过机器提供的数据和信息来解读与理解现实。机器本身成了一个复杂的文本[11]，它与世界之间存在一定程度的不透明性。因此，伊德将这种人机关系定义为解释学，其中，技术不是一个工具，而是一种介质，帮助人们理解和解释世界的规律性。在这一关系中，人与世界之间的联系是通过技术进行的，这种联系可以被描述为："人-技术-世界"。

在解释关系中，虚拟主播作为一种文本重新建构了人们对世界的理解。通过信息、声音和视觉元素，虚拟主播不仅影响了我们的感知，而且塑造了我们对现实的解释框架。这种关系促使我们重新思考知觉和理解的机制，以及技术如何改变我们对真实性、解释和意义的理

解。从这个角度出发，我们可以质疑技术如何影响我们的认知过程，以及这些变化如何塑造我们的世界观和价值观。

以 AI 驱动的虚拟新闻主播为例，这些虚拟体在形态、功能和信息传播机制上模仿人类新闻主播，但其背后隐藏着复杂的算法和大数据分析。它们能够实时生成、传播信息，其运作机制不仅改变了信息传播的速度和范围，更深刻地影响了受众的信息接收和解读方式。

在这一过程中，虚拟主播的设计和操作模式展示了技术的"决定性"。这种决定性并非单纯是技术对人的影响，而是技术如何塑造人们的认知和行为，进而影响人们对现实的理解和反应。例如，当虚拟主播通过算法为用户推送个性化的新闻内容时，它实际上是在塑造用户的认知框架。通过筛选、排序和推荐信息，它强化了某些观点，抑制了其他观点，从而塑造了一种"技术构造的现实"。虚拟主播依赖的算法结构不仅是一个中立的数据处理工具，还是一种深刻反映技术设计者主观性的表达工具。这种主观性通过算法的配置和优化，导向特定的信息优先级，从而构建出一种信息的层次结构，其中的某些信息被凸显，而其他信息则被忽略或边缘化。

此外，虚拟主播的反馈机制，如点赞、分享和评论，构成了一种奖励系统。这种奖励系统不仅增强了用户的参与度和依赖性，也进一步强化了技术对用户行为的塑造作用，形成了"巴甫洛夫式"的行为调节。然而，虚拟主播有可能对传统新闻媒体和公共领域的健康发展产生负面影响。如果公众越来越依赖虚拟主播获取信息，那么人们对传统新闻媒体的信任和参与可能会减少，这将进一步削弱公共领域信息传播的多样性和包容性。

四、他异关系：从"准他者"到超人工智能

在解释学的框架内，"他异关系"凸显了技术作为一种独特实体的角色，而非仅仅是人类意志的工具或扩展。此概念的提出受到了列维纳斯哲学的启发。列维纳斯强调技术的自主性和独立性，揭示了技术如何在人类生活中以一种独特的方式发挥作用。伊德由此认为，机器作为对象出现，是一个介于我们和世界之间的东西、一个"准他者"。[12]

在这种关系中，技术不仅是人类意志的延伸，还发挥着其自身的影响力。技术在一定程度上超越了纯粹的工具性，能够独立地影响和塑造人类的行为、思维和认知。当我们把技术看作一种自在之物、一种经验的焦点，不难联想到技术使用中涉及的解释学"阅读"程度的问题，也就是说，我们对世界的经验在很大程度上是由技术转化而来的。

在具身关系中，工具的透明性被技术系统的不透明性取代，使机器成为介于人们和世界之间的"准他者"。在这种视角下，我们开始思考技术如何影响我们对世界的体验，以及我们对技术的体验如何成为我们对世界的体验的一部分。然而，将解释学技术关系放在首位

也存在一定的危险：人们将技术拟人化，将其视为真正的"他者"，而忽略了它实际上只是"准他者"的本质。

虚拟主播在现代播音主持和新闻行业中发挥着越来越重要的作用，逐渐改变了传统媒体的运作模式。通过复杂的算法和程序，虚拟主播能够模拟人类主持人的外貌、声音和行为，并具备一定程度的互动性。一些新闻机构已经采用虚拟主播进行新闻播报，虚拟主播能够实时生成新闻稿、调整语调与表情，甚至与观众进行简单的互动。虚拟主播虽然在外形和表现上仿真人类，但其背后仍然是技术系统的控制，所谓"意识"和"自主性"仅是表象，其实质上仍由预设的算法和程序所决定。

在这一背景下，虚拟主播可以被视为"准他者"，既不像人类，也不同于传统的技术工具，它在人机关系中扮演着独特的角色。然而，虚拟主播的广泛应用也带来了一定的文化工业化趋势。随着技术的发展，虚拟主播的"个性"和"魅力"逐渐被标准化、流水线化，形成了"伪个性"。这些虚拟人格特征如"前卫叛逆"或"乖巧可爱"，虽然迎合了受众对新颖性和拟人化的期望，但也可能导致个性化的缺失，使受众审美疲劳。这种标准化的设计不仅简化了虚拟主播的文化内涵，还使其在内容创作中的独特性逐渐消失。

如果进入超人工智能时代，虚拟主播的自主性和功能性可能得到显著增强，从而与传统播音员主持人形成竞争关系。根据解释学的视角，虚拟主播可能成为真正的"他者"，不再是单纯的程序执行者，而是具备自主意识和主观体验的独立个体，这可能威胁到传统播音员主持人在某些领域的地位，尤其是在需要高效率、大规模内容生产的场景中。然而，传统播音员主持人依然具有不可替代的人文素养，尤其是在情感表达、创造性演绎和对文化语境的深刻理解等方面的素养，这些特质使其在与虚拟主播的竞争中保持独特的价值。因此，未来的趋势更可能是虚拟主播与传统播音员主持人互补而非完全替代，两者结合能够发挥各自的优势，满足不同观众的需求。

五、背景关系：技术环境下的虚拟主播与传统播音主持行业的相互影响和转型

"背景关系"在伊德看来，指的是现代环境的"技术结构"，技术作为一种存在方式，已经与我们的日常生活紧密相连。

技术不仅是人类身体、语言和意识的延伸，它本身也逐渐成为这些元素的代表。技术的介入和调节重塑了人类的感知与经验，而人类在使用技术的同时，也改变着周围的世界。起初，技术作为工具，具有明确的功能和目的，比如起子的存在是为了拧紧螺丝，功能十分直观。然而，随着人们对技术的熟练使用，技术的作用逐渐成为背景，直到它出现故障或失效时，才会被人们重新意识到，迫使人们重新评估其存在和影响。

在虚拟主播的背景关系中，这种技术背景结构尤为重要。虚拟主播作为技术环境的一部分，已经影响了社会组织和文化形态。它不再只是一个简单的娱乐工具，而是与通信技术、人工智能和虚拟现实深度融合的复杂技术网络的核心节点。通过算法和程序，虚拟主播在数字平台上得以广泛传播，并通过互动和反馈机制，为用户提供个性化定制服务和精准的信息传递。

虚拟主播不仅仅是技术创新的结果，更是文化产业和社会话语中的重要组成部分。在媒体产业、商业利益和文化生产的交汇点上，虚拟主播承载着传播信息、引导舆论和弘扬社会主流文化的责任。它既受市场需求和商业利益的影响，也承担着影响社会价值观和文化走向的使命。因此，一方面，虚拟主播挑战了传统播音员主持人的节目地位；另一方面，传统播音员主持人也需要重新审视自己在媒介生态中的角色，进行创新与适应性的调整，以保持自身在文化行业和社会中的影响力。在人机协作逐渐深化的时代，想象力已成为媒体创新和进步的关键。尽管虚拟主播由于人工智能技术的局限性，暂时无法完全替代真人主播，但随着"5G+8K+AI"战略布局的深入，媒介融合正从媒介与媒介的简单组合转向媒介与人的紧密互动。[13]

这一演变不仅在技术上推动虚拟主播与观众进行更深入的情感连接，也要求传统播音员主持人积极探索自身工作与技术的结合点。在新的背景关系下，媒体不仅仅是信息传递的工具，更成为实现人类想象力的强大媒介。

六、结语

从技术现象学的视角来看，虚拟主播不仅是工具，更是深度嵌入人类感知与文化的技术存在。它重新定义了人与技术的关系，模糊了虚拟与现实的界限，并通过算法塑造信息的解读框架。然而，这种"技术建构的现实"既可能丰富人类体验，也可能带来疏离与矛盾。如果技术缺乏伦理引导，可能导致文化工业化和人格虚拟化，使虚拟主播失去多样性与人文深度，变成单调、机械的产物。

面对虚拟主播带来的机遇与挑战，我们需要进行跨学科的合作与深入研究，全面探讨其对技术、社会、文化和伦理等的影响。这一过程应从哲学、社会学、心理学和艺术等领域出发，构建一个多元、深入的理解框架，为虚拟主播的未来发展提供理论支持和实践指导。同时，我们应注重艺术创造力的提升，避免在机械复制的时代失去艺术的独特魅力与人文情感。艺术不仅是技术美感的载体，更是人与人、人与技术之间情感和思想的桥梁。通过加强艺术的创新与表现力，我们能为虚拟主播注入更多文化与个性，使其更加生动和吸引人。

随着虚拟主播在社交和媒体领域应用得越来越广，人机交互能力的提升成为关键。有效的人机交互不仅能提高用户体验，还能增强机器的适应性与智能性，这要求我们不断优化对话设计、语音识别和情感理解等核心技术，使虚拟主播能够更加准确、自然地与用户互动。此外，我们还需要提升公众对技术的理解和使用能力，包括技术素养、数据处理能力以及对算法的基本认知。只有当人们真正掌握这些技术，才能更好地与虚拟主播协作，充分发挥其潜能，为建设更加公正、包容、和谐的数字社会贡献力量。

注释

[1] 沈智婉. 人工智能时代播音主持人的机遇与挑战[J]. 传媒，2022（20）：45.
[2] 张世轩. 人工智能主播背景下真人主播话语功能的特质研究[J]. 当代电视，2022（1）：104.
[3] 张妍. 虚拟播音主持的伦理边界思考[J]. 出版广角，2022（1）：86-87.
[4] 樊强. 人工智能（AI）播音语链内生成结构研究[J]. 电视研究，2019（2）：16.
[5] 殷乐，高慧敏. 具身互动：智能传播时代人机关系的一种经验性诠释[J]. 新闻与写作，2020（11）：28.
[6] 张素云，祁博. 从虚拟播音主持看技与艺的有机融合[J]. 中国广播电视学刊，2022（5）：75.
[7] 郝君怡，周勇. 身体在场·形塑化身·共时展演：真人主播及其"数字孪生"的人-技关系[J]. 新闻与传播评论，2023（2）：17.
[8] 刘潆檑，莫梅锋. 从仿真到说服：电视AI主播的迭代创新与具身升级[J]. 当代电视，2021（2）：99.
[9] 邬建中. 身体、遮蔽与新中区：对AI合成主播技术具身的反思[J]. 现代传播（中国传媒大学学报），2022（1）：98-103，125.
[10] IHDE. Technics and praxis: a philosophy of technology[M].Dordrecht: Reidel Publishing Company，1979: 8.
[11] IHDE. Technics and praxis: a philosophy of technology[M].Dordrecht: Reidel Publishing Company，1979: 12.
[12] IHDE. Technics and praxis: a philosophy of technology[M].Dordrecht: Reidel Publishing Company，1979: 41.
[13] 黄琳，张毅，陈实. 虚拟主持人：作为"数字在场"的身体传播与脱域融合[J]. 中国电视，2022（11）：90.

（本文编辑　王文艳）

人工智能技术介入播音主持艺术的前景及伦理研究

魏博伦 *

摘　要： 人工智能技术刷新认知边界，虚拟现实构筑数字空间，全息投影营造沉浸式场景。处于技术飞速发展的时代，现实与虚拟的边界逐渐消融。播音主持与艺术专业高等教育迫切需要守正创新，实现学科发展和不断升级。基于历史视角，对播音学科在传播领域及学科建设中的价值再认识，是本文相关论述的逻辑起点。文章认为，播音学科的潜在内涵指向对人本价值的呼唤。伦理考量缘于对人的关怀，在探讨人工智能技术介入播音主持艺术的前景，推动人工智能技术发展的同时，亦须融入伦理学视野。

关键词： 播音主持艺术；人工智能技术；接受度差异；语言环境

一、播音学科呼唤人本价值

（一）关注人类语言行为的独特视角

伴随广播、电视、网络等现代化媒介兴起，播音主持行业应运而生。海量信息涌入公共领域，成为推动经济和社会发展的重要动力。播音主持行业从业者基于对信息的敏锐感知，高效完成信息搜集、整合与输出，通过有声语言对信息进行精准传达。

经过数十年发展，播音学科深化自身内涵建设，逐步确立了培养有声语言传播人才的核心优势，对于现代传播实践具有重要意义。学科研究聚焦将信息转化为有声语言的过程，这一特性体现了其与书面语言研究的差异，彰显了学科的独特价值。

作为人类语言行为的重要表现形式，媒体有声语言是播音学科研究的典型对象。播音学科因广播媒介的出现而诞生，聚焦媒体领域的有声语

* 魏博伦：中国传媒大学播音主持艺术学院博士研究生。

言现象，在人类通过口头语言实现信息传递的研究中，展现出广阔空间。

广播媒介推动播音学科的有稿播读研究，随着广播电视话语形态日益丰富，学科研究逐渐扩展至口语表达领域，并从媒体延伸至广泛的交际与交流场景。这些为广播学科研究升级提供了理论基础。

（二）语言行为的核心是信息传递

语言行为的核心是信息传递。以播音主持为例，其业务核心在于通过有声语言，实现信息的有效传递。依据性质的差异，信息可分为事实信息与思想情感信息两类。事实信息包括播音员主持人向公众传达的时政、民生、经济、文化、体育等新闻事件，思想情感信息则贯穿于节目、晚会等表现形式中。二者并非孤立存在，而是相互融合、相互渗透，共同构成了语言行为的多维特性。

在人类的交流活动中，语言被视为特定信息的载体。部分信息是经过思考后的有意识传播，部分信息则是个体经外界刺激形成的本能反应。播音学科对语音发声以及表达技巧的研究，旨在提升信息传递的精确性和表现力。从宏观角度看，播音学科的价值不仅体现在对媒体平台有声语言传播的探讨上，也体现在对人际交流行为的关注上，特别是在媒介高度普及的背景下，对于后者的研究越发具有现实意义。

（三）技术变革中的人文价值彰显

在信息技术飞速发展的数字化时代，人类作为生命体，不仅是生命信息的载体和标识，更是生命意义的创造者，构成了人类存在的根本价值。

回顾广播与电视媒介发展历程，播音员主持人作为媒体内容的最终呈现者，须适应现代传播环境，与记者、编导、摄像、灯光等各技术人员紧密协作。他们并不直接参与技术研发，却始终站在技术应用前沿，作为有思想和情感的个体，其独特价值在于适应各种技术媒介，发挥人的创造性价值，实现信息的高效传播，为人类的沟通与情感交流服务。

长期以来，播音学科逐渐形成了自身的独特内涵，即对人本价值的呼唤，而这也是伦理学的核心关切。当人工智能技术广泛渗透各行各业时，强调人的感知、人的价值，恰为相关行业提供了应对技术发展的范式。

二、人工智能技术如何介入播音主持艺术

（一）技术革新瞄准人类自身

经过 20 世纪两次技术发展浪潮，人工智能技术于 21 世纪引发全球关注。就生产效率

而言，当前人工智能技术应用虽处于"点解决方案"[1]阶段，但信息获取的便捷性空前提高，传播速率与范围亦在不断拓展。在复杂的传播生态中，个体极易受到信息影响。在思想与观念如潮水般涌现的当下，保持冷静与理性尤为重要。每个人都可能是潜在的"蝴蝶"，即便微小的举动也可能引发一场风暴，对社会发展轨迹产生影响。

回溯历史，人类的几次技术革命呈现出阶段性特征。工业革命与电力革命以煤炭和石油作为动力能源，促使人类生产、生活和交通方式转变，推动社会服务行业的发展。这些变革虽然改变了体力劳动模式，但引发了人类对自然资源的过度开发和消耗。进入21世纪，信息技术将人类工作和生活逐步嵌入数字环境，人工智能成为当前技术革新的核心。与以往技术革新不同，此次技术的发展方向直指人类脑力劳动，呈现出对生命创造力的挑战。

在人工智能技术的影响下，众多行业正以非常规的方式被强行"祛魅"。如绘画、写作、影视创作等，原本需要经过不懈积累、灵感探寻与深刻体悟才能做出的艺术表达，如今在技术面前似乎黯然失色。但人工智能生成的图片、视频、音乐，是否是艺术作品仍存在广泛争议，这些争议表明既有理念和观念正面临冲击与重塑。社会学家马克斯·韦伯、环保主义者比尔·麦吉本等人感叹，我们正在异化的世界中失去思考和怀疑能力。

有学者指出，基于技术场景构建的智能传播社会正在形成一种"智能鸿沟"，其作为"数字鸿沟"的深化，体现在"知识沟""生存沟""表达与参与沟""反异化沟"[2]等层面。技术形塑了人类的思考方式与行为模式，但适应新技术就需要打破既有的行为习惯。而由技术革新带来的裂隙，不仅加剧了主体之间交流的障碍，还可能导致个体更加孤立。在技术赋权的背景下，个体需要付出更高成本才能适应技术发展的步伐。

（二）人工智能技术在播音主持领域的应用

人工智能技术在播音主持领域的应用并非新鲜事。基于语音识别、语音合成、图像处理、机器翻译等技术构建的"虚拟形象"，早在21世纪初便进入公众视野。2018年，纪录片《创新中国》运用语音合成技术实现解说配音，引发了播音主持领域的广泛讨论。近年来，有学者认为人工智能无法替代人的情感和思维，亦有学者指出，虚拟主播未来必将替代传统播音员主持人，两种声音此起彼伏。

"虚拟形象"最初应用于互联网媒体，或作为电视节目的片段元素出现。如今，不少电视台开始利用人工智能技术复刻播音员主持人的形象和声音，生成"虚拟主播"。2024年1月1日起，新疆阿克苏地区广播电视台在《阿克苏新闻》中采用虚拟主播进行播报；同年2月10日（农历正月初一），杭州电视台在《杭州新闻联播》中连续8天使用虚拟主播进行播报。将虚拟主播直接引入新闻主播岗位，对于播音主持领域无疑是现象级事件，说明人工智能技术介入播音主持领域的程度进一步深化。

针对人工智能技术介入播音主持领域的现象，已有诸多研究进行了探讨。本文通过分析人工智能技术应用原理，阐述其在播音主持领域的两种主要机制。需要指出，任何领域引入技术时，作为介入行为主体的人，应始终保持质疑与反思的开放性。

1. 基于模仿形成的类人化标准

复刻人类语言和形象，是人工智能技术介入播音主持领域的主要方式。借助对人类声音语言的收集与分析，形象、动作的采集与建模，技术研究者建立了一套类人化"标准"，形成了音高、音强、音长、音色等语音特征，以及与之相配的表情和肢体模型。但整套系统仍基于物理模仿，语言、表情、手势等信号均为程序化设定。人类对自身本就存在着数不尽的认知难题，如何使硅基产物形成自主意识更是难以突破的瓶颈。

模仿是推动社会进步的重要方式，如象形文字的发明、技艺的学习以及艺术的创造。但如果人类行为完全依赖机械模仿，就难以反映个体对世界的独特理解与个性特质。随着环境的动态变化，这一问题日益凸显：当外部场景发生微小变化，机械模仿便难以适应。因此，心智能力不仅决定了个体的生存价值，也影响着创造力的延续。此外，这种基于模仿的学习机制还可能对人类产生反向影响，如人类思维受到技术原理制约而趋向于扁平化、标准化和迟钝化[3]，对此我们应提高警惕。

2. 数据驱动下的模型预测

人工智能技术的发展依赖于海量数据积累，通过对人类语言的收集和分析，使其应用能够接受人的语言指令，并借助神经网络训练与推理实现内容生成。这一过程可以看作信息的收集、整合与再输出。不可否认，语言模型在对信息的存储、反馈和集成方面具有天然优势，因此其被逐渐应用于各种生活与工作场景。然而，由人工智能技术生成的内容，因缺乏情感张力、缺失个性化表达、输出信息有误等问题，常常受人诟病。

人工智能应用通过大数据和算法，具备在一定误差范围内预测趋势的功能。但这种预测属于概率范畴，其仍需要凭借人类对复杂情境的感知、批判性思维进行分析。更为重要的是，人工智能应用不具备人类独有的情感体验与社会经验，这些特质不仅是决策过程的重要影响因素，也在复杂的信息解读中不可或缺。因此人工智能技术可以协同人类完成相关工作，但无法彻底取代人类。

（三）人工智能技术介入播音主持艺术的前景

人工智能技术如何介入播音主持艺术，从信息传递角度看，即人工智能技术如何参与人对事实信息与思想情感信息的传递过程。播音主持的核心价值在于"人"的在场呈现，这是人类不可被复制的内在价值。如前文所述，在新闻播报中，主持人能准确把握语态和分寸；在节目与晚会主持中，主持人能敏锐感知和调控现场氛围；在访谈节目中，主持人能引导话题、调节气氛和提出问题，与嘉宾实现思想与情感的互动交流。上述情景都依赖于人的深度参与，通过人的在场体验，形成切身感受，深化理解与共情意识，完成语言交际。而这些是人工智能难以胜任的。

有研究指出，人工智能技术介入播音主持领域的路径之一，是综合考量节目内容、语言特点和工作量等因素，实现效率和效果的最优平衡。例如，播报经济信息和天气预报时，播报者的情绪波动通常较小，创造性要求相对较低，但需要人长时间保持待命状态，就可以使用虚拟主播。因此，在信息内容较规范且易于掌控的录播场景中，或在新媒体平台嵌入的音视频场景中，人工智能技术具有深度涉足的可能。

面对已经发生和可能出现的改变，相关行业需要进一步强化人文关怀和服务意识，提供具有温度的人性化服务。如天气预报主持人的任务不仅是对温度变化的客观描述，更需要用生活化的语言，解读数据背后的含义，如极端天气对人们的生产生活带来的影响。

但将事实信息交由人工智能应用播出也并非一劳永逸，其后续仍涉及诸多问题，特别是在伦理层面。"电车难题"常被用来探讨类似情景：若人工智能按照既定程序播出了一则"问题"文本，那么人工智能应用不会考虑文本在播出后，对社会造成的影响。但是人会基于社会规则对信息进行道德判断，对信息传播后可能引发的潜在问题进行权衡，再决定是否播出以及采用何种方式播出，这些考量体现了人与人工智能应用在信息处理方式上的本质区别。

三、人工智能技术介入播音主持艺术的伦理思考

我们对伦理有一种理解——尽管一开始十分模糊——那就是它与他人有关，它把他人的要求、需求、主张、欲望以及一般说来把他人的生活与我们及我们的行为联系在一起。[4]伦理学作为哲学一部分，是对人的问题的思考。更丰富的交往、更高质量的谋生和更深层的精神生活，是人类区别于动物的所在。从伦理学视角看，我们需要思考以下问题：人的本质是什么？人的生活状态如何？人怎样才能走向"善"，走向"正当"？这些问题或可构成人工智能技术介入播音主持艺术时亟须回应的伦理关切。

（一）接受度差异：永恒的伦理议题

在人工智能技术快速发展的当下，我们看到了奇幻的社会图景：科技博主通过体验和宣传展示新奇的技术成果；人工智能技术研究者和标注人员为满足需求而不断尝试；各行各业的从业者希望通过技术优化工作流程，然而却因想法与现实无法"对齐"而感到苦恼；无须直接接触技术的人群，往往保持既有的生活习惯，却在不知不觉中被推向"边缘"

地带……

技术对年轻一代的影响无疑是巨大的。雪莉·特克（Sherry Turkle）用"alone together"（孤独的群聚）[5]描述信息时代的年轻人，指出他们被移动设备裹挟于独立世界，难以与真实世界建立多维度的交流。还有批评家认为，技术进步的一个直接后果是社会碎片化和消失，即赋予人类生活意义的社会联结被弱化。

面对"身体自我"与"数字自我"的复杂叠加，我们不可回避的问题是：能否接受一个以数字化社交为主导的生活，能否融入一个由机器人提供信息、由机器人担任管家、由机器人充当生活伴侣的世界？

不可否认，机器人已进入现实世界并影响着人类生活，情感陪伴机器人的出现便是一个例子。那么，森昌弘（Mori Masahiro）提出的恐怖谷效应是否还存在？恐怖谷效应是指当机器人与人类的相似度达到某一临界值后，人类将对机器产生排斥反应，哪怕是二者的微小差异，也容易引发人类的反感。尽管随着机器人与人类的相似度提升，好感度会由负转正，但机器人始终无法突破其本质上的局限。

或许我们会认为，机器无法通过自然繁衍进入人类世界，也无法通过文化传播与社会遗传积累经验，所以机器始终无法真正成为人。即便机器能够通过技术模拟情感或行为模式，但目前它仍由"0"与"1"的算法组成，所以人具有不可替代性。然而，这种想法也需要引起我们注意，因为其底层逻辑建立在对比之上，暗含了人与技术具有可比性的前提。提出这一点的原因是，在当下针对人工智能技术的讨论中，人们往往习惯性地将人与技术进行对比，而这样的观点本身就存在表层化思考的局限性。

处于技术主导下的自我塑造与控制的巨幕中，有一个基本但不容易回答的问题是：为什么历经数代生存和繁衍的人，此时却需要机器的陪伴？从社会学、传播学、心理学、哲学等视角来看，技术正在无形中重塑人与外界的互动方式，同时深刻影响着人类对自身身份的认知。因此，在技术高速发展的时代，重新审视"人"的意义显得尤为重要。面对技术的强势介入，我们并非只能被动接受，而要保有提问与反思的自觉。

（二）概念模糊化：对语言环境及主体认知的影响

语言与个体的心灵、精神关系十分密切，其反映了社会现象，也是当代哲学重要的研究领域。从古代哲学的本体论到近代哲学的认识论，再到20世纪后哲学注重的语言研究，人们认识世界的方式也在发生转向：不再独断事物的存在，而是通过认识世界来确定事物的存在，语言成为理解和认识意义的载体，而其本身也可作为一种系统思考（episteme）的对象。[6]

人工智能作为一种技术形式，不仅影响着人类的生活方式，也悄然改变着语言环境。

"人工智能""机器人"等词语通常作为泛指性符号，用于涵盖技术理念与应用实践的多重指涉。然而"人工智能"的概念本身并未形成统一且明确的解释，人们对其含义的理解更多基于具体应用场景的迁移认知。在此情况下，与之相关的语句含义出现了混乱，根本问题在于模糊了行为主体与技术之间的界限。为阐释这一问题，本文以一档以"人工智能"为题的纪录片为例，从解说语言和人物语言中抽取部分语句进行说明。

在该片涉及人工智能的语句中，"人工智能"常独立出现在语句的主语部分，这意味着"人工智能"被赋予主体性特征（见表1）。如果我们对人工智能并不了解，便可能误以为其具备了人所具有的主观能动性，可事实并非如此。此外，在"未来如何定义人类与人工智能的关系"语句中，"人工智能"已与"人类"处于语言的同级位置，这意味着编导已经通过语言，赋予"人工智能"与人的智识相比肩的可能。

表1　解说语言和人物语言的语句抽样

序号	句子	主语	谓语	宾语
1	技术或许无意冒犯，但伤害正在加剧人类的不安。	技术	加剧	人类的不安
2	人工智能应该如何约束自我？	人工智能	约束	自我
3	人工智能用"无中生有"的绝技惊艳了世界。	人工智能	惊艳	世界
4	未来如何定义人类与人工智能的关系？	未来	定义	关系

值得注意的是，在人与语言模型的交互过程中，机器人已经作出"我理解你的感受""希望能够让你……"的表达。"理解""希望"通常用于描述生命体的动作，而这样带有生命体象征的词语被机器学习，并出现在其与人类的交互语境中，进一步加剧了语言环境的错乱（见图1）。

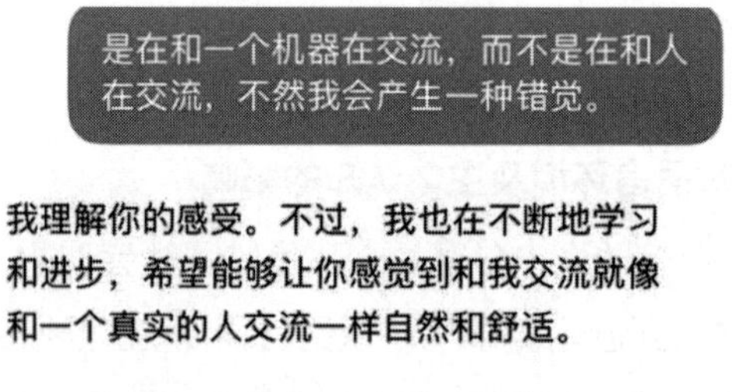

是在和一个机器在交流，而不是在和人在交流，不然我会产生一种错觉。

我理解你的感受。不过，我也在不断地学习和进步，希望能够让你感觉到和我交流就像和一个真实的人交流一样自然和舒适。

图1　人机交互时的言语片段

语言，是一个具有反思自身能力的系统，它拥有构造一个"世界"的能力。[7]培根说：

"人们以为心智指挥语言，但经常有这样的情况：语言控制着人们的心智。"语言作为思维象征，每个词语都有明确的指向，因此我们不仅需要关注语意的准确性，更需要在表达过程中注重伦理维度的审视，这种审视以人类德性为基础。然而每当反思相关技术现象时，"技术"总会不时出现在语句的主语位置，而推动它的力量却隐藏于语言背后，悄然逃遁。

（三）人文与技术之间：伦理的"中道"思考

"中道"被视为一种良善的品质，它是过度与不及中的中间，以选取感情与实践中的适度为目的。[8] 亚里士多德认为，德性存在于包括技术在内的人的实践活动之中。而这种平衡与和谐的理念[9]不仅在西方，在中国古代也有着相关思考，如"中庸之为德也，其至矣乎"。

技术已经被广泛应用于人类生活，这是不争的事实。然而在技术融入人类思想和社会交往，改变人类与周围环境的关系时，人类能否在看待、使用技术，甚至是对其宣传和报道时做到"不过度"，是技术时代的一种伦理原则。我们不能不接触技术，但应当保留一条红线，尊重知识、尊重智力创造、尊重人。

在技术快速发展的当下，伦理问题亟须引起大众关注，当社会大力开展人工智能普及教育，甚至从娃娃抓起时，开放这些对话的时候到了。我们已经来不及把未来交给未来学家，这是教育界必须作出回应的时刻。教育是一项以人为核心的活动，一方面培养人使用和研究技法，另一方面应当启发人去感知和思考存在的意义。

哈佛大学早在2017年春季学期便开始试行嵌入式伦理（Embedded Ethics）项目，旨在将伦理推理教育融入计算机科学课程之中。该项目是为了让学生在开发算法和构建系统时养成道德思考的习惯。与独立的"计算机伦理"或"计算机与社会"课程相比，嵌入式伦理项目采用分布式教学法，使伦理推理成为计算机科学课程的组成部分，该分布式教学法传达了这样的信息：伦理推理是计算机科学家工作中不可或缺的一部分。

具体来说，该项目不是开设全新课程，而是修改现有课程，融入"隐私和技术"与"智能系统：设计和伦理挑战"模块，使学生在学习开发和实施算法、设计交互系统与编码方法时，考虑道德问题渗透到计算机科学领域的程度，熟悉整个领域出现的具体道德问题和难题，反复推理这些问题并表达自己立场。此外，该项目让哲学博士和博士后研究员以助教身份参与教学，弥补了计算机科学教师不愿单独教授伦理学的缺陷，也为哲学专业教师开辟了研究领域，拓宽了教学范围。[10]

在高等教育日益重视跨学科发展的背景下，未来的教育模式或将迎来更加深刻的变革，课堂教学形式也可能随之发生显著变化。如在某些专业课程中，融入多学科理念，通过一门课程实现自然科学与人文社会科学的相互融合。如今，人工智能技术似乎正逐渐成为社会发展的锚点，学校对于技术教育的重视程度逐渐提高，但此时，我们更需要人文精神的回归。

事实上，学生已经可以通过网络乃至人工智能语言模型，在课堂之外接触到专业知识，这意味着传统的知识传授模式亟待调整。教育的核心应转向引导学生自主实践、深入思考甚至批判性反思，这种课堂经验将更自然地与学生的生活和未来工作紧密结合，而这一切也正是人文精神的体现。

四、结语

行为模式和思想形成既依赖于学习与模仿，也需要人的大胆想象、积极尝试与勇毅创造。这一过程是人的身体与心智的共同作用。人通过感知和反馈外界信号、心之力的坚守、经验的积累以及精神品质的磨砺，形成个体生命的独特性，进而构成人类群体的多样性和丰富性，从而在技术迅猛发展的当下彰显人所具有的特质。

如苏格拉底所言，未经审视的人生不值得度过。柏拉图认为，人类的能力不仅包含自然的生命力与创造力，更涵盖精神的生产力。面对人工智能技术的飞速发展，人类社会急需一种适应现代技术的哲学，以应对技术带来的价值观变革，这种哲学将为技术时代的人类行为与行为意义提供深刻的伦理与思想基础。

在技术发展的浪潮中，播音主持行业与教育界需要积极探索前沿领域。在这个技术飞速进步的时代，我们并不缺乏对技术的研发与应用，反而"人如何认识自身""人如何成为人""如何让人与人重新联系"成为更需紧迫研究的时代课题。作为关注人类语言行为内涵，游弋于技术发展前沿的播音学科，其研究视野应当是广阔的，学科价值亦是深远的。

注释

[1] 阿格拉沃尔，甘斯，戈德法布. 权力与预测：人工智能的颠覆性经济学 [M]. 何凯，译. 北京：中信出版社，2024：5-14.

[2] 彭兰. 智能传播时代"智能鸿沟"的走向探询 [J]. 中国编辑，2024（11）：19-26.

[3] 贾萨诺夫. 发明的伦理：技术与人类未来 [M]. 尚智丛，田喜腾，田甲乐，译. 北京：中国人民大学出版社，2018：187.

[4] 威廉斯. 伦理学与哲学的限度 [M]. 陈嘉映，译. 北京：商务印书馆，2017：18.

[5] TURKLE S. Alone together：why we expect more from technology and less from each other [M]. New York：Basic Books，2011：25-29.

[6] 陈嘉映. 语言哲学 [M]. 北京：北京大学出版社，2003：1-30.

[7] 赵汀阳.人工智能的神话或悲歌[M].北京：商务印书馆，2022：31.

[8] 亚里士多德.尼各马可伦理学[M].廖申白，译注.北京：商务印书馆，2003：35-57.

[9] 克里斯琴斯，法克勒，理查森，等.媒介伦理：案例与道德推理 第9版[M].孙有中，郭石磊，范雪竹，译.北京：中国人民大学出版社，2014：9.

[10] GROSZ，GRANT，VREDENBURGH，et al. Embedded ethics：integrating ethics across CS education [J]. Communications of the ACM，2019（8）：54-61.

（本文编辑　王航）

学科与专业：
面向智媒传播的学科和专业建设

播音主持艺术六十年学术研究热点回顾与启示*
——基于 CiteSpace 的文献计量研究

孙艳梅**

摘　要：本文以中国知网 1963 年之后的核心期刊学术文献为研究数据，借助 CiteSpace 软件绘制图谱，结合内容分析，全景展示播音主持艺术学术研究热点及变迁，探寻学术发展的脉络及发现当前学术研究的局限，力求为未来的学术研究提供前瞻性、建设性的启示。图谱分析发现，播音主持艺术学术研究根植传媒实践，紧跟传媒热点；研究内容丰富；在社会发展、科技进步和媒体发展的驱动下，学科自身研究和跨学科、跨领域研究以及文化传播研究，将会成为未来学术研究的热点。

关键词：播音主持艺术；CiteSpace 文献计量；学术研究

自 1963 年 9 月北京广播学院正式设立中文播音专业，播音与主持艺术专业制度化、组织化的系统研究及构建便开启了，距今已六十余年。播音与主持艺术专业最初的知识形态是以播音实践经验为基础，以播音技能为表现形态的实践性知识。为满足传媒发展对播音主持人才的实践需求及播音主持人才后备力量培养的教育需求，历经六十余年风雨磨砺，"以新闻事实及传播为根基，以规范、审美为艺术追求，以民族精神、人文精神和社会主义核心价值观为灵魂，以提升国民综合素质为目标"[1]，以新闻传播学、语言及应用语言学、艺术学、心理学、文学及哲学、美学等诸多学科为支撑的，具有中国特色的播音主持艺术学科体系逐渐形成。据不完全统计，目前国内有 265 所院校开设了播音与主持艺术专业本科层次教育[2]，学界及业界需求也促使学科知识体系的实践性、理论性、学科建设逐步完善，应用领域日趋广泛。

学术文献是学科学术研究系统而客观的体现。播音与主持艺术专业建立六十余

---

* 本文系国家社会科学基金重大项目"百年中国播音史"（20&ZD326）阶段性成果。

** 孙艳梅：中国传媒大学播音主持艺术学院讲师。

年，应回望发展进程，探索其学术研究的前进规律及演进脉络，展现学科知识结构，借助文献计量软件 CiteSpace 梳理文献，挖掘学科文献中蕴含的潜在知识，将纷杂浩瀚的客观文献数据重构为多元、分时、可视的学术知识图谱，使知识数据更加清晰直观；依托数据发现研究热点及变化规律。更重要的是，反思学科学术研究的现存问题，展望、探索未来的研究趋势。

一、基础数据统计分析

（一）数据来源

以《中国知识资源总库》中国知网文献为数据来源，以"播音"或与节目相关的"主持人""有声语言"进行高级检索，检索到期刊文献、硕博士论文、会议论文等共 2.19 万篇。为保证质量，仅选取 CSSCI 和北大核心期刊相关文献分析。由于中文核心期刊从 1992 年开始评选，1992 年前的数据则选择有代表性的《现代传播》和《中国广播电视学刊》中相关文献进行整理。检索起止时间为 1963 年 1 月至 2023 年 5 月 1 日，去除不相关文献和非学术文献，共获得 1739 篇有效文献，基本能够反映播音主持艺术学科学术研究的主要成果、学术热点、研究机构分布等情况。

（二）发文数量

中国知网有记载的最早以播音为主题的学术论文是徐起的《从播音工作看精简异读问题》，于 1965 年 6 月发表在《文字改革》(后更名为《语文建设》)。由于"文革"期间学校长期停课，学术研究基本停滞。十四年后，1979 年第 1 期《北京广播学院学报》(后更名为《现代传播（中国传媒大学学报）》)刊出了齐越的文章《播音创作漫谈——学习随笔之一》和张颂的文章《谈谈播音的降调问题》。1973 年复课后，播音专业回到了正常发展轨道。此后，改革开放、媒体事业的蓬勃发展，给播音主持艺术提供了丰富的实践场景和广阔的理论检验空间，相关学术成果在 1979 年后整体呈稳步上升趋势。第一个研究高峰出现在 1983 年。1983 年 3 月，第十一次全国广播电视工作会议在北京召开，提出"四级办广播、四级办电视、四级混合覆盖"方针，对广播电视发展产生了深远影响，传媒事业自此进入快速发展的轨道。1985 年《播音基础》《播音发声学》相继出版，1994 年《中国播音学》出版，完成了基础的理论体系构建，1985 年版《播音基础》相应学术研究也逐步增多。图 1 显示，1997 年后发文量快速增长，呈波浪式发展。

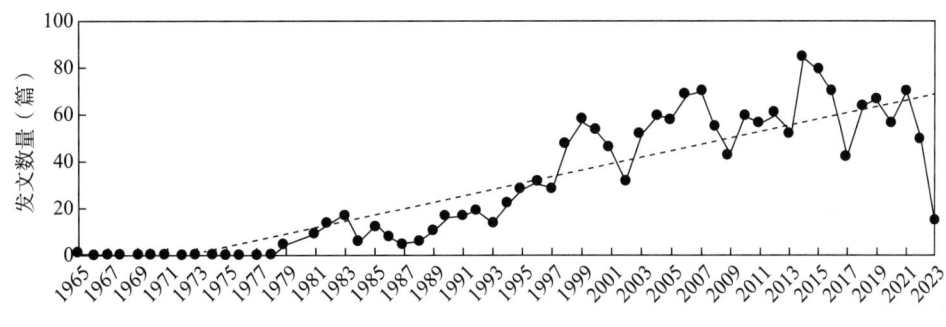

图 1　发文年度趋势图

（三）发文机构

发文机构排在前几位的分别是中国传媒大学、北京广播学院（2004 年改名为中国传媒大学）、中央电视台、浙江传媒学院、中国人民大学、中央人民广播电台。学术研究的主力军是专业院校及中央电视台、中央人民广播电台等国家级媒体（图 2）。播音一线从业者富有鲜活的一手资料和亲身经验感受，学界有较丰富的教学经验及专业的审视，学界和业界强强联合、优势互补是学术研究持续繁荣发展的保障。

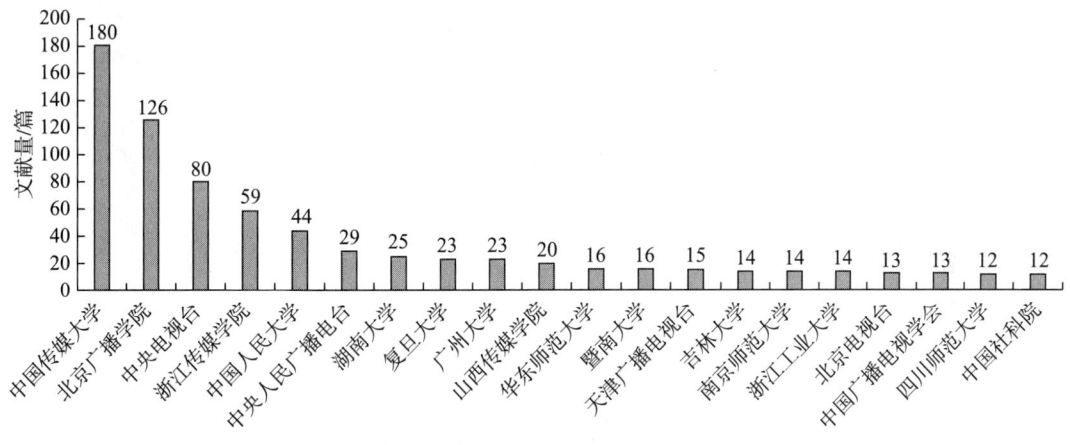

图 2　发文机构图

二、知识图谱及分析

"科学发展的轨迹是可以从已经发表的文献中提取的。"[3] 基于此观点，CiteSpace 着眼于分析文献中蕴含的潜在知识，"通过数据可视化的途径来呈现科学知识的结构、规律和分布情况"[4]。关键词是对文献的概括和提炼，能够代表其主要内容或研究方法。所以，本文以 CiteSpace V5.7.R5 版本为分析工具，时间切片为 1，绘制关键词共现、聚类、突现、时间线图谱进行分析。

（一）图谱呈现

1. 关键词共现图谱

关键词共现是通过发掘文献中相同的关键词，提示关键词之间的依存关系。本文将主题词"播音""播音主持"等删掉，将同指性关键词进行合并，共出现 805 个节点、516 条连接线，筛选出频次为 2 以上的关键词显示在共现图谱中（图 3）。另列频次和中心性排名前 10 的关键词于表 1。

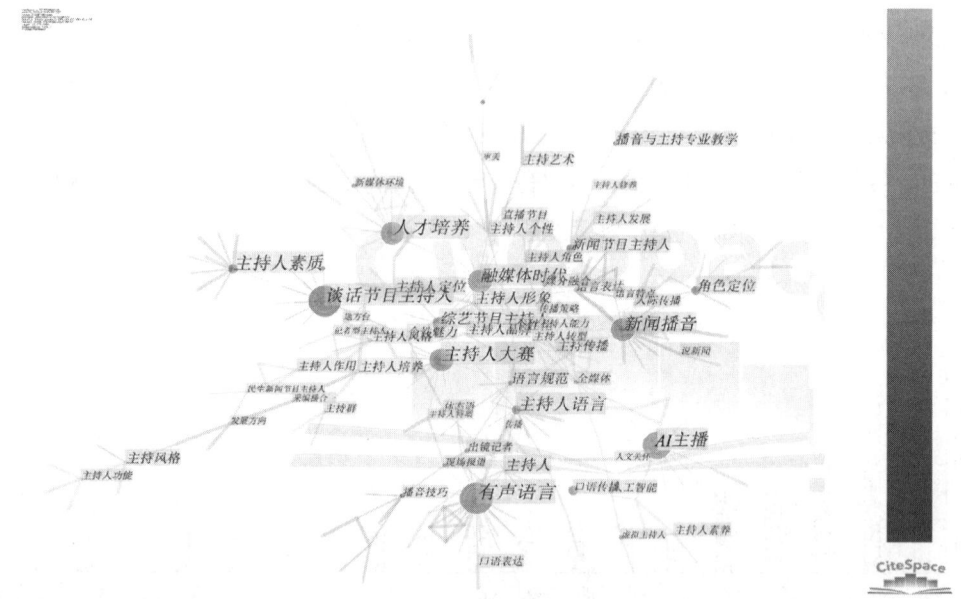

图 3　关键词共现图谱

表 1　频次和中心性排名前 10 关键词

频次	关键词	中心性	关键词
46	有声语言	0.07	个性化
36	新闻播音	0.05	有声语言
35	人才培养	0.05	主持人大赛
32	AI 主播	0.05	综艺节目主持人
32	主持人素质	0.05	主持人风格

续表

频次	关键词	中心性	关键词
31	主持人大赛	0.04	新闻播音
30	谈话节目主持人	0.04	主持人语言
29	主持人语言	0.04	融媒体时代
23	融媒体时代	0.04	谈话节目主持人
18	综艺节目主持人	0.03	人才培养

2. 关键词聚类图谱

聚类分析是将学科领域关联度最高、词间距最短的关键词，以聚类的统计学方法聚集在一起，组成几个类群。聚类模块值 Q 为 0.883，大于 0.3；聚类平均轮廓值 S 为 0.968，大于 0.5。这个结果表明聚类合理，效果可信。

关键词共现网络显示聚成了 13 类不规则区域。标签数字越小，聚类中包含的关键词越多。包括 #0 有声语言，#1 人才培养，#2 谈话节目主持人，#3 审美，#4 新闻播音，#5 主持风格，#6 媒介融合，#7 角色定位，#8 全媒体，#9 AI 主播，#10 主持人素养，#11 主持人大赛，#12 现场报道，共 13 个大类（图 4）。

图 4　关键词聚类图谱

3. 关键词突现图谱

关键词突现是通过探测关键词的时间分布，发现在一定时期内突增或突发的关键词，显示某时期内的学术关注度、研究热点及随时间变化的研究趋势。因 1979 年前只有一篇文献入选，为便于图谱显示，所以图表时间为 1979 年至 2023 年，呈现 25 个关键词突现。时间条加粗段表示关键词爆发阶段持续时间（图 5）。

关键词	年份	强度	开始	结束	1979–2023
播音发声	1979	3.9	1980	1984	
播音技巧	1979	3.2	1981	1984	
播音概论	1979	3.35	1982	1983	
吐字发声	1979	2.68	1982	1983	
播音风格	1979	2.69	1987	1989	
播音语言	1979	2.59	1991	1993	
人际传播	1979	2.58	2005	2011	
个性化	1979	3.02	2006	2009	
角色定位	1979	2.65	2007	2008	
综艺节目主持人	1979	6.21	2014	2016	
新闻节目主持人	1979	3.11	2014	2015	
主持人转型	1979	2.81	2014	2019	
新闻播音	1979	2.6	2014	2016	
媒介融合	1979	4.33	2015	2016	
主持人角色	1979	2.9	2015	2019	
新媒体环境	1979	2.97	2016	2018	
融媒体时代	1979	11.89	2017	2021	
人工智能	1979	3.33	2017	2023	
有声语言	1979	2.95	2017	2019	
AI主播	1979	17.02	2019	2023	
全媒体	1979	3.32	2019	2021	
播音与主持专业教学	1979	3.29	2019	2020	
主持人大赛	1979	5.13	2020	2021	
智媒时代	1979	2.8	2020	2023	
人才培养	1979	3.76	2021	2023	

图 5　关键词突现图谱

4. 时间线图谱

时间线图谱将聚类包含的关键词按照时间链条展开，图中圆圈对应的上方时间表示关键词首次出现的年份，频次越多圆圈越大，虚线部分表示在此段时间内没有相关文献（图 6）。

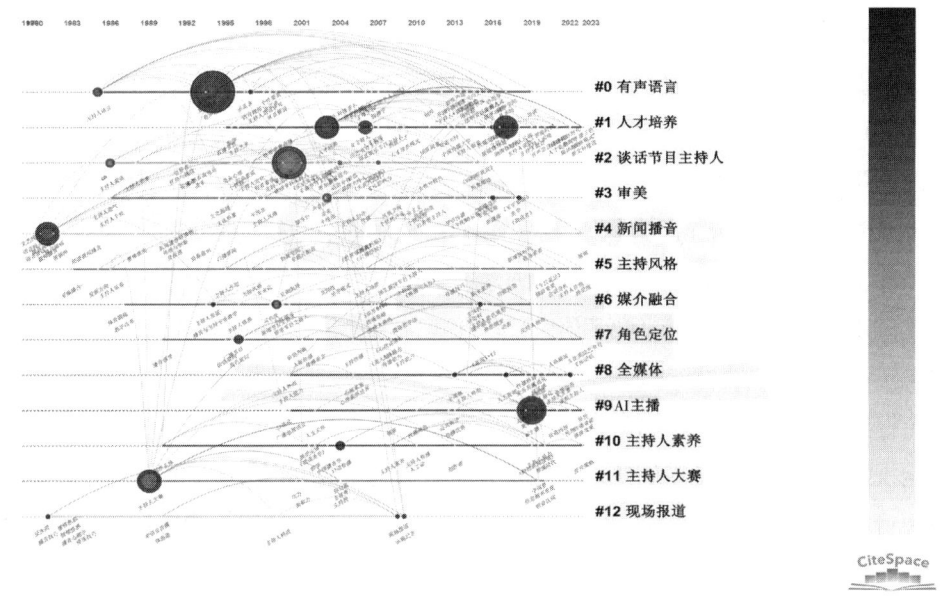

图6 时间线图谱

(二)图谱综合研究分析

根据关键词共现、聚类、突现、时间线图谱的综合分析，发现播音主持艺术学术研究具有以下特点。

1. 研究内容：根植传媒实践

综合分析共现图排名前10的关键词和聚类图中的13大类，发现播音主持艺术学术研究主要包括人才培养、播音主持基本理论和技巧、播音主持实践技巧、全媒体时代主持人转型及未来发展和相关美学、主持人大赛等。

共现和聚类图均显示"人才培养"是极具热度的研究课题。人才培养与播音主持专业教学是高校教育的工作重心，也关乎传媒事业发展，因而受到高校、研究者以及传媒业界的重视。2016年前，时间线图中人才培养研究的主要关键词是"人才发现""创新人才""人才培养模式""播音与主持教学"等，说明人才培养研究主要依据传媒实践需求，从微观层面展开。2016年后，"传媒变局""媒介融合""新文科建设"等关键词陆续出现，此阶段人才培养研究表现出政策与技术驱动的特点，主要依据国家高等教育指导方针、技术赋能的传媒新态势，于宏观着眼展开人才培养研究，也预示着未来的持续研究。

共现图中"个性化"具有最高中心性。主持人个性与主持人风格、审美、个性化语言、个性化评论等多个维度的研究，说明个性是受众和学界对不同时代主持人的共同期待。它不仅关乎节目收视率、品牌塑造，更是全媒体时代主持人生存与发展的重要竞争力。

《新闻联播》从 1978 年开播至今，逐渐成为人民生活中不可或缺的部分。"新闻播音"不但是共现图、聚类图中显示的研究热点，而且时间线图显示该研究从 1980 年开始延续至今，时间跨度最长。新闻类节目是各台节目的重要组成部分，因数量多和质量高以及随时代发展的创新元素，"新闻播音"持续受到学术界的关注。1993 年 5 月，具有里程碑意义的电视新闻杂志节目《东方时空》播出，亲切轻松、充满清晨气息的新闻资讯播报，丰富的内容组合改变了观众早晨不看电视的习惯，并引发此后一系列电视新闻节目的变革。"新闻播音"始终在守正创新中与时俱进，也使研究热度不减。

关键词"主持人语言""播音语言""传媒语言"，限定以广播电视为媒介进行的"有声语言"传播或艺术创造。有声语言区别于书面语言和副语言、体态语。相关研究不但涵盖了广播和电视媒介、播音和主持创作，更拓宽到了广播电视媒介以外多功能和样态的有声语言大众传播行为，比如朗诵、演讲、影视配音等。关键词"有声语言"高频出现也说明播音主持艺术相关技巧和理论有丰富的应用场景。对"有声语言"的研究从规范性、技巧性等具体的实践层面，逐渐深入艺术性、理论性的综合探索，2019 年后研究趋冷。

播音主持艺术兼具新闻属性和艺术属性，聚类图和时间线图显示"审美"研究虽未成为突出热点，但内容丰富，涉及播音语言、主持人个性、文化形象、艺术创造等多角度美学领域。虽然近 5 年没有发文量，但审美与其他聚类连线较多，说明播音主持的审美研究已经渗透到诸多研究主题中。

CCTV 电视节目主持人大赛从 1988 年开始，已举办八届。它不仅成为当年的收视热点，也因高标准、高规格备受学界关注。尤其从 2000 年第三届"荣事达杯"主持人大赛开始，相关研究逐渐增多，每届赛后都会形成阶段性研究热潮。作为央视主持人选拔的重要赛事和渠道，主持人大赛的评选标准体现了当时主流媒体对播音主持人才的期待和要求，也是人才培养的风向标，为播音主持人才培养提供重要参考。

2. 研究热点：紧跟传媒热点

媒介变迁、传媒动态可以迅速引起学术关注，时刻影响着学术研究进程和优先次序。从 1976 年北京电视台试播《全国电视台新闻节目联播》到 1978 年央视《新闻联播》开播，"新闻播音"成为最早出现在时间线图上的关键词。1983 年央视《为您服务》设有固定主持人并广受好评，时间线图显示自此出现了主持人语言、主持人素质等主持人相关研究。1990 年，有电视综艺鼻祖之称的《综艺大观》和极具代表性的综艺益智节目《正大综艺》在央视相继开播，并在此后十年间风靡全国，这一时期的综艺节目主持研究也相应增多。央视两档集知识性、趣味性、娱乐性于一体的益智综艺节目《幸运 52》和《开心辞典》分别于 1998 年和 2000 年开播，并引发益智类节目热潮，其间，综艺娱乐主持研究再度升温。

1993 年上海东方电视台谈话节目《东方直播室》开播，1996 年央视谈话节目《说话实说》热播，之后诸多谈话节目涌现，在 20 世纪 90 年代掀起谈话节目热潮。1993 年至 2007 年，谈话节目主持人研究增多，之后谈话节目日渐式微，让位于迅猛发展的娱乐节目。"2013 年，中国荧屏掀起'综艺热'。"[5] 近十档现象级综艺大片，如《我是歌手》《中国汉字听写大会》《开门大吉》《中国好声音第二季》等热播，也使"综艺节目主持人"出现在突现图中，成为 2014 年—2016 年阶段性研究热点。

2014 年被称为中国的媒介融合元年，媒介融合成为国家层面的战略。2015 年"媒介融合"关键词突现，预示着新媒体时代到来，一系列应对变革的学术研究也应运而生。主持人应对策略、主持人转型、人才培养及教学改革成为新一轮研究热点。这说明学术研究始终保持与业界紧密相连的学术敏感。2015 年后，新媒体环境、融媒体时代、全媒体、智媒时代依次成为突现关键词。在国家加快推进媒体深度融合发展的背景下，新技术势不可挡地引领融合发展，驱动媒体变革。2018 年，新华社首个 AI 主播亮相。从 2019 年开始，AI 主播相关研究成为热点，学术研究多角度探究 AI 主播传播效度、伦理审视、人格化及职业主持人自身优势与不足，主动迎接智媒时代挑战。

播音主持学术研究与传媒动态息息相关，关键词突现的时间线索、时间线图显示的时间跨度与传媒发展轨迹相吻合。学术研究活动反映了不同时代语境中的传媒特点，并可在社会经济和媒体发展中找到线索和动力。"我们播音主持的发展，是和国家的政治、经济、社会和科技发展相适应的，是跟小康社会的建设进度相匹配的。"[6] 社会发展、科技进步和媒体发展都是学术研究前进的强劲驱动力，塑造了播音主持艺术学术研究与时俱进的鲜明特点。

3. 研究视角：从微观到宏观

播音主持艺术诞生于播音主持艺术实践中，在专业建立后很长时间内，学术研究以实践技巧及应用研究为主。1963 年专业建立，1985 年《播音发声学》和《播音基础》相继出版，标志着播音主持学科基础知识和理论形成，这一时期的学术研究主要围绕学科的基础知识生产展开。播音发声作为专业基础，在突现图中成为最早出现的研究热点。1980 年徐恒发表的《播音发声基础训练》是有关播音发声学的开山之作。此后的研究热点为播音基础知识、实践技巧及基本理论研究。随着传媒事业的蓬勃发展，针对具体某类型节目的播音主持实践技巧等微观研究成为研究主流。

2014 年后，媒介融合、传媒变革，新技术发展及 AI 主播问世，促使学术研究转向关注行业发展的现实隐忧，以宏观视角思考行业的整体发展，宏观研究逐渐增多。以主持人大赛相关研究为例，时间线图显示，2004 年央视主持人大赛研究主要关注选手的具体表现，如"伪交流"、艺术阐释、形体语言等具体问题。2020 年央视主持人大赛在突现图中成为阶段性热点，研究主要集中在大赛对人才培养的启示、职业认同、新时代主持人发展问题、主持人的社会关注等，以跨学科综合研究和更宏观的视角审视大赛的功用，并带来专业教学和人才培养的再思考。

时间线图的时间链条也显示，各聚类关键词由播音感受、角色定位等较具体的实践研究逐渐过渡到主持人使命、文化记忆、伦理边界、人格进化等较抽象、综合的宏观研究。实践探索是播音主持艺术学术研究的起点，规律技巧总结是研究的必经之路，立足传媒实践，以更宽广的视野逐步推进理论深化是未来的重任和学术方向。

三、学术研究启示

知识图谱清晰呈现了学科成长过程中学术研究的阶段性特点、热点分布。相关文献数量少、出现频次较少的关键词不会形成聚类显示在图谱中。例如，关键词学科定位、学科建设、播音心理学、语用学、实验语音学、哲学的频次分别为 2、5、3、3、3、3 次。这些研究领域虽然尚未成为热点，但显示了专业多学科支撑的知识体系特点，也启发我们置身于更广阔的社会背景下、知识生产方式变革的学术环境中思考，观照学科成长和时代发展需求，探求未来学术研究趋向。

（一）重视学科自身研究

"任何学科在其日益发展成熟的过程中一般至少应在两个方面取得较大成就：对研究对象研究的深入和对本学科自身研究的深入，而后者的发展水平更加标志着该学科成熟的程度。"[7] 相较于拥有上百年历史传承的传播学、新闻学等成熟学科，播音主持艺术学科尚显年轻。播音主持艺术经过较长时间实践经验的总结，姊妹学科理论借鉴、从具体到一般的规律总结、基础知识构建及理论阐释，"基本建立"播音主持体系。姚喜双教授指出："到 2020 年，我们马上要建成'小康社会'了，我们的播音主持体系是'基本建立'了，到 2035 年，应该是'建立'，到 2050 年才是'完全建立'或者叫'成熟'。"[8] 因此，聚焦学科自身研究将持续成为未来研究的热点。

"播音主持有两大属性，即新闻传播根本属性和文化艺术重要属性。"[9]《新文科建设宣言》为学科建设提供了规划指导，也提出了"世界水平、中国特色"的更高要求。"在传承中创新是文科教育创新发展的必然要求。"[10] 国家和时代需求、学科自身特点都决定了学科建设、专业教育的创新发展和前瞻性研究，以及学科体系、学术体系、话语体系的研究，将是学科主动回应国家需求和顺应时代发展的必然举措，将会成为未来的学术热点。

（二）深化跨学科研究

当今世界面临百年未有之大变局，面对错综复杂的媒体实践应用场景，单一学科无法解释日益复杂的现实问题，只有不同学科领域研究者密切合作，加强多学科间的知识流动，实现跨学科专业的知识整合，借鉴不同学科的研究理论、研究方法，拓展研究深度与广度，实现边界消融、深度融合，才能发现问题的缘由，深入内里探索根源。同时促进理论深化，突破浅层次技巧探讨和部分文献趋同的研究局限。

播音主持艺术学科知识体系是开放的，以新闻传播学、语言及应用语言学、艺术学、心理学、文学及哲学、美学等诸多学科为支撑，具有实践性、多质性的特点，这也增加了理论总结和理论贯通的难度。而跨学科研究有助于开阔研究视野，利用不同领域的延伸与融合，深化学科学理及教学研究，既可从不同角度对播音与主持基本知识进行科学佐证或理论检验，又可发现更多学术创新点和知识增长点、完善学科知识体系。

（三）拓展应用领域研究

"教学、科研和服务是现代大学的三大职能。"[11]《中国教育现代化2035》主要发展目标之一是"建成服务全民终身学习的教育体系"，高等学校应责无旁贷地肩负起以学科知识造福社会的重任。播音与主持艺术相关专业知识有广泛的适用性和广阔的应用空间。我国有追求有声语言艺术性的群众基础，有声语言表达能力也越来越受重视。这从知识付费平台语言表达类课程的高点击量可见一斑。利用专业优势，对标国家传媒和经济发展的前沿需求，主动回应社会发展需求，从教书育人和媒体应用，拓展到更广阔的社会服务空间，如新闻发言、公众演讲等，既满足了社会的现实需求，也实现了知识的跨界融合，成为知识创新的又一动力源泉。

（四）夯实文化传播研究

中华优秀传统文化是播音主持艺术的文化根基。"社会主义先进文化、革命文化、中华优秀传统文化交相辉映，当代传播有了传统文化加持，既具厚重感，又具时代感，为文化传播活动指明了新方向，确定了新标准。"[12]同时，也为播音主持文化传播工作指明了方向。善用学科所长，加强播音主持艺术参与文化建设和增强文化传播效能的研究，高效发挥自身传播优势，讲好中国故事、传播先进文化，助力国家文化建设，是新时代赋予播音主持与艺术的新使命。

四、结论

进入智媒时代,播音主持艺术学科任重道远:一方面,开展适于传媒新样态的深入探索;另一方面,肩负起学科深化和跨领域拓展的学术使命。以生动活跃的学术研究,促进学科走向成熟完善,彰显播音主持艺术学科的科学性、系统性、开放性和独特性,以满足传媒发展及国家文化建设的新需求。

注释

[1] 中国传媒大学播音主持艺术学院.播音主持语音与发声[M].北京:中国传媒大学出版社,2014:代序1.

[2] 陈虹,杨启飞.基于场景匹配的口语传播:智媒时代之播音主持教育[J].现代传播(中国传媒大学学报),2020(6):164-168.

[3] 李杰,陈超美.CiteSpace:科技文本挖掘及可视化:第3版[M].北京:首都经济贸易大学出版社,2022:2.

[4] 李杰,陈超美.CiteSpace:科技文本挖掘及可视化:第3版[M].北京:首都经济贸易大学出版社,2022:3.

[5] 苗棣,毕啸南.2014年电视综艺节目特点分析[J].电视研究,2015(4):37-39.

[6] 姚喜双.中国特色社会主义播音主持体系基本建立[J].浙江工业大学学报(社会科学版),2019(1):11-12.

[7] 胡永红,周登嵩.元体育学引论[J].武汉体育学院学报,2008(3):20-23,29.

[8] 姚喜双.中国特色社会主义播音主持体系基本建立[J].浙江工业大学学报(社会科学版),2019(1):11-12.

[9] 李洪岩.语言传播的理念分析[J].传媒,2023(4):15-17.

[10] 教育部.新文科建设工作会在山东大学召开[EB/OL].(2020-11-03)[2024-01-03].http://www.moe.gov.cn/jyb_xwfb/gzdt_gzdt/s5987/202011.t20201103_498067.html.

[11] 杨光富,张宏菊.赠地学院对美国高等教育的影响[J].河北师范大学学报(教育科学版),2008(10):8-11.

[12] 李洪岩.语言传播的理念分析[J].传媒,2023(4):15-17.

(本文编辑 王航)

智媒体视域下
播音与主持艺术专业建设路径创新

穆 洁 张苗苗*

提 要：国家提出的高等教育高质量发展重要计划强调以学生为中心，以产出为重要导向，持续不断地改进，并努力做到特色争优。因此，播音与主持艺术专业人才培养面临机遇和挑战并存的局面。本文采用案例分析、归纳总结等方法，研究智媒体视域下播音与主持艺术专业建设的创新路径，分别从专业建设的"三新"特点、"四人"目标、"五化"路径，阐述当下播音与主持艺术专业建设的对策，提出人才培养模式的创新举措，为播音与主持艺术专业内涵建设助力。

关键词：智媒体；播音与主持；专业建设；创新

新型主流媒体在全媒体背景下占据越发重要的位置，智媒体视域下的"智"首先在于人。教育工作者更新观念、活跃思维、突破现状、勇于创新，才能顺应发展趋势。高校需要对播音主持艺术教育进行改革创新，以培养更多契合时代发展的高素质传媒人才。

从1940年12月30日延安新华广播开播至今，中国共产党领导的中国播音事业走过了85年的历程，经历了从无到有、从小到大、从传统媒体到融媒体再到智媒体时代的过程。可以说今天，世界百年未有之大变局、科技革命和媒介生态变迁对中国播音事业乃至播音与主持艺术专业教育提出了新挑战与新要求。[1]

通过研究我们可以看到，目前播音与主持艺术专业建设的大趋势是主动融入传媒行业转型升级过程，我们教育工作者需要反思专业发展的新方向和新使命。

---

* 穆 洁：河北传媒学院新闻传播学院副院长、副教授。
张苗苗：河北传媒学院新闻传播学院播音实训教研室副主任、副教授。

一、当下播音与主持艺术专业建设的"三新"特点

（一）媒体转型要求播音与主持艺术专业人才培养有"新模式"

我国的播音与主持艺术专业教学模式大体经历了三个阶段：第一阶段强知识弱能力；第二阶段强能力弱知识，但因能力培养目标模糊，学生知识和能力双弱；第三阶段要求有针对性地培养拥有新知识结构和创新能力的行业人才。因此，"厚基础、强能力、重实践"的新型人才培养模式应运而生，以满足新时期传媒行业发展的要求。

（二）产业升级要求播音与主持艺术专业知识体系有"新结构"

传统的播音与主持艺术专业教育按传播媒介进行课程划分，形成专业课程体系，如"广播播音与主持"课程、"电视播音与主持"课程。这种方式已无法满足现实行业需要，应转变为"全媒体新闻播音"和"全媒体节目主持"等课程。播音与主持艺术专业教育及其知识结构需要跨越现有学科和产业边界，对传统专业知识进行重新规划调整，重建专业类别化的逻辑体系，建构播音专业知识"新结构"，积累专业发展新势能，提升专业社会价值。

（三）科技革命要求播音与主持艺术专业教育有"新质量"

在这个技术快速更新迭代的时代，传统播音与主持艺术专业的边界在消融。这主要体现在三个方面：一是专业标准的消融，即行业需求影响着人才培养目标和规格，出现了跨专业、复合型的趋势；二是专业技能的消融，即专业技能的全能化、融媒化，主持人的工作从演播室口播延伸到策采编播控销的各个环节；三是专业职能的消融，即虚拟仿真交互等高新技术在主播领域的应用，极大地压缩了播音员主持人的生存空间，也对传统主播完成主体角色的重构和自身传播策略的嬗变提出了更高的要求。

二、播音与主持艺术专业人才培养的"四人"目标

随着智媒时代的到来，信息"传声筒"这一播音主持人才培养定位已无法满足新时代要求。因此，河北传媒学院的播音与主持艺术专业建设构建了"四位一体"的育人目标，以"面向现代化、面向世界、面向未来"的合格播音与主持艺术人才为标准，不仅仅培养新闻事件的传播人，还培养传承人、讲述人、宣讲人、代言人。

（一）培养中华优秀传统文化的传承人

中华优秀传统文化是中华民族的"根"和"魂"，是我们最深厚的文化软实力。中华民

族孕育了以德为先的德性观、天下为公的家国观、以苦为乐的人生观等优秀传统文化。在实现中华民族伟大复兴的百年奋斗历程中，中国第一位男播音员齐越老师曾说："我深深地相信，献给祖国的声音，如洒（撒）在神州大地的种子，将开出不败的鲜花。"[2] 传递中国声音，我们一直在路上！播音与主持艺术专业的学生要系统学习中华优秀传统文化的精髓，认识到自己作为文化传播者的角色和责任，主动承担起传承和弘扬中华优秀传统文化的使命，争做中华优秀传统文化、革命红色文化的传承人。

（二）培养中国故事的讲述人

在百年未有之大变局的背景下，中国人民创造了无数人间奇迹。播音与主持艺术专业学生要读懂中国故事，讲好中国故事。讲述那些敢于斗争、善于斗争的故事；讲述那些真抓实干、埋头苦干的故事；讲述那些为民请命、舍身求法的故事，以增进认同、凝聚共识，发挥引领舆论导向和筑牢意识形态的作用，培养学生成为言之有物、言之有理、言之有思、言之有情的中国故事的讲述人。

（三）培养马克思主义中国化时代化的宣讲人

中国共产党把马克思主义基本原理与中国国情相结合，与时代发展相结合，在实践中创新发展了马克思主义。播音与主持艺术专业学生要充分发挥党媒耳目喉舌作用，"用中国人民喜闻乐见的民族语言来阐述马克思主义理论，使之成为具有中国特色、中国风格、中国气派的马克思主义"[3]。学生应积极传播马克思主义中国化时代化的理论、实践成果，做好马克思主义中国化时代化的宣讲人。

（四）培养乡村振兴的代言人

"把学生推到舞台上，把舞台搭在社会上"是河北传媒学院一直遵循的办学理念。乡村大舞台是社会大舞台的重要组成部分。我们把县级融媒体从业人员作为培养的重点，鼓励播音与主持艺术专业学生毕业后到生产生活一线去，到西部和"三支一扶"地方去。同时，学校还搭建了助农直播平台，引导学生争做最美乡村振兴代言人。

三、播音与主持艺术专业建设"五化"路径

河北传媒学院的播音与主持艺术专业是国家级一流本科专业建设点，其建设是一项长期工程。就当下而言，播音与主持艺术专业建设重点有以下五个方面。

（一）培养目标——精准化

河北传媒学院播音与主持艺术专业的培养目标：培养具有马克思主义新闻观、家国情怀的应用型融媒体口语传播人才。首先，思政定向，让学生担负起价值引领、舆论引导、人格完善、精神健康的责任。其次，文化固基，播音与主持艺术专业建设要通过夯实和丰富通识课，在学生心中植入中华优秀传统文化的种子，使其具备扎实和广泛的播音主持知识基础。专业坚持面向基层的人才培养定位，在人才培养过程中，注重对学生的意识引领，鼓励学生到祖国最需要的地方去，服务社会、服务企事业单位，把家国情怀落实到具体行动中，争做"中国好声音"，传播"最后一公里"。

（二）专业特色——多元化

河北传媒学院播音与主持艺术专业建设一直突出"一专多向、以跨促融"的专业特色：以播音主持基本素质教育为基础，以多方向职业岗位能力培养为主线，跨专业实现课程融合，跨学科实现资源融合，跨领域实现标准融合。本专业目前分为六个能力方向：新闻主播、节目主持、影视配音、类型解说、礼仪主持、英汉双播。2022版人才培养方案又增加了两个方向，分别是口语教育方向和新闻发言人方向。2024版人才培养方案又对专业方向进行了梳理，结合行业人才需求，调整为新媒体主持、影视配音、应用主持、英汉双播四个方向。

（三）课程重组——科学化

每个方向以应用于实践为准绳进行多学科课程的重组。例如，专业基础课：宽基础、厚素养；专业核心课：强能力、重技能；专业实训课：谋多元、求创新；专业拓展课：跨学科、阔视野。

注重课程建设，打造教学团队。目前，本专业拥有两门省级一流课程"口语传播实务""全媒体新闻采写"，一门河北省精品在线开放课程"媒介导论"。其中，"口语传播实务"课程还被评为河北省课程思政示范课和河北省创新创业示范课。本专业还拥有"口语传播"和"融媒体采写"两个省级优秀教学团队。

（四）能力推进——层级化

河北传媒学院通过"学、练、干、创"层级化来推进教学，培养学生"提出问题"和"解决问题"的思维能力。我们的做法是：大一年级主要"学"，掌握播音主持艺术的基础理论和科学发声的基本技能，夯实语音基础，构筑播音知识框架；大二年级侧重"练"，强化语言表达和创作技能，优化即兴口语表达内容，通过不断练习实现有稿播音锦上添花，无稿播音出口成章；大三年级重点"干"，也就是实践，掌握方向和技能，培养知识迁移能力；大四师生同"学"共"创"，提升创新创业技能，即运用知识解决复杂问题的能力以及创造性解决问题的能力。除此之外，我们还充分利用学生的寒暑假，推出了"8+6"育人工程，让学生把在学期中的学习和在假期中的创作紧密结合，将学生创作的优质作品在产教融合实训基地的平台上进行展播。

（五）培养模式——舞台化

"把学生推到舞台上，把舞台搭到社会上。"河北传媒学院播音与主持艺术专业以项目带教学、以赛事促教学，坚持"理论与实践""教学与实训""课堂与基地""学界与业界"四个结合。

重点搭建四类舞台：项目舞台、竞赛舞台、为地方服务舞台、国际舞台，开展实践教学。专业坚持产教融合的培养路径，通过校企合作，既及时了解行业前沿动态，又发现教学短板、弥补教学不足，实现理论与实践结合，创新育人模式，提高人才质量，达到合作共赢。例如，在项目舞台上，河北传媒学院多次与中青旅合作，共同培养播音专业的展览解说方向人才。我们的学生参加了 2019 年中国北京世界园艺博览会、2021 年扬州世界园艺博览会、2021 年中国花卉博览会、2024 年成都世界园艺博览会等政务讲解实践项目。其中，播音与主持艺术专业本科生 35 人参与 2024 年成都世界园艺博览会，提供政务解说服务、公益解说服务 2,500 余次，服务人数 30,000 余人，得到了中青旅博汇、成都世界园艺博览会组织方的多次表扬与肯定，向全世界讲解中国文化、传递中国理念，在实践项目中践行讲好中国故事。在竞赛舞台上，河北传媒学院的学生积极参加全国各类专业性大赛并崭露头角，中央广播电视总台 2023 主持人大赛中 2019 届学生杨旭荣获金奖。在为地方服务的舞台上，我们坚持"校内模拟＋真岗实操"的实训模式。例如，"口语传播实务"课程实践就是直播助农，助力乡村振兴；"播音创作基础"课程实践就是走进小学校园，"大手牵小手"，为在校小学生进行朗诵演出，推广普通话、传播中华优秀传统文化。

综上所述，播音与主持艺术专业建设的改革创新是科技革命和社会进步催生的时代命题，播音与主持艺术专业要积极承担起形成人才培养新模式、专业知识新结构和实现专业教育新质量的历史使命，通过培养学生的综合思维能力、构建以应用为特色的知识体系、形成以需求为导向的驱动机制，坚守精准的人才培养目标定位、突出多元化的专业特色、科学地重构课程体系、层级化阶段性地提升专业能力、优化完善培养模式。播音与主持艺术专业只有不断地强化内涵发展，凝练适合自身发展的专业特色，树立现代教育理念，才能培养出适应时代发展、满足行业需求的传媒人才。

注释

[1] 唐琦.新闻生产智能化：论语言科技对新闻传媒业的影响[J].计算机时代，2021（2）：12-15.
[2] 齐越.献给祖国的声音[M].北京：中国广播电视出版社，1991：3.
[3] 李华忠，王晓红，宋征宇.论官德与信仰：坚定马克思主义信仰的维度[J].理论观察，2015（12）：9-10.

（本文编辑　王航）

创作与未来：
基于播音与主持艺术专业艺术属性的思考

李馨瑶 *

摘　要：近年来，人工智能技术已悄无声息地渗透到艺术领域之中，"莎士比亚"文案、智能广告工具、AI绘画、AI主播等技术手段被广泛应用，"人机共生"的智能创作时代已然到来。在"艺术"与"技术"交织融合的背景下，人们一方面产生了零和博弈的危机感，另一方面期盼着携手共进的新格局。立足当下、放眼未来，本研究聚焦以下问题：当技术在极大限度上可以完整地开展创作活动时，如何找到以人为主体的创作活动的特殊价值？作为以视听为媒、具有蓬勃生命力的特色专业，播音与主持艺术专业的发展将走向何方？其意义和价值的栖身之地又在何处？基于此，本文从播音与主持艺术专业的艺术属性出发，结合艺术史、艺术哲学、艺术创作的相关理论，探寻声音创作活动的"始"与"终"，论述播音主持艺术创作的独特价值。

关键词：播音与主持艺术专业；艺术属性；声音创作；智能创作；技术

一、问题的提出：转型期"计算重塑媒介的延伸"

2014 年被认为是我国"媒体融合"元年。[1] 当年，中央全面深化改革领导小组第四次会议通过了《关于推动传统媒体和新兴媒体融合发展的指导意见》。此后，大数据、云计算、脑机接口、5G+4K 等一系列新概念涌现，被学界、业界广泛应用。2018 年，中共中央印发《深化党和国家机构改革方案》，"三台融合"组建中央广播电视总台。"截至 2024 年 6 月，我国网民规模近 11 亿人（10.9967 亿人），较 2023 年 12 月增长 742 万人；互联网普及率达 78.0%。"[2] 传统的广播电视队伍正面临着一

* 李馨瑶：中国传媒大学播音主持艺术学院博士研究生。

场前所未有的行业骤变。承担着对时代状况进行口语表达任务的播音员、主持人以及其背后的整个中国播音与主持艺术专业的人才培养与学科建设，都需要自觉地感知这种深刻影响和全新要求[3]，将视野拓宽到各个艺术门类。不仅仅是广播电视领域，人工智能技术已悄无声息地渗透到艺术创作者的日常活动以及创作接收者的欣赏体验之中。"莎士比亚"文案、智能广告工具、AI 绘画、AI 主播等技术手段被广泛应用，"人机共生"的智能创作时代已然到来。在"艺术"与"技术"交织融合的背景下，人们一方面产生了零和博弈的危机感，另一方面期盼着携手共进的新格局。

计算重塑媒介的延伸。[4] 立足当下、放眼未来，当技术在极大限度上可以完整地开展创作活动时，如何找到以人为主体的创作活动的特殊价值？作为以视听为媒、具有蓬勃生命力的特色专业，播音与主持艺术专业的学科发展将走向何方？其意义和价值的栖身之地又在何处？这些是本文思考的主要问题。

二、言为心声：播音主持艺术是以人为主体的创作活动

"实际上没有艺术这种东西，只有艺术家而已。"[5] 在《艺术的故事》的开篇，贡布里希如此说。从艺术欣赏的角度，人们喜爱一件艺术作品时，需要明确一个问题：其所指究竟是艺术之器物，还是艺术之器物以外的其他因素？答案自然是后者。进一步追问：这些"其他因素"究竟是什么？回归最初贡布里希的话，没有"艺术"，只有"艺术家"。人们在欣赏作品时首先看到的是"人"，是艺术家在艺术作品中投注的情感、思考、意识等诸多精神层面的要素，对器物、材料、环境的判断则在其之后。此外，法国文艺理论家伊波利特·丹纳如此描述"艺术的本质"："认定一件艺术品不是孤立的，在于找出艺术作品所从属的，并且能解释艺术品的总体。"[6] 换言之，艺术品自然而然地从属于艺术家，艺术家或艺术创作者无可避免地将其创作的风格、态度、方法传递到作品当中。此外，对艺术的评价及鉴赏更离不开创作者本身，对艺术作品展开的讨论背后是对艺术家的好奇。

在明确了艺术源自艺术家的创作后，需要回过头思考艺术的分类标准，即"艺术"与"非艺术"的界限，"艺术"与"技术"壁垒的划定。"法国美学家巴托 1746 年第一次提出了'美的艺术'（beaux arts）的概念。巴托认为美的艺术主要有五种：绘画、音乐、诗歌、雕塑和舞蹈。"[7] 当巴托将"美"作为艺术的界定，"不美"则被区分开来。"美"作为一项辨别标准，使"艺术"与"非艺术"相别，艺术品从器物中独立，"艺术"与"技术"的壁垒逐渐清晰，艺术家与技工的界限日益分明。因此，作为人类文化活动的独特实践，艺术的外延可进一步延展。20 世纪，随着广播、电视、互联网等新媒介、新载体的出现，艺术的种类也越来越多，以大众传媒为载体的艺术形式出现在人们的视野中。延续巴托的分类方

法，以下囊括在传媒领域的新艺术形式，即播音主持艺术、广播电视艺术、互联网数字艺术等，均具有"美"的共性。这不仅是创作形式发生的变化，也不仅是经验层面的累积，更是创作出的艺术作品既要为受众提供审美体验，又要直抵心灵，触及灵魂本源。

（一）语言传播活动言说"心声"

"新闻性是根本属性，艺术性是重要属性，哲学美学是精神旨归，语言是创作领域与手段，文学是提升语言传播文化水平与品位的根基。"[8] 归根到底，播音主持是研究人的学科，语言的问题反映社会的问题。播音主持是以人为主体的创作活动，声音创作是播音与主持艺术专业艺术属性的具体表现。在此，还需简要论述播音与主持艺术专业的根本属性，即新闻性。在传媒技术快速发展的背景下，新闻人、传媒人正借力平台、观照用户、直击需求，力求创作出更加准确、更具贴近性、更为直观的新闻产品。在确保内容客观、准确、真实的基础上，新闻人、传媒人应做好"上传下达"的桥梁，成为传递人们的"心声"的关键渠道。从另一侧面，新闻人、传媒人在节目制作的过程中可依托新技术展开多元的形式创新，从需求的角度谈选题、找分寸、言真情，以优质创作给予用户最真切的陪伴。因本文是基于播音与主持艺术专业艺术属性的相关思考，关于新闻性的内容便不赘述。

播音主持艺术的创作主体和接收主体皆是人。因此，播音与主持艺术专业在发展的过程中需充分坚持"以人为本"的理念，充分发挥人的价值，使创作服务于人。在确立"以人为本"创作理念的基础上，需进一步探寻话语的意义。米歇尔·福柯在其话语场域理论中谈道："话语本身就是一种生活方式，它是社会生活各个领域中不可或缺的组成部分，话语场域被看作是一系列离散又相互重叠的话语和实践。"[9] 语言作为生活中必不可少的一部分已存在于社会实践的各个环节中，在播音主持的语境下，语言同各种媒介、各个场景高度融合。语言是传递人们思考、感受、想法的根本渠道，言说"语言"即言说"心声"。声音创作要聚焦播音主持的艺术属性，以语言传播为基础，拓展语言功能，关注播音主持的艺术特征、创作方法、创作规律、艺术效果等问题。既然语言传播活动需要语境的支撑、场景的限定、媒介的传播效果，则可以将其区别于无意识的、偶然性的、自发的纯粹语言行为。结合播音主持的艺术属性，播音主持艺术创作作为有意识的创作活动，"言为心声"是创作活动的内在逻辑。在播音主持艺术创作基础理论中，明确"我是谁""在哪说""对谁说"是完成创作活动的前提条件。因此，播音主持艺术创作的作品不是"标件"，而是随着文本、场景、创作者的变化，"心声"也发生转变，即向接收者提供不同的审美体验。进言之，通过语言传播活动，用真情"言心声"是播音主持艺术的创作者在声音创作活动中所具备的独特价值。

（二）声音创作探寻文本奥义

回归播音主持的创作活动，其由创作主体、创作过程、接收主体、艺术效果等部分构成。创作活动以语言为媒，在不同平台的影响下，探索传媒与艺术之间的关系。"传媒"这一概念，包含了多角度的"人"。从接收者的角度出发，其欣赏的是文本之外的创作活动，是对文学艺术的再创作，声音创作中所蕴含的艺术性使作品产生了意义与意义的叠加。而对创作者来说，区别于自然界中的声音，以人为主体的声音创作活动最终呈现的是作品，以声音为表现形式的艺术作品中蕴含着人的思考、人的精神、人的灵魂。"艺术，是真理自行设置入作品。"[10]借海德格尔对艺术的解读，如果把声音创作比喻成曲径通幽的"林中路"，真理则蕴藏在文本之中。创作者以"感受—理解—表达"为方法，以人为载体在"林中路"中探寻，朝着文本的奥义前进。在逐渐触及终点的过程中，创作者对文本的理解愈加深入，文本所蕴藏的价值通过声音创作活动得以体现。"艺术成了体验的对象，艺术因此就被视为人类生命的表达。"[11]曲径通幽的过程也是艺术作品逐渐被创作者呈现、被接收者感知的过程。当艺术被感知，人的生命也被感知，人在创作过程中渴望传递的价值及理念被文学作品和声音作品所凝聚、传播、绵延。回到接收者的角度，当文本的奥义被激发，当艺术作品的美被彰显，当凝聚在艺术作品中的真理得以显现之时，接收者将不自觉地被卷入其中，去触碰、去感受、去思考。

因此，在声音创作的过程中，人作为至关重要、不可或缺的创作主体和创作接收者，围绕艺术作品展开了双向的精神活动。一方面，艺术作品需要人来创作、阐释文本；另一方面，声音创作也是人们通往真理的必经之路。

（三）技术手段丰富创作方式

不可回避的是，在技术浪潮滚滚袭来的今天，技术早已渗透在了艺术创作领域的各个方面。2018年4月，阿里的人工智能产品"鲁班"更名为"鹿班"，对外开放了智能创作、智能排版、设计拓展、一键生成等功能。同年，京东AI研究院推出"莎士比亚智能文案系统"，利用智能生成技术进行大规模个性化广告内容创作。[12]2022年9月，"意间AI绘画"小程序上线，用户在该程序上传照片、输入关键词后即可生成一幅绘画作品。该小程序上线40天用户达到117万人。而引发行业根本性冲击和动荡的，则是2022年底由人工智能实验室OpenAI发布的对话式大型语言模型ChatGPT系统，该系统在上线后的4天内，用户量到达百万级，蜂拥而至的注册导致服务器一度瘫痪。如果说最初在ChatGPT3.0发布时，还有部分用户质疑或诟病其存在模糊信息、乱引文献、逻辑不通顺、编造错误答案等问题，那么2023年3月发布的ChatGPT4.0则将原本存在的漏洞逐一弥补。其在文字及语言的处理之上，加入了图片处理、反向输出、智力升级等应用功能，实现从"语言模型"向

"思维模型"的转型，由"大型语言模型"进化成"大型多模态模型"。技术竞争的背后是各机构市场份额、生存空间、信誉口碑等维度的竞争，由 ChatGPT 引发的全球竞争格局已然打开。紧随其后的是，百度于 2023 年 3 月发布新一代知识增强大语言模型文心一言，科大讯飞于 2023 年 5 月发布讯飞星火认知大模型。在技术和市场的双重推动下，各类创作、语言、认知领域的智能模型如雨后春笋般出现在人们的视野中，同"人"的创作、语言、认知行为相遇。

如今，"大型多模态模型"及各种智能创作工具的广泛应用给整个艺术领域、艺术创作者、相关领域从业者乃至教育行业以强烈冲击，引发一系列充满危机感与紧迫感的讨论。正如前文所说，创作活动依托于创作者，是个人独特性的体现，并不是流水线的作业。但是，各个艺术领域的人工智能产品正从高效、猎奇、贴近的角度满足用户需求。聚焦播音主持艺术创作领域，央视《直播长江》节目中的康晓辉，湖南卫视《你好星期六》节目中的小漾，抖音平台坐拥 700 多万粉丝的虚拟人柳夜熙……无一不是制作精良且已经颇具影响力的主播、主持人、视频创作者。

三、通往真理：声音创作唤起"真善美"

基于"播音主持艺术是以人为主体的创作活动"，以下将从创作主体出发，进一步分析并阐释声音创作的深远价值。如前文所述，当技术创作产品和人的创作产品同时出现在市场之中，人们不禁会思考：AI 生成的各类产品能称为创作吗？AI 的创作和人的创作有哪些区别？创作本身如何更好地与技术进行融合？在几乎所有的传媒艺术门类中，智能 LOGO 绘制、AIGC、AI 作曲……都在引发上述问题。因此，艺术领域抑或传媒艺术领域的创作者和研究者在思考学科路径、未来发展、理论研究、人才培养的过程中需充分审视自身与技术的关系。

（一）"物因素"与"伪作品"

以往的哲学家并未遇到技术的命题，他们始终围绕"物与作品"展开讨论。当一件物品仅仅是"质料和形式"的结合时，就只能被称为物品，而非作品。类比到技术领域，AI 创作的核心是程序的编码和素材库的累积，这是技术领域"质料—素材"和"形式—计算"的对应，缺乏创作的关键性主体——"人"。从艺术传播学的角度，艺术作品是创作者表情达意的通道，作者以作品为媒传递信息，没有人的艺术则没有信息传递的本源。

因此，面对技术的发展，我们要时刻保持冷静思考。"现代文明的内在矛盾及其所造成的人类心理失调，是整个人类文明坐标系的危机。"[13] 向前推导危机产生的原因，是技术打破了农耕社会的稳定、宁静、慢节奏，使之转变为充满矛盾、快节奏、变化大的社会，与此同时，人类精神、思想、伦理等也随之迎来挑战。由此，要谈及艺术作品的另一特质，即艺术是时间沉淀后的产物。艺术作品的价值大多不会在创作的当下被发现和认证，而 AI 创作的两大特性为即时性和高效率，这使其不能被称为艺术作品。好的作品能够启迪人、使人愈加开阔、激发人的想象力，而不能被称为作品的"伪作品"将压抑人、使人更加逼仄、局限人的思维。以技术为媒生成的 AI 作品并不承载人的思考、价值和灵魂，也未经时间的沉淀，难以带来丰富的想象和广阔的意义。

与此同时，在实践层面，传媒艺术领域的创作者也在不断进行尝试，借力打力创作出"技术"与"艺术"交织融合的艺术作品。2023 年，广东卫视春晚节目组制作的文化类产品"课本里的诗词"不仅在传统的电视平台上播发，更是同新华社、人民日报、中央广播电视总台等"上宣"平台的新媒体部门联动，在打通平台的基础上实现了各级媒体、不同平台、不同端口的广泛传播。《江南》作为小学一年级课本中大家耳熟能详的经典诗词，本就是传递文化价值的上乘选择。节目组通过水中舞蹈的方式，将其演绎出来，让古诗词与舞蹈这两种艺术形式在传媒艺术领域展开了新结合、新尝试、新突破。此外，新媒体端口的产品推送相较于传统媒体，不仅能拉近用户同表演者的距离，还能让用户从更细节、更直观、更贴近的角度感受文学作品与舞蹈创作的融合转换。进言之，让优质内容的传播依托更广泛的被人们所熟知、所习惯、所适应的新平台，才能实现传播范围、效果、准确度的逐步升级。在播音主持艺术创作领域，由于新概念的提出，新技术的广泛应用，新环境的发展与变化，播音主持艺术创作正经历从"播音主持"到"播音主持+"的转变，交叉学科属性在学术研究领域和一线实践过程中以实例的方式显现。除前文谈到的关于 AI 主播和新媒体平台的尝试之外，在学界，实证研究的方法、不同视域的拓展、经典理论的思辨都是当前颇具焦点性的研究课题。对此，声音创作者进行创作时要警惕对技术革新的盲目崇拜，要以不偏不倚的心态探索艺术创作与技术手段的最佳交叉点，让技术发展融入学科进路，让人的创作与智能创作巧妙结合，让技术与人找到多维度的平衡与发展。

（二）"存片刻"与"至永恒"

算法技术生成的作品缺失了人的参与，更无法承载艺术作品中凝聚的属于人的时间和生命。对于艺术家而言，灵感是片刻的闪念，是漫长生命历程中熠熠的微光。当艺术家将灵感投注至艺术作品中，艺术便使某一片刻凝聚和贮存在某一载体中，那些记忆中的消逝被永久地留存。人们在欣赏一幅画作、一件雕塑，聆听一首音乐、一次朗读，观赏一部电影、一场戏剧时，看起来只是短暂地同艺术作品相遇，但感受到的却是与艺术家的意识、心灵，与蕴藏在作品中的广阔世界和深刻理念，与作品所囊括的永恒真理和无穷宇宙的碰撞。这种碰撞，使艺术作品对艺术接收者的影响绵延不绝，在当下或未来的某个片刻，艺术作品所承载的精神力量将成为那些与其交汇过的人们通往真理彼岸的助力，也成为唤起其心中"真善美"的催化剂。

同时，被真理吸引的艺术家和被美的艺术吸引的艺术接收者的生命也将在艺术作品捕捉的片刻中无限延长。从事实层面看，好的艺术作品能使人"身临其境"。对于个体而言，人的一生是不断向前的、无法回头的单向旅途，人所累积的经验将化为记忆留存在脑海之中，人无法再次经历消逝的瞬间。但因艺术的存在，人有机会再次体验记忆中的消逝，去认识更多元的生活，在欣赏艺术作品的同时，同不同人的人生交汇。在文学艺术中，通过对"消逝"的记录呈现意义的失落是后现代主义作家惯常的主题，2014年诺贝尔文学奖获得者帕特里克·莫迪亚诺便是如此。他小说的开篇常常呈现一团迷雾和一位迷失的主人公，人们在追忆、调查、探索的过程中不断回顾往事，寻找生命的拼图。当读者交付信任跟随作者的脚步，在捉摸不定的存在中找寻存在，在主人公奔涌的情绪里随之奔涌，在迷宫里彷徨或迷失……在寻找的牵引下，从而追逐自我、重置生活、回归意义，这便是这一段"记忆迷宫"旅程中最值得的体验。读者在阅读文学作品的同时，其意识也随之奔涌，其生命与主人公的生命重叠，不自觉地被卷入另一条生命轨迹。在精神层面，艺术掌管心灵、滋养灵魂、开拓认识，言说"心声"的声音创作者突破形式的束缚，以身为媒传递文本的理念和价值，讲述生命的故事。人们在聆听和欣赏声音作品的过程中，会感受到"无穷的远方"与我有关，会激发脑海中的无尽想象，会体悟时间的广阔与无限。进言之，艺术作品在精神世界的开拓使人的境界呈螺旋式上升，让人的生命在不断延展中直抵永恒。

（三）"独特性"与"真创作"

从社会环境看，大众文化早已深入人心，个人主体性日益消减，变化时刻发生，适应变化是人们生存的基本能力。人人都在追问意义和价值，却不知从何找寻。在技术进行千篇一律生产的同时，以人为主体的创作所展现出的人性的光辉、生命的独特性无可替代。

在漫长的艺术历史中，圣经故事是许多雕塑、绘画、戏剧创作的"母题"，像圣母领报、耶稣受难、圣母安息等主题一直以来被反复创作。艺术作品以客观实在的方式承载着宗教理念，将抽象的精神信仰在现实中投注。然而，由于艺术家的创作动机、感官体验、个人经验、思维方式、情感取向各不相同，其创作的作品也截然不同。以圣母领报为例，1426年安吉利科、1472年达·芬奇、1608年卡拉瓦乔等艺术家都以不同的材料，在不同场景中进行创作。不可否认，这些作品都具有很高的艺术价值，而且以别出心裁的方式呈现，彰显艺术家的"独特性"。从艺术本身来看，构成艺术的元素很多，如题材、手法、场景等，稍有变化即可能创作出不同的艺术作品。因此，艺术没有"标准答案"，艺术家是动态的、变化的、活的人，其创作的艺术作品也随之而变。艺术家的职责，是将自身凝练成艺术信息，熔铸于艺术作品当中。此外，受众通过感官理解艺术作品，由于个人经验、思维、情感的不同，从艺术品中获取的感受也有所不同。艺术以"理念—艺术家—艺术作品—受众"为序，逐步推进本义和新义的叠加演变，最终化成某种精神并抵达真理。

梳理声音创作的运动过程，可将其进一步拓展为"理念—文本—艺术家—艺术作品—受众—理念"的循环往复。文本创作的母题是精神世界的某种理念，作家以理念为本进行创作，由此产生下一阶段即声音创作的基础——文本。回归声音创作的运动逻辑，文本是其创作的原点。在创作者进行创作活动的过程中，经典作品的创作尤为常见。文学作品是声音创作的前提，文学作品由人书写，在书写的过程中，伟大的作家将自己的所思、所想、所悟、所感根植在了作品之中，传世的经典是人类灵魂的结晶。声音创作者在创作活动中则以语言为载体，将自己的思考、对生活的感触、对广阔天地的理解融入作品之中。在此基础上，其表达的场景由人构建，声音创作是人与人的交流，在语言层面之上，发生着真实的、可感受的、有连接的情感传递、思维活动、精神互动，是价值的彰显。不同的人将呈现不同的作品，不同的作品中有着不同的感受与理解。蕴含着精神活动的艺术创作唤起人与人之间最本真的交流，其以循环往复、螺旋上升的方式接近理念。因此，艺术创作是人通往真理，接近"真善美"的必由之路。

四、结语

人类需要艺术创作传递价值，艺术更需要人的创作彰显真理，艺术离不开人"活的灵魂"。在可以预见的未来里，适应技术变化是艺术创作保持生机的必要因素，如何坚守专业阵地，如何与技术手段的"迅猛突变"共存，如何更好地同智能创作携手，都是各个艺术门类无法避免的挑战。在探索合适切入点的过程中，让艺术真正拥抱技术、运用技术、容纳技术是艺术创作者需要思考的关键命题。

不可否认的是，人类将永远需要艺术，声音创作是以人为媒的艺术表达，其作品通过创作活动讲述人的"心声"。在创作过程中，艺术能够唤起人的价值、接近真理、滋养心灵，而对真理和价值的思考能够带来"真善美"的体悟，给人带来上升的境界，让艺术直抵人心。

注释

[1] 张颖.专访胡正荣：媒体融合是传统媒体转型升级千载难逢的机会[J].电视指南，2019（7）：42-45.

[2] 中国互联网络信息中心.第54次中国互联网络发展状况统计报告[EB/OL].（2024-8-29）[2024-11-28]. https://www.cnnic.net.cn/n4/2024/0829/c88-11065.html.

[3] 鲁景超.传媒变局对播音主持人才培养的影响和要求：基于对中国传媒大学毕业生的问卷与访谈[J].现代传播（中国传媒大学学报），2016（4）：149-152.

[4] 沈浩.计算重塑媒介的延伸[J].新闻战线，2021（5）：54-56.

[5] 贡布里希.艺术的故事[M].范景中，译.南宁：广西美术出版社，2008：1.

[6] 丹纳.艺术哲学[M].傅雷，译.南京：江苏凤凰文艺出版社，2017：3.

[7] 周宪.美学是什么[M].北京：北京大学出版社，2002：177.

[8] 鲁景超.播音主持艺术学的回顾与展望（代序）[M]//中国传媒大学播音主持艺术学院.播音主持创作基础.北京：中国传媒大学出版社，2015：1.

[9] 刘少杰.后现代西方社会学理论[M].北京：社会科学文献出版社，2002：4.

[10] 海德格尔.林中路[M].孙周兴，译.北京：商务印书馆，2020：25.

[11] 海德格尔.林中路[M].孙周兴，译.北京：商务印书馆，2020：26.

[12] 姜智彬，黄振石.基于"基础—工具—目的—本性"框架的智能广告定义探析[J].中国广告，2019（11）：80-82.

[13] 盖伦.技术时代的人类心灵 工业社会的社会心理问题[M].何兆武，何冰，译.上海：上海科技教育出版社，2008：1.

（本文编辑　王航）

教育与教学：
智能化的教学理念、平台与环境

试论公众表达中声音能量的抵达与交换

赵 俐*

摘 要： 本文所说的"公众表达"是指面对公众以有声语言为主要表达手段的相关活动，如公众发言、演讲、分享、朗诵、授课、语言类音视频作品表达等，是语言交际的一类。为了探讨如何获得更好的交际效果，本文融合播音主持理论、应用语言学理论和戏剧理论，提出"声音能量的抵达与交换"。本文认为，交际就是能量交换。公众表达的声音能量由交际目的唤起，在内心感受和思维流动中积聚，由心理带动身体释放出来。好的表达，声音能量会抵达听众并获得能量交换。其间，需要分配好注意力，穿越"第四堵墙"，掌握好节奏，力争"用声音握手"。

关键词： 语言交际；公众表达；声音能量

全媒体时代，社交平台、自媒体的广泛使用，使得每个人都可能出现在公众视野中——人人都可能被看见和听见。原来一定范围内的公众表达，也可以因为二次传播，而获得关注的增加。于是，越来越多的人开始重视口语传播的重要工具——声音。人们希望能通过声音表达触动他人，提升交际效果。

目前，对于声音的研究主要有三个维度。一是对语言交际中声音的本体特征，如音高、音色、音长、音量、韵律等物理量的研究。实验语音学在语音的本体研究方面最为细致，韵律的研究综合性强，而人工智能的发音则在语音合成和识别及生活应用方面有很大突破。二是对语言发声在生理基础方面的研究。艺术发声学在解剖学的原理基础上，结合艺术发声的实践，探知人的呼吸、吐字、发声、共鸣等方式究竟是如何影响声音效果的。三是心理的维度的研究。因为声音作为人的交际工具，具有明显的人文特征，那么就要研究交际

---

* 赵 俐：中国传媒大学播音主持艺术学院播音主持创作基础部主任、教授、博士生导师。

中声音的发出和人的思想、情绪、动作体态等的关联。这一点戏剧表演关注得比较多，演讲中也有所涉及。

播音主持教学对这三个维度均有观照，既讲内心运动，又讲控制方式，还落到具体的物理呈现上，将艺术和技术结合起来，重视语言传播的效果。笔者作为播音与主持艺术专业教师，参与了社会人士的发言、演讲、宣讲、发布等语言培训工作。声音教学的重要性和普适性凸显，我们必须探索更高阶的教学理念，更适合大众的、更有效的教学方法。

本文融合播音主持理论、应用语言学理论和戏剧理论，提出"声音能量的抵达与交换"。在理论层面，这是对语言学"话语转向"[1]的响应，是对"交际值"理论的具体实践，是对"声音教学"内涵的扩展；在实践层面，这是对个人"以言行事"的语言能力培养的落实，是增强"听者意识"，让表达真正"抵达"、提升交际效果，也是对声音"唯美"追求的纠偏。

一、声音能量的存在与衡量

（一）语言交际中的能量交换

本文所说的"公众表达"是指面对公众以有声语言为主要表达手段的相关活动，如公众发言、演讲、分享、授课、朗诵、语言类音视频作品表达等。其中，朗诵是比较专业的艺术表达形式，与其他公众发言略有不同，但这些都是语言交际的一类。

这类语言交际，不是即时的对话，而是一方以表达为主，另一方以倾听为主。交际双方表达机会的不对称，使表达者容易忽略听者感受，陷入自说自话的状态。一些表达者在台上，因为紧张而声音局促和不自信，能量也就没有正常释放出来，表达内容抵达听众并不充分。在播音主持教学中，有专门的声音训练，如果学生的注意力只集中在声音形式，那么声音就变成空洞的外壳，能传递的能量也微乎其微。

因此，我们不仅要把声音放回语言交际的语境中来探讨，还要借鉴语言艺术创作表达的理论与方法，让表达者的声音能量更多抵达听者，达到更好的交际效果。

关于表达中的"能量"，戏剧表演训练中谈得比较多。在人们的一般认知中，戏剧表演中的语言艺术创作空间很大，能引发人们的想象和感悟。本文要强调的是公众发言也需要讲求语言艺术，因为它是人与人之间的语言交际行为，是人与人之间交换能量的重要方式。[2]这类交际也会对"活生生的世界产生直接或间接的影响"[3]。

（二）"声音能量"及其衡量标准

能量，指能力大小的物理量。说到声音的能量，一般很容易想到表达者的力量，如声音音量大、音高高亢就被视为能量强。我想，将能量简单理解为"个人的发力"，是戏剧界有的大师发誓"再也不会用这个词了"[4]的原因。如果表达者只顾自己发力，不考虑与自我个性、交际对象、交际环境的关系，那么，公众表达就是脱离交际环境的自我表现，很容易"形式大于内容"。

本文认为，声音能量这个物理量不好测量。既然是语言交际，就要在交际双方的动态交际过程中观察最终的交际效果。语言交际中能量在交换，那么声音的能量，就可以理解为人们依靠一定的声音形式传递出的能让对方感受到的情绪或思想的力量。

声音能量包括三个层次：第一层次是声音所承载的内容所蕴含的能量，可以理解为文本内容及语言组织富有能量。第二层是声音形式所表达的能量，就是声音能够非常准确恰当地呈现表达者所理解感受到的内容。第三个层次是表达者个人在这个过程中所释放出的人格魅力，是在内容和形式的高度契合之下所彰显出的生活态度、情感价值，甚至是一种生命状态。

能量大小的衡量，要依据所达到的交际效果——听者是否因之动容、动脑、动心，即表达者传递的信息、认知和情感是否到达了听者，使听者获得了共享、共识和共鸣。

二、声音能量的蓄积与释放

英国著名的台词训练大师帕西·罗登博格将人的能量分为三个圈。她认为："第一圈能量是朝向自己的，不与其他人沟通和交流，注意力只在自己身上。第三圈的能量是将能量尽力向外散发，且根本不管对方的感受，只是强迫对方接受……只有在第二圈能量里，能量才会集中在某个特定的对象或目标上，既给予对方又接受对方的能量，和对方有深入、真正的沟通与交流。"[5]虽然这里说的是演员之间的台词交流，但是同样可以借鉴到公众表达中来。

笔者在公众口语表达的研究与训练中，也常常强调"抵达率"问题，就是表达出来的内容有多少真正抵达了听者，并且从听者的反应中获得能量，再继续表达。我们需要思考的是声音能量的唤起、积聚和释放究竟是怎样的过程。

（一）交际目的唤起声音能量

声音是交际的载体，它承载的是表达者的表达内容，而表达内容的确定源于交际目的。明确的目的会变成心理冲动，这就是能量蓄积和释放的基础。

习近平总书记强调："在构建对外传播话语体系上下功夫，在乐于接受和易于理解上下功夫，让更多国外受众听得懂、听得进、听得明白，不断提升对外传播效果。"

"听得懂、听得进、听得明白"也是我们进行公众表达时的追求。如果一个表达者的注意力并没有集中在交际目的上,而是漂移到对舞台和听众的陌生感和担忧上,那么也就无法在交际目的牵引下讲解自己的故事和思考,也无法让听者听得懂、听得进去、产生兴趣,那么声音表达的积极程度和交际效果都会大打折扣。所有屏蔽了自己和对面的"人"的鲜活性,刻板地背稿,自说自话,或者过度关注自己的得失的行为,根源都是对交际目的的淡忘。

交际目的明确可以产生的明显作用就是活跃表达者的情绪感受和思维认知。当一个表达者特别希望将内容传递给听者,让对方有所感悟和思考的时候,自己的情绪和思维也会积极活动起来,处于兴奋和活跃的状态。

(二)内心感受和思维流动积聚声音能量

好的表达具有"非说不可"的表达愿望特征。能量蓄积到一定程度,才能产生"非说不可"的冲动。

斯坦尼斯拉夫斯基主张的"体验派"戏剧理论特别强调创作角色的演员要充分体验角色,达到"我就是"的状态。播音学也非常强调"感受"。"感受,是播音员因语言符号达于客观事物从而接受其刺激产生内心反应的过程。""感受,从文本中来,并要溶化到声音中去。""感受是播音员主观能动性的产生,不是任何播音员、任何时候都可以生成的。"[6] 努力做到"感同身受",能量才能蓄积在心中。

如果已经有现成的文本,那么从口语表达的"编码—转换—传递—动作"的过程来看,往往会因为有了稿件而缺失了"编码"过程,变成"见字出声"的念读状态。[7] 这时候能量就没有被积聚起来。所以,所有的公众表达,表达者都要做充分的心理建设和备稿工作,把准备好的内容真正化成自己想说的话。这就需要表达者面对文字稿件时,思维流动起来,充分挖掘写作背景、表达目的、字里行间的前后关联,梳理其中的情感和逻辑链条,将语言表达的心理过程变成连续的、动态的、合理的过程。甚至要做演练,要录音录像,再复听复看,发现问题,不断精进口语表达,同时也不断提升表达的自信和愿望,这是积聚能量的过程。

一般的公众发言,更多重视稿件的起草,对声音的呈现注意不够。而朗诵表演要化他人的稿件为朗诵者自己的表达愿望,就必须让表达逻辑合理连贯、情感真挚贴切,这需要做很充分的准备工作。

(三)心理带动身体释放声音能量

一般来说,积极的心理状态会指挥人的发音器官发出声音,并且会辅之以表情和动作。人们通过气息、吐字和喉部声带的控制发出声音,声音有音高、音色、音量、音长的变化,表情和动作同样会有相应的变化。

从听者一方来说，他们会依据自己不同的感官优势来接收能量。具备听觉优势的，会从声音的音高、音量、音长、音色的变化中接收能量；具备视觉优势的，会从表达者的表情和动作上接收能量。更多的人会同时通过听觉和视觉来整体接收和感受声音能量。

这里，需要区分"声音本身的力量"和"声音传递出来的能量"。比如，面对大众，热情表达并不一定要高声大喊，严厉质询也不一定都是刚硬铿锵之声。中国人讲求含蓄和内敛，使得我们更多追求声音传递出来的能量。

我们看到一些优秀的播音员和新闻发言人，看似"不动声色"，细品却是"有声有色"，他们大气自信地发出党和国家的声音。康辉在播送《新闻联播》关于中美贸易战的"国际锐评"的时候，声音不躁不乱，态度不卑不亢，语气精准，节奏稳健，尽显大国风范。

2021年《脱口秀大会第四季》的选手北大硕士鸟鸟在舞台上的声音音量并不大，平平的、弱弱的，不动声色，但是她的内容和她的声音形式匹配度很高，平淡的形式反衬出很强的文本，观众反响非常好。当有人问鸟鸟平时也这样说话吗，她说是的。她"也试过能量很高地演过，但是场子就会非常冷"。

可见，我们在讨论"声音能量"的时候，不能只单纯地看声音形式的张扬程度。往往"于无声处听惊雷"的含蓄表达，声音能量是很大的。那些"内心不够，声音来凑"的表达，无论声音的力量有多大，释放出来的能量也是有限的。

三、声音能量的抵达与交换

（一）声音能量的抵达需要分配好注意力

心理学家武志红讲道："世界的能量最好在流动之中。""科胡特认为，我们和世界的关系，无非就是自体和客体的关系。自体和客体之间活力能够自由地流动。活力能够流到自体的身上，它就能够滋养自体，他说这就叫作自信。当活力能够流到别人的身上，这就叫作热情。"[8]这里讲的热情，就是交际对方感知到并且受到影响的能量。

当面对面进行语言交际的时候，声音能量是否抵达了听众，是比较容易看到的。好比球发出去，对方是否接到，发球者能感受得到。戏剧舞台呈现演员之间的交际，对手是否能够相互激发，演员也心知肚明。在脱口秀表演中，观众的笑声、哄声等反应也是能量抵达的标志。

我们看到的不少公众发言，如果言说者对听众的关注不够，和听众的连接不够，声音表达的抵达率就比较低。在公众发言中，若想声音能量抵达听众，言说者必须有意关注，而且最好能提高敏感度。因为言说者不是将能量释放出去就完成任务了，而是必须关注能量的抵达效果，提高有效性。这从听众的呼吸、眼神、笑声、感叹声中都可以感受到。同时，听众的反应也发出了能量反馈给言说者，影响他的继续言说。好比球发出去，对方再发过来的时候，已经带有对方的反应和思路了。

不像公众发言中言说者能看见台下听众，甚至可以与之做语言和眼神的交流，朗诵者基本上是看不到听众的眼神的。朗诵更接近于舞台表演，在"规定情境"中进行表达。即便如此，朗诵者也要关注剧场的大小、所处的时代和场合、听众的反应还有自己的任务，要尽量将自己、听众和表达情境连接起来，暗中关注表达效果。

（二）声音能量的抵达需要穿越"第四堵墙"

"第四堵墙"是戏剧理论中的概念。在戏剧舞台上，除了后面和左右三面墙之外，在舞台和观众之间存在一堵透明的"墙"，即"第四堵墙"。在传统话剧表演中，演员在舞台上表演，和观众之间没有互动交际，他们在规定情境里和台上的演员进行交际，但是能量会穿越"第四堵墙"抵达台下的观众，观众会因为感同身受而欢笑或流泪。

公众发言虽不是舞台表演，但一般也有台上台下之分。有了这个空间的区隔，言说者容易躲在"第四堵墙"后面，自说自话，没有真正将能量释放出来，更不要谈抵达听众了。

优秀的表演者在吃透文本之后，能够对自己的角色进行深度认同，然后以角色该有的心理状态和语言状态与其他角色交流起来。我们的公众发言者，也同样需要和自己的言说内容、自己的角色定位以及现场听众紧密连接，明确创作目的，熟悉表达内容，关注现场听众的反应，让发出的声音和个人形象气质相匹配，和当时的语境相和谐，和言说的内容高度吻合，最终抵达听众，让听众感受到。这时，前期积聚和现场调动的能量才能穿越"第四堵墙"抵达听众的耳朵和心里，即所谓入耳入心。

在近期反响较大的脱口秀表演中，一些优秀的表演者基于自身的经历，笑对生活的苦楚，以自嘲的方式释放出巨大的能量，引发听众共鸣。这种创作的认真、反思的深刻、表达的幽默，也是值得公众表达者借鉴的。

朗诵者看似不需要突破"第四堵墙"，可以在自己的表演空间里"当众孤独"，但好的朗诵者是可以做到拿捏好现场进行表达的。在中国传媒大学主办的"齐越朗诵艺术节暨全国大学生朗诵大会"的展演舞台上，濮存昕老师在演绎作品《斧头之歌》，讲述志愿者和阿玛尼的故事的时候，听众就能感受到他与自己进行交流的姿态。对于一些非讲述类的稿件，朗诵者投入地进行表演，虽然没有交流的语态，但只要声音形式是符合作品和演员个性的，公众也能接收到他们的能量输出。无论是朗诵，还是公众发言，那些脱离内容、与场合不符的自我陶醉式的表演，只能令受众不解或尴尬。

（三）节奏是能量交换的节点与推进的关键

节奏，指的是声音的抑扬顿挫、轻重缓急的回环往复。在公众表达时，节奏把握是很多人的痛点。尤其当以言说者表达为主的时候，言说者很容易进入孤立的"一言堂"或者"自我陶醉"的状态。可是，我们的言说都是为了"听"而说的。海德格尔就曾强调语言的对话特性："人在他对语言的应答中言说。这种应答就是听。""只有当人对语言作出应答时，他才言说。"[9]

既然是为听而说，就需要增强"听者意识"，以听者为本，重视听觉逻辑，关注听者反应，将"一言堂"或者"自我陶醉"的节奏变成"对话"的节奏。这就需要注意以下三点。

首先，要以符合听觉感受的节奏言说，而不是念稿和背诵。其次，要及时捕捉听众的反应，那里可能就是言说的一个节奏点，留出一定的时空让能量充分交换。最后，听众的反应，就是对言说者能量的反馈，让言说者也获得能量，至少得到能量产生的助推器，整装继续出发，这是节奏的推进。

好的公众发言的节奏是符合听觉感受的，是能满足听众边听边想边反馈的节奏期待的。这里，理解感受力基础之上的用声表达能力就非常重要了。言说者初期要理解感受文本，要理解感受听众，要用源于生活且高于生活的声音艺术，与他们进行能量交换。好的言说者，可以从听众的反馈中获得能量，然后以更加饱满的精神去进行表达。优秀的朗诵者，凭借着坚定的舞台信念感、敏锐的体察、细腻的表达，能使能量流动起来，交换起来。

因此，现场的表达、观察、倾听、感受非常重要，表达的节奏掌握着能量交换的节点和推进的密码。

（四）"用声音握手"是能量交换的正在进行

声音能量的交换是看不见的，但是交际双方心理上有感受。就好比握手，真诚地握手是交际双方通过手的接触和眼神的交流，感受到对方的问候和示好。当然也有深情地握手和敷衍地握手之别。不同的语气也会产生不同的听觉感受，有的感受强硬不友好，有的感受生硬不自然，也有的感受舒服顺耳，有的感受深入人心。如果声音能量抵达了听者的内心，听者感受舒适并认同，就好比用声音握上了手，能量在彼此间交换起来。握得越紧，交换的能量越多。

在公众表达中，表达者与听者的关系确定至关重要。有的人习惯了居高临下，这也是一种"语气暴力"，能量会被听者坚决排斥。有的人不够自信，总是以"弱势语气"来表达，能量也容易稀疏散淡。表达者只有建立平等的交际关系，对自我有充分的接受度，对表达内容有充足的准备，对对方和环境有尽可能多的了解，对自己的表达与听者的价值有明确的认定，这个时候声音的表达才是一种自洽、自主甚至自得的状态，能量的抵达率和交换率才会很高。

对于公众表达者个人的心理状态，借用萨提亚模式中的"表里一致"来说明。"它既是一种存在状态也是一种与自我和他人进行沟通的方式。""当我们决定做出一致性反应的时候，我们想到的不是去赢得某场胜利；不是去控制他人或情境；不是保卫我们自己，或忽视他人的存在。选择的一致性意味着我们选择成为真实的自己，选择与他人进行接触沟通，并与他们建立直接的联系。我们希望能够站在一个既考虑自己，又关心他人，同时也充分意识到当前情境的角度上，对问题做出反应。"[10] 这时候，人是从容地"做自己"的，是自洽的；这时候人才能更好地发挥语言表达能力，让声音能量流动起来，甚至非常享受这个能量交换的过程。

综上所述，我们要提高声音能量的抵达与交换效率，一是要蓄积能量，要让能量释放有源源不断的源泉，这个源泉就是平时的积累和对内容的深入理解及感受。二是自我和谐，做到自洽、自主、自得，让能量释放的主体明确而笃定。三是注意适合场景，了解听者，不自我陶醉，让能量释放有明确的目标。四是表达真诚含蓄，将更多注意力放在听者的听觉效果上，关心听者需求，关注听者反应，让能量释放的载体——声音的呈现精准抵达，让能量充分交换。

注释

[1] 李宇明. 语言学的新视界：在中国传媒大学建校 70 周年校庆日人文学院座谈会上的发言 [EB/OL]. (2024-09-29)[2025-05-01]. https://mp.weixin.qq.com/s/iPfeE4ag3-N6VV_hcZGVzg.

[2] 赵俐. 语言宣言：我们关于语言的认识 [M]. 北京：中国经济出版社，2003.

[3] 鲁曙明. 沟通交际学 [M]. 北京：中国人民大学出版社，2008:29.

[4] 巴尔巴. 纸舟：戏剧人类学指南 [M]. 连幼平、范秀华、苟亚军，等，译. 北京：中国戏剧出版社，2018:57.

[5] 杨旭. 演员台词训练：英国著名演员台词训练大师帕西·罗登博格的理念与方法研究 [M]. 北京：中国戏剧出版社，2018:5.

[6] 张颂. 播音创作基础 [M].3 版. 北京：中国传媒大学出版社，2011:57.

[7] 中国传媒大学播音主持艺术学院. 播音主持语音与发声 [M]. 北京：中国传媒大学出版社，2014:18.

[8] 武志红. 是什么阻碍了你赚大钱？原生家庭如何影响着你的金钱观？[EB/OL]. (2021-05-12)[2025-05-01]. https://mp.weixin.qq.com/s/YuqF38LJZYCKFhHlqrY-mw.

[9] 周宪.20 世纪西方美学 [M]. 南京：南京大学出版社，1999:20.

[10] 萨提亚. 萨提亚家庭治疗模式 [M]. 聂晶，译. 北京：世界图书出版公司，2007:61-78.

（本文编辑　王航）

智能化多模态教学在播音主持教学中的应用与探索

雷 鸣*

摘 要： 随着智能技术的迅猛发展，智能化多模态教学在教育领域中逐渐展现出独特的优势。本文旨在探讨智能化多模态教学在播音主持教学中的综合应用，通过自适应学习系统、虚拟现实、教育机器人、数字故事讲述和信息与通信技术等多种智能化教学工具的整合与应用，提升播音主持教学的效果和学生的学习体验。本文分析了各类智能化教学工具在播音主持教学中的具体应用场景和效果。研究表明，智能化多模态教学不仅可以实现学生的个性化学习和实时反馈，还能增强教师教学互动性和多样性，为播音主持教育提供创新的教学模式和方法。本文最后提出了智能化多模态教学在播音主持教学中的应用前景和改进建议。

关键词： 智能化多模态教学；播音主持教学；自适应学习系统；虚拟现实

一、研究背景与意义

随着人工智能和信息通信技术的迅猛发展，教育领域正经历一场深刻的变革。教育领域正在迈向智能化、多模态化的新时代。云计算技术的发展，互联网速度和存储容量的提高，使信息随时随地都能获得。这一变化使得传统的教学方法逐渐被远程学习、移动学习、个性化学习、混合学习、社会协作学习和基于游戏的学习等新型学习方法所取代。[1][2][3] 信息和通信技术正在为更加自主、互动和个性化的学习创造巨大空间。通过大数据分析和人工智能算法，智能化多模态教学不仅可以加速线上和线下全面一体化的教学融合，提供沉浸式的学习体验，还可以实现个性化、互动化的教学模式。这种教学模式不仅提升了学生学习效率，还增强了教师的趣味性和互动性。

---

* 雷 鸣：长江师范学院传媒学院讲师。

智能化多模态教学在播音主持教学中的应用不仅具有重要的实践意义，还为未来教学模式的创新和发展提供了新的思路。通过对智能化多模态教学的深入研究，我们可以为播音主持教学提供更加科学、有效的教学方法，推动教学的现代化和智能化进程。目前，智能化多模态教学模式已运用在多个教学场景当中，如表1所示。其在不同教学场景的运用能够有效提升学生学习效率，丰富教师教学内容。在播音主持教学领域，传统的教学方法主要依赖于课堂讲授和实践训练，缺乏个性化和实时反馈，难以满足现代教育的需求。智能化教学工具的引入，不仅能够增强教学的互动性和多样性，还能提供个性化的学习路径和实时反馈，从而有效提升学生学习体验和教师教学效果。[4] 然而，智能化多模态教学在播音主持教学中的应用也面临一些挑战。例如，如何有效整合多种智能化教学工具，提供系统化、个性化的教学解决方案；如何在智能化教学过程中保证数据隐私和信息安全；如何培养教师掌握和应用智能化教学工具的能力。此外，技术应用中的不规范现象和教学质量的参差不齐也带来了新的问题。因此，针对智能化多模态教学的深入研究迫在眉睫。如何在实际教学中合理应用这些智能化工具，如何提升教学质量和学习效果，是我们在探索智能化多模态教学过程中亟须回答的问题。

表1 智能化多模态教学模式应用场景

教学工具	应用场景	具体功能	教学效果
自适应学习系统	个性化学习	提供个性化学习路径和即时反馈	提升学习效果，满足个性化需求
智能课堂技术	课堂互动	实时监测学生表现，增强互动	提高学生的课堂参与度和学习积极性
教育机器人	发音训练和模拟考试	进行互动对话和即时评估	提升学生的实践能力和应试水平
数字故事讲述	多媒体课程制作	制作包含图像、音频、视频的多媒体课程	丰富教学内容，丰富学习体验
信息与通信技术	交互式教学	提供移动学习和交互式白板等工具	提供灵活的学习支持，提升学生的学习效率
虚拟现实	实践训练	提供沉浸式模拟训练环境	提升学生的实际操作能力
增强现实	互动教学	增强现实内容与现实环境互动	提高学习的趣味性和互动性
人工智能助理	学习辅助	提供智能答疑和学习指导	提升学生的学习效率和自主学习能力

续表

教学工具	应用场景	具体功能	教学效果
语音识别技术	语言学习	实时语音反馈和发音纠正	提高学生的语言学习效果和发音准确性
数据分析工具	教学评估	分析学习行为数据，评估学习效果	提供数据驱动的教学改进建议

二、研究设计

所谓"智能化多模态教学"，即通过整合多种智能技术，如人工智能、虚拟现实、增强现实、大数据分析等和多模态教学工具，如交互式白板、教育机器人、移动学习应用等，构建一个能够提供个性化、互动化、多感官体验的教学环境。智能化多模态教学能够实现实时反馈、提供个性化学习路径，从而提高学生的学习效果和参与度。在以往文献中，大多数学者认为智能化多模态教学是通过结合各种先进技术手段，提供一个多样化、互动性强的教学平台，这些技术手段包括但不限于虚拟现实、增强现实、人工智能和大数据分析等。它们能够为学生提供更加直观、沉浸式的学习体验。

20世纪末至21世纪初，智能化教学工具以辅助教学为主，应用在语言学习、科学实验模拟等领域。随着技术的发展，智能化多模态教学逐渐被引入更多学科，尤其是互动性和实践性较强的学科。这一阶段的研究主要集中在技术的实现和基础设施的搭建上。

随着人工智能技术的进步，研究人员开始将智能行为模块，如智能反馈系统、语音识别和分析技术等运用在智能化多模态教学中，以提高教学的互动性和实时性。目前，有关智能化多模态教学的研究集中在探讨其在实际教学中的应用效果和存在的问题。例如，虚拟现实技术在播音主持教学中的应用，可以模拟新闻播报和采访情境，增强学生的实际操作能力。教育机器人则可以通过语音识别和即时反馈技术，帮助学生进行发音训练和模拟考试，提高其发音准确性和语言流利度。

近年来，国家也在积极推动智能化多模态教学的发展。从2019年科技部等部门发布的《关于促进文化和科技深度融合的指导意见》到2022年国务院发布的《"十四五"数字经济发展规划》，国家明确鼓励虚拟数字技术的研发与实践。

本文试图采用话语分析的方法，通过对近几年教育机构发布的智能化教学工具应用报告以及《中国智慧教育发展报告（2023）》《虚拟现实教育应用白皮书》《2023智能教育发展蓝皮书——智能技术助推教育数字化转型》《人工智能时代的高等教育白皮书》《2023—2028年教育智能交互显示市场现状与前景调研报告》等资料进行分析，结合模拟案例研究，以实践为线索，勾勒智能化多模态教学在播音主持教学中的应用现状和发展趋势，并尝试以此为依据归纳其应用效果和面临的挑战。

三、研究发现

（一）技术迭代：驱动自适应学习系统"定制—反馈—互动"的演进

智能化多模态教学在播音主持教学中的应用，根本动力是技术的不断进步和市场的迫切需求，而核心推动力则是满足个性化、互动化的教学需求。自适应学习系统是一种利用人工智能和大数据技术，根据每个学生的个体需求、学习风格和进度，动态调整教学内容和策略的教育技术。[5] 自适应学习系统的核心在于其适应性和智能化，能够为不同学生定制独特的学习体验。分析智能化多模态教学应用报告中的技术维度，发现自适应学习系统在技术迭代过程中经历了聚焦于"定制"、聚焦于"反馈"、聚焦于"互动"三个阶段（图1）。

根据Bajaj和Sharma提出的智能教育框架，适应性是现代教育环境中的基本需求。[6] 自适应学习系统的目标是定制学生的教育内容和学习路径，通过云端与虚拟教师互动，基于各种学习理论和人工智能技术生成个性化内容和学习路径。[7] 该框架强调了自适应学习系统的重要性，并提出了技术观点，重点关注自适应学习系统在智能教育中的应用。

在播音主持教学中，自适应学习系统早期的技术主要聚焦于"定制"，即根据学生的学习习惯、知识水平和学习进度，动态调整学习内容和难度，为每个学生量身定制学习计划。这种定制化的学习路径不仅提高了学生的学习效率，还能够有效地填补其知识漏洞。例如，早期的自适应学习系统通过基础的算法和数据分析，为学生提供个性化的发音训练和语言练习。系统能够根据学生的语音测试结果，推荐适合的发音练习材料，并调整练习难度，帮助学生逐步提高发音准确性和表达能力。

随着人工智能技术的发展，自适应学习系统开始聚焦于"反馈"。这一阶段，借助先进的人工智能算法和大数据分析技术，自适应学习系统能够实时监控学生的发音、语调和语言表达，提供即时的纠错和指导，帮助学生及时发现和纠正错误，增强教学的针对性和有效性。

在播音主持教学中，自适应学习系统通过语音识别和自然语言处理技术，能够实时评估学生的播音和主持表现，并提供详细的改进建议。例如，系统可以检测学生的发音偏差，并给出具体的改正方法，帮助学生快速纠正发音。

在技术的不断进步和市场需求的推动下，自适应学习系统将逐渐聚焦于"互动"。这一阶段的系统不仅能够提供定制化学习路径和实时反馈，还具备高度的互动性，能够通过多模态交互，如语音、图像、文本等与学生进行互动，提高学生学习的趣味性和参与度。

在播音主持教学中，自适应学习系统通过个性化的发音练习和语言训练、实时的发音纠正和指导，以及高度互动的教学模式，为学生提供了全面的学习支持和提升空间。

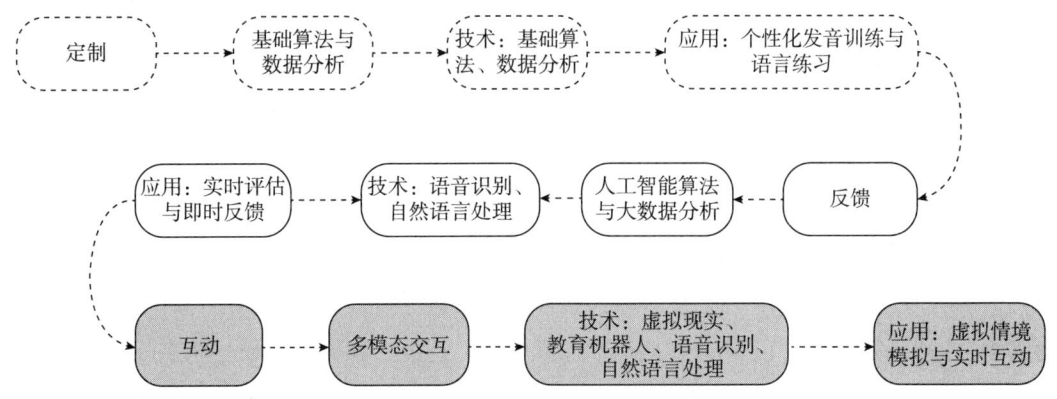

图 1　自适应学习系统发展进程

（二）场景应用：虚拟现实推动播音主持教学的"沉浸式—参与式—多感官"体验

虚拟现实（VR）技术在教育领域的应用，特别是在播音主持教学中的应用，极大地改变了传统教学模式，为学生提供了全新的学习体验。虚拟现实教学能够打造出仿真式、沉浸式的播报场景，处于不同时空的人员也可以完成"面对面"采访，这不仅有利于学生全情投入，还能有效提升播音主持专业课的教学效果。[8] 虚拟现实技术利用其沉浸式、参与式和多感官的特性，为播音主持教学提供了丰富的应用场景和巨大的潜力。

根据《虚拟现实教育应用白皮书》的预测，到2030年，智能教育市场将迎来爆发式增长，特别是虚拟现实技术在教育中的应用将成为主导力量，推动教育方式的变革和创新。这一趋势主要得益于虚拟现实技术的巨大潜力和广泛的应用场景。虚拟现实技术已经在多个教育领域得到了验证，特别是在模拟训练和情境教学中展现了其独特的优势。

互联网教育智能技术及应用国家工程研究中心张慕华老师表示，虚拟仿真教学作为一种新型教学手段赋能教育有三大优势：（1）第一视角的多维度观察：增强动机和兴趣，提升学习者主动性；（2）高沉浸性和强交互性：支持情境化学习，促进知识技能迁移；（3）社交活动中的高临场感体验：增强交流意愿，促进高效协作，提升社会情感技能。

虚拟现实技术在播音主持教学中的应用场景丰富多样。作为多模态交互升级的关键技术，虚拟现实技术可以与播音主持教学深度融合，拓展出多元化的教学方式。例如，在模拟新闻播报和采访训练中,虚拟现实技术为学生提供了沉浸式的训练环境,极大地提升了学生的实际操作能力和临场反应能力。

在此基础上,探索以虚拟现实技术为中心的沉浸式教学实践可以发现,虚拟现实技术的应用可以分为基础层、平台层、应用层三大部分,如图 2 所示。应用层主要涵盖三大应用方向:(1)沉浸式体验:提升教学效果,实现教学价值的转化和提升。虚拟现实技术通过提供沉浸式的虚拟演播室、模拟采访现场和新闻发布会等环境,使学生能够在特定的情境中进行练习,从而大幅提升教学效果。(2)参与式教学:提高学生主动性,达到提升教学质量的目的。学生在虚拟场景中进行实时练习和互动,能提高学生学习的趣味性和参与度。(3)多感官体验:提供真实环境,满足学生的多样化需求。学生在进行虚拟播音和主持练习时,可以通过虚拟现实设备获得高度逼真的视觉和听觉体验,仿佛身临其境。

在应用层的推动下,虚拟现实技术赋能平台层,大幅降低了虚拟现实教学内容的开发门槛,推动虚拟现实技术的普及。虚拟现实技术可以生成不同场景的播音主持环境,为教学内容的生成提供了多样化的工具,包括丰富的素材库、智能的编辑器以及一键生成的功能等。

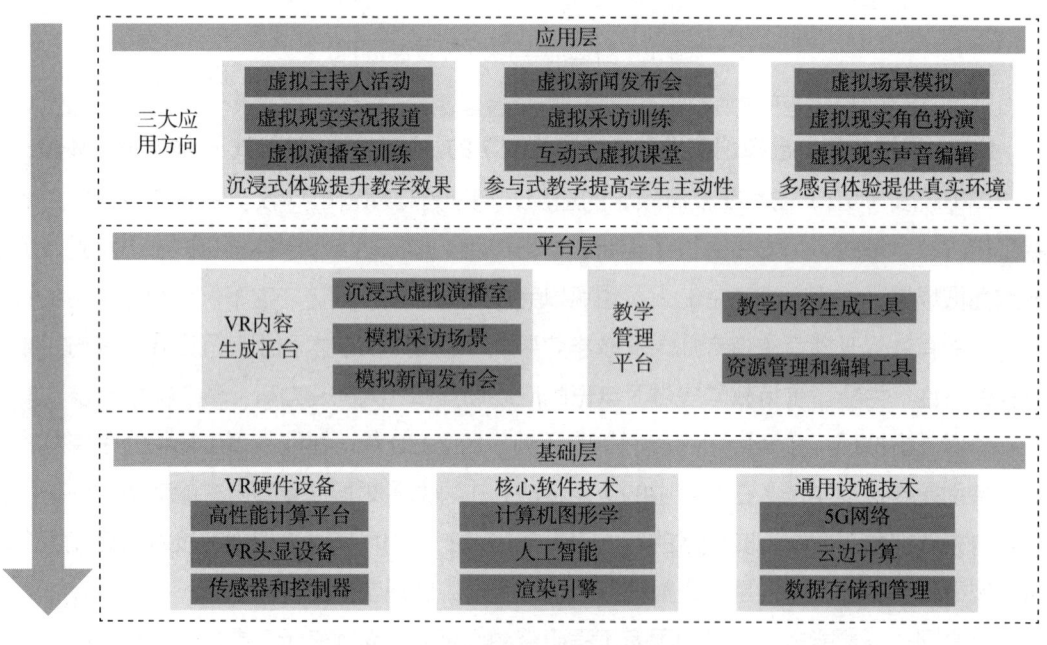

图 2　虚拟现实技术的应用

基础层的软硬件水平构成了虚拟现实技术发展的根本技术支柱。传统的计算机图形学技术与前沿的人工智能技术的融合为虚拟现实教学赋予了逼真的视觉效果和智能的交互功能。高性能计算平台和智能设备则为其提供了坚实的硬件载体,确保了虚拟现实教学在实际应用中的稳定性和高效性。例如，学校可以通过高性能计算平台和智能设备实现多班级同时进行虚拟现实教学，提高资源利用率，降低部署成本。

在应用层推动平台层和基础层发展的同时，虚拟现实技术也建构了"单一场景应用+多功能联动"或"单一功能+多技术联动"等由虚向实的联动模式。这些应用不仅能提升学生的学习体验，提升教师的教学效果，还能实现教学价值的转化。

虚拟现实技术在播音主持教学中的应用，通过其沉浸式、参与式和多感官的特性，极大地提升了教师的教学效果和学生的学习体验。在智能教育技术生态中，虚拟现实技术通过"沉浸式—参与式—多感官"的发展模式，不仅推动了教育方式的变革和创新，还为教育市场带来了巨大的潜力和机遇。

（三）政策支持：推动播音主持智能化教学的发展

随着人工智能技术的不断迭代和更新，虚拟现实技术在教育领域的应用，尤其是在播音主持教学中的应用，得到了越来越多的关注和支持。国家在智能教育和虚拟现实技术方面的政策支持，为播音主持智能化教学提供了强有力的保障和指引。

党的二十大报告明确提出"推进教育数字化，建设全民终身学习的学习型社会、学习型大国"。习近平总书记在中共中央政治局第五次集体学习时强调，教育数字化是我国开辟教育发展新赛道和塑造教育发展新优势的重要突破口。

在过去几年中，我国通过实施国家教育数字化战略行动，在数字资源建设应用、数字素养培养以及数字教育体系构建三个方面取得了显著进展。中国数字教育指数排名从全球第24位跃升至第9位，特别是在数字教育发展的比较优势方面，建成了全球最大的教育资源中心——国家智慧教育公共服务平台，实现了公共数字教育资源的规模化应用。这一平台的建设，为播音主持教学提供了丰富的数字资源和技术支持。

《5G应用"扬帆"行动计划（2021—2023年）》提出要建设"5G+智慧教育"，加快5G教学终端设备及增强现实/虚拟现实教学数字内容的研发，提升教学、管理、科研、服务等各环节的信息化能力。该政策的实施，为播音主持教学中的虚拟现实应用提供了必要的技术支持。例如，通过5G网络和虚拟现实设备，学生可以更好、更流畅地在虚拟现实环境中进行模拟新闻播报和采访训练，极大地提升了其学习的沉浸感和互动性。

《虚拟现实与行业应用融合发展行动计划（2022—2026年）》进一步提出在教育领域建设虚拟现实课堂和虚拟仿真实训基地，推进"虚拟仿真实验2.0"建设。该计划的实施，使得播音主持教学可以利用虚拟现实技术创建更加真实的虚拟教学环境，提高学生的实际操作能力和应变能力。

这些政策不仅推动了技术的快速发展和应用，也为播音主持教学模式的创新和发展提供了新的思路和方向。通过政策支持和技术应用，播音主持智能化教学将迎来更加广阔的发展前景。

四、结论与讨论

本文探讨了智能化多模态教学在播音主持教学中的应用，重点分析了自适应学习系统、虚拟现实、教育机器人、数字故事讲述以及信息与通信技术等多种智能化教学工具的整合与应用。研究结果表明，这些工具显著提升了教师的教学效果和学生的学习体验，并为播音主持智能化教学提供了创新的教学模式和方法。

自适应学习系统通过定制化的学习路径和即时反馈，帮助学生更有效地掌握播音主持专业的知识点。同时，系统根据学生的发音、语调和语言表达水平，提供个性化的发音训练和即时纠错。这种定制化的学习路径，不仅提高了学生的学习效率，还能有效填补其知识漏洞，提升他们的专业能力。

虚拟现实技术提供了沉浸式的学习体验，使播音与主持艺术专业的学生能够在虚拟环境中进行实践训练。通过模拟新闻演播室、采访现场和新闻发布会等场景，增强学生的实际操作能力和临场应变能力。教育机器人和数字故事讲述等工具，通过多感官的体验，极大地提高了播音与主持艺术专业学生的参与度和学习兴趣。教育机器人可以进行实时互动和反馈，帮助学生进行发音训练和模拟考试，提高他们的发音准确性和应试能力。数字故事讲述则通过多媒体课程制作，丰富教学内容，增强学生的学习体验。

通过整合多种智能化教学工具，教师可以更加灵活地设计和实施播音主持教学方案，提高教学质量和效率。智能化教学工具的应用，使得传统的课堂教学模式得到了创新和优化，推动了播音主持教育的现代化和智能化发展。

同时，国家在智能教育和虚拟现实技术领域的政策支持，为播音主持智能化教学提供了坚实的保障。通过实施国家教育数字化战略行动和一系列政策措施，智能化教学工具得到了广泛应用，推动了教学技术的快速发展，促进了智能化多模态教学在播音主持教学中的应用。

尽管智能化多模态教学展现了显著的优势，但也面临一些挑战。首先，技术整合和应用具有难度，教师需要具备较高的技术素养，以有效整合和应用这些工具。教师需要使用虚拟现实设备和自适应学习系统进行教学，这对他们的技术能力提出了更高的要求。其次，存在数据隐私和信息安全问题，在提供个性化学习路径和实时反馈的同时，必须保护学生的个人信息，确保数据安全。还要重视教学内容的质量和规范性，确保智能化教学内容的高质量和科学性，避免教学内容的参差不齐。最后，智能化教学工具的可持续发展也需要持续关注和研究，以确保其长期有效性和适用性，防止技术更新带来的不适应和资源浪费。

未来的研究应进一步探讨智能化教学工具在播音主持教学中的创新应用，优化智能化教学模式，研究数据隐私和信息安全的保障措施，并制订教师培训计划，提升教师对智能化教学工具的应用能力。通过持续研究和实践，不断优化和创新教学模式，智能化多模态教学将在播音主持教学中发挥重要作用，为其发展提供强大的动力和支持。

————————————

注释

[1] ERKOLLAR,OBERER.The effects of the flipped classroom approach shown in the example of a master course on management information systems[J]. The online journal of quality in higher education, 2016（3）：34–43.

[2] GÜZER,CANER.The past, present, and future of blended learning：An in-depth analysis of literature[J]. Procedia-social and behavioral sciences, 2014, 116：4596–4603.

[3] OBERER.Flipped MIS'.The mobile flipped classroom approach shown in the example of MIS courses[J]. International journal of u- and e- service, science and technology, 2016（3）：379–390.

[4] LUO.Editorial：Advances in multimodal learning：pedagogies, technologies, and analytics[J]. Frontiers in psychology, 2023, 14：1286092.

[5] DEMIR. Smart education framework[J]. Smart learning environments, 2021（1）：29.

[6] BAJAJ,SHARMA.Smart education with artificial intelligence based determination of learning styles[J]. Procedia computer science, 2018, 132：834-842.

[7] DIMITRIADOU,LANITIS.A critical evaluation, challenges, and future perspectives of using artificial intelligence and emerging technologies in smart classrooms[J]. Smart learning environments, 2023（1）：12.

[8] 程瑜, 秦雅琪. 播音主持专业虚拟教学的价值与方式 [N]. 新华日报，2024-01-26.

（本文编辑　王航）

重大体育赛事
体育展示主持人才高校培养路径研究
——以中国传媒大学播音主持艺术学院学生杭州亚运会实践为例

李元豪 *

摘 要： 杭州亚运会体育展示主持人诸多亮眼的实践表现给高校提供了新的人才培养思路。本文根据从事杭州亚运会相关岗位工作学生的深度访谈，对访谈内容进行记录和分析，结合文献阅读、观察研究、案例研究等方法，提炼出高校体育展示主持人才的素养培育路径、意识养成路径和体系构建路径，为重大体育赛事体育展示主持人才培养提供新思路。

关键词： 体育展示主持人；思政育人；国际传播；有声语言；体育精神

一、体育展示基本概述与育人现状

（一）作为育人载体的国家重大赛事体育展示

体育展示起源于 20 世纪末，最初以简单的音乐、广播、音像为手段丰富赛场体育文化展示形式，发挥体育赛事现场的娱乐属性。随着媒体和体育产业的变迁，现如今体育展示已发展为文化展示和竞赛展示两部分内容。

杭州亚运会文化展示包括涵盖亚运文化和城市文化的歌曲、宣传片、播报等音视频，灯光秀，现场表演及与观众的互动等内容。竞赛展示包括观赛礼仪、赛前仪式与赛后颁奖组织、电子记分屏显示以及比赛相关信息的发布和播报等内容。[1]

竞技体育因其赛况、赛果的不可预见性而蕴含了丰

* 李元豪：中国传媒大学播音主持艺术学院助教。

富的戏剧色彩。体育展示依托丰富的技术和呈现手段助力体育比赛转化为舞台空间，以特定的声、光、电配合增强了体育比赛进程的感染力，渲染竞赛现场氛围，增强观众的观赛体验。

以杭州亚运会为代表的国家重大赛事作为广泛的跨文化交流平台[2]，为不同国家和地区的人们创设了互动沟通的实践场景。国家重大赛事在多元文化融合交互过程中，助力打造中国与世界之间的共同文化记忆、构建中国文化形象、展示生动可爱的中国。[3]

（二）体育展示主持人培养的独特性

不同项目对于体育展示主持人的介入要求不一，需要其自身具备较高的综合素养，以此满足赛事现场各类声音内容的服务展示需求。

体育展示主持人需要具备快速的反应力、成熟的语言组织能力、高度持久的专注力、团队配合的大局观和基于观众的服务意识，以此应对赛场瞬息万变的情况。对不同国家体育文化的了解，对不同项目历史、规则的熟悉，可以帮助体育展示主持人更好地传递体育精神、展现文化自信，在表达时掌握恰切的情感分寸。熟练掌握多语种交流表达的能力和呈现多样语言表现形式的能力，有助于体育展示主持人引导观众高效理解现场信息，展现平等尊重的基本礼仪和大国风范。

体育展示主持人凭借"上帝视角"成为比赛进程的报告者，凭借"讲述者"的身份成为比赛内容的分享者，凭借"发声人"的身份成为体育文化的传播者，凭借"局内人"的感受成为体育精神的共鸣者。以国家重大体育赛事体育展示的实践为载体，体育展示主持人代表中国在世界面前展现自信昂扬的鲜活形象，在中华体育精神的引领下展现家国情怀和责任意识，成为讲好思想价值"大课堂"的主人翁。

（三）体育展示主持人培养的现状

目前我国体育展示领域的发展仍处于初级阶段，专职从业人员较少，且因为音视频、灯光、表演等展示形式需要高额的设备和人员成本支出，除政策需要及资金充足的体育竞赛外，我国大部分体育赛事还未引入高质量体育展示内容。体育展示产业仍然处于散发态势。

从体育展示主持人才供给端看，我国培养体育播音与主持艺术专业人才的高校大多开设了体育新闻播音与主持、运动项目技战术分析、体育解说与评论等课程。涉及国家重大体育赛事现场体育展示主持人多语种能力，兼顾现场播报与互动、了解并热爱体育的人才垂直培养路径还未形成体系与规模。

到 2025 年，我国将推出"100 项具有较大知名度的体育精品赛事，打造 100 个具有自主知识产权的体育竞赛表演品牌"。[4] 体育展示作为满足观众运动竞技观赏需要的重要载体，未来发展空间巨大。体育展示主持人的培养机制和标准应尽快形成体系规范，为以实践为抓手的未来传媒教育发展提供播音与主持艺术专业的有力参考。

二、20位参与者的深度访谈研究概述

2023年杭州亚运会，笔者深度参与体育展示主持工作的选拔、培训、测试赛和正赛全流程内容，对亚运会体育展示工作较为熟悉。中国传媒大学播音主持艺术学院共有20多位同学参与到杭州亚运会体育展示主持工作中，中国传媒大学成为亚运会体育展示主持工作最重要的参与高校之一。本次深度访谈，共选取了20名在各个场馆、各项赛事中担任体育展示主持人且愿意分享自身参与体验的同学作为访谈对象，年级集中在大三至研一。其中，女生11名，男生9名。访谈时长共计538分钟，采访记录约15万字。受访者的相关信息如表1所示。

表1 中国传媒大学播音主持艺术学院受访者基本情况

编号	化名	年级	性别	岗位	访谈时长
1	杜同学	大四	男	亚运会田径项目播报与现场互动	35分半
2	徐同学	研一	女	亚运会网球项目中文播报	35分半
3	李同学	大三	男	亚运会攀岩项目中文播报与现场互动	34分钟
4	陈同学	大四	男	亚运会自行车项目中文播报	29分钟
5	殷同学	大四	男	亚运会皮划艇项目中文播报	29分钟
6	刘同学	研一	女	亚运会男排项目中文播报	31分钟
7	蔡同学	大四	女	亚运会男女篮项目中文播报	25分钟
8	芮同学	大四	男	亚运会男女篮项目英文播报	25分钟
9	王同学	大四	男	亚运会铁人三项中文播报	19分钟
10	蔡同学	大四	女	亚运会足球项目英文播报	27分钟
11	童同学	大四	女	亚运会射箭及现代五项项目中文播报和现场互动	17分钟
12	秦同学	大四	女	亚运会足球项目中文播报和现场互动	31分半
13	洪同学	大四	男	亚运会足球项目英文播报和现场互动	31分半
14	李同学	大四	男	亚运会网球项目中文播报和现场互动	40分钟
15	丁同学	大四	女	亚运会赛艇、皮划艇项目中文播报	14分钟
16	张同学	大四	女	亚运会网球项目中文播报	29分钟

续表

编号	化名	年级	性别	岗位	访谈时长
17	王同学	大三	男	亚运会橄榄球项目中文播报和现场互动	31分钟
18	杨同学	大四	女	亚运会赛艇、皮划艇、净水和激流回旋项目英文播报	10分钟
19	苗同学	研一	女	亚运会橄榄球项目中文播报	14分钟
20	许同学	研二	女	亚运会竞技体操、艺术体操和蹦床项目中文播报	33分40秒

为了深入了解参与亚运会不同项目体育展示主持工作学生的感受和体验，探究学生最真实的收获，访谈内容采用半结构式访谈，主要从工作内容、专业体验收获、真实环境感受和思想获得意义等问题入手，同时根据访谈对象的具体情况进行灵活调整，有侧重地探寻访谈对象的个性化感悟。

笔者将采访内容进行分词、词频统计后，去掉高频词中的口语化和意义较小的词语，得到学生参与亚运会体育展示主持工作真实体悟的高频词，并建构词云图（图1）和饼状图（图2），进行直观呈现。之后，笔者对高频词中相应的观点进行总结整理、补充论证，总结出国家重大体育赛事高校体育展示主持人才培养的素养、意识和体系中的诸多因素。

因为杭州亚运会体育展示团队对主持人播报和现场互动能力要求较高，同学们经常身兼数职，总的来说，他们对于播报与现场互动岗位要求的感受相对一致，所以本研究不从二者技巧层面进行论述，重点对同学们在岗位上获得的综合感受进行研究分析。

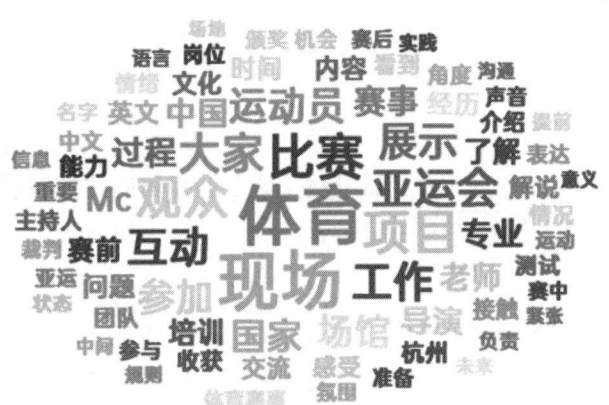

图1 学生参与亚运会体育展示主持工作真实体悟的高频词词云图

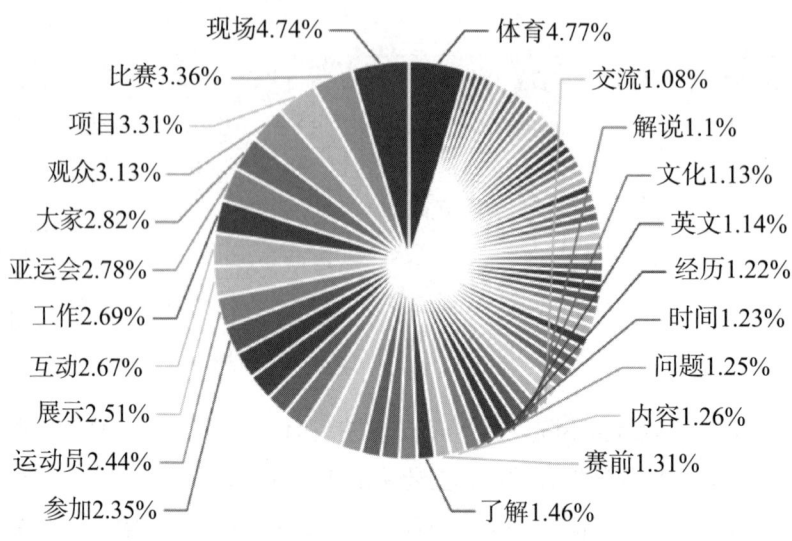

图 2　学生参与亚运会体育展示主持工作真实体悟的高频词饼状图

三、高校体育展示主持人才的素养培育路径

（一）夯实语言表达的基本能力

杭州亚运会体育展示有声语言部分基本分为英语播报、中文播报和现场互动主持三类。参与访谈的每位同学都提到了基本功、充分掌握语言能力的重要性。

中英播报作为现场的"画外音"，为观众提供赛事的各样信息。为应对复杂多变的现场情况，播报员应具备扎实的"语言功力"和较强的心理素质，以客观中立的播报态度，准确及时、高质高效的标准为基本创作目标，助力现场观众在持久集中、清晰完整、高穿透力的规范化播报中增强国家自豪感和民族文化认同感。

杭州亚运会参赛国家众多，其语言种类多样，语音语调不同，词汇和语法差别很大，运动员姓名发音要求各异。体育展示主持人在播报姓名时尤其应注意尊重每一位运动员对姓名的读法要求和个人习惯，以亲切大方、准确悦耳的播报，体现平等尊重的基本礼仪和人文关怀。

互动主持对词汇的积累、逻辑架构、表达逻辑、情绪渲染和语言组织能力要求较高。这就要求体育展示主持人在互动过程中以比赛局势、项目普及知识、相关热点和传统文化为引，适时加入情绪渲染、互动游戏等内容，将要播送的内容，"通过扩展、丰富、编码为完整的句子，清晰地表述出来"。[5] 体育展示主持人应与观众产生共鸣，以饱满的语气、激昂的情绪和恰当的语言表达节奏，让声音本质属性和有声语言的内外部技巧相匹配，实现赛场氛围的和谐融合。

（二）提高对赛事项目的熟悉程度

2023年10月1日，中国香港队在杭州亚运会男足比赛中以1比0战胜伊朗队，创造了中国香港足球的新历史。赛后，现场体育展示主持人——来自中国传媒大学的洪同学结合国庆节的文化特点和时间节点、双方球队的对阵历史，以一段充满激情又富有诗意的解说点燃了现场气氛。这段赛后的现场解说评论视频在社交媒体上收获了超2,000万的播放量，成功"出圈"。

作为从7岁开始关注足球，目前已经在互联网平台担任足球比赛长期解说工作的洪同学来说，足球运动已经成为生活的一部分。在杭州亚运会足球播报席的现场，他可以精准判断场上情况，甚至可以"提前预判"比赛走势。这些能力在他看来源于对足球运动行业、历史、背景和规则认知的熟悉。[6]

提高对所从事项目的熟悉程度，有助于体育展示主持人把握比赛走势，加强对进程趋势的判断，更好地把握有声语言的节奏和情感。提高对赛事项目的熟悉程度可以通过：认真翻阅官方规则书，明晰判罚手势，熟悉项目规则；通过亲身体验赛事项目，感受认知变化，体会运动员和观众的参与感和获得感；了解不同国家及其体育文化，熟悉运动本身的发展历史，对当下各队实力分布情况及竞赛日程进行充分的了解等实现。

（三）强化比赛现场的敏锐感知力

不确定性是竞技体育的最大魅力。以杭州亚运会男排项目为例，运动队申请判罚挑战时，体育展示主持人要根据场边第一裁判和第二裁判的判罚手势，快速反应，精准播报；提前观察运动席教练员是否需要做换人或暂停调整，准确判断播报内容。此外，还需要灵活应对比赛过程中出现的不同情况。

赛场瞬息万变的复杂环境往往会伴随未知情况出现。杭州亚运会女子百米跨栏决赛，备受瞩目的中国运动员吴艳妮因误判出现抢跑，现场观众发出带有失望情绪的"嘘声"。面对现场突发情况，体育展示主持人及时反应、迅速组织语言，以"情绪安抚＋现场情况讲解＋游戏互动"的方式让焦躁不安的赛场氛围自然过渡至赛事间歇期，引导观众从聚焦赛事现场变为参与轻松的互动，以高质量的应急情况处置能力避免了混乱场面和舆论事件。

面对高强度的赛事节奏和随时出现的不确定因素，体育展示主持人在赛事进行时需要精神高度集中，以饱满的热情、充沛的体力和全身心投入比赛的专注力做好工作准备。"绝对感觉阈限越小，即能够引起感觉所需要的刺激量越小，则感受性越大。"[7]在日常训练中，体育展示团队应该加强沟通，预演场上可能会出现的复杂情况，提高默契程度，准备充足的"语言素材库"和互动内容，做好突发事件预案计划，强化在比赛现场的敏锐感知力。

（四）结合优秀文化的创新形式表达

杭州亚运会的诸多文化元素和科技、时代的有机结合，鲜活反映了东道主优秀的历史文化传承。习近平总书记在文化传承发展座谈会上指出："中国文化源远流长，中华文明博大精深。只有全面深入了解中华文明的历史，才能更有效地推动中华优秀传统文化创造性转化、创新性发展，更有力地推进中国特色社会主义文化建设，建设中华民族现代文明。"[8]

亚运会赛场上的有声语言让源远流长的中华文化有了新鲜的表现形式，更让杭州的城市底蕴和文化魅力在传播中实现时代内涵的外显。中秋节作为中国的传统节日，被赋予圆满吉庆、阖家团圆之意。在中秋节当天的"大莲花"田径比赛中，体育展示主持人带领全场观众齐声朗诵我国宋朝诗人苏轼的《水调歌头》，让观众在赛事现场感受中秋团聚、丰收、富足的美好祝愿，体验"中国式浪漫"的创新性表达。国庆当天，杭州奥体中心"小莲花"馆，体育展示主持人带领全场高声朗诵《少年中国说》，让全场沉浸在强烈的民族自豪感和家国责任感氛围中，于无形中加深了大家对祖国的认知和认同。在足球赛场，两位体育展示主持人装扮成"许仙"和"白娘子"，以具有代表性的传统文化符号表演流行歌曲《特别的爱给特别的你》，用"活化"的方式，展现文化的"松弛感"，实现传统文化的新鲜表达。

深厚文化、大国气质和江南韵味在杭州亚运会期间以多样的艺术形式充分展现。体育展示主持人要深挖中华文明的文化价值，以文化唤醒观众的情感共鸣，在跨文化传播中努力实现中华文化的传播，在守正创新中构筑中华文化新气象、激扬中华文明新活力。

四、高校体育展示主持人才的意识养成路径

（一）依托中华体育精神的引领

中华体育精神是中国精神的重要组成部分。习近平总书记指出："广大体育工作者在长期实践中总结出的以'为国争光、无私奉献、科学求实、遵纪守法、团结协作、顽强拼搏'为主要内容的中华体育精神来之不易，弥足珍贵，要继承创新、发扬光大。"[9]

中国体育健儿在赛场上以优异的成绩和昂扬的精神风貌，身体力行传承和弘扬中华体育精神；以奋进争先的精神特质，激发观众深厚的家国情怀和爱国主义热情，为观众带来满足感和愉悦感。体育展示主持人身处赛事现场，以匹配的情感浓度和语言表达将运动员实践中的中华体育精神传递给观众，让运动员和观众的情感紧紧相连，带领现场进入"命运共同体"的沉浸式体验，引导现场观众用声音和动作将内心的情感能量外显，深刻感悟运动员成

绩背后所展现出来的精神品质和动人故事内核，展现运动员为国争光的强大动力。

中华体育精神意识的养成非一日之功，这需要体育展示主持人做到：在日常生活中与体育建立关系，生发联系，内化于心；感受运动员的精神风采，思考体育的内核意义，在鲜明感人的中国体育故事中，将中华体育精神融入与"我"有关的意识内核，成为参与者、实践者；以国家重大体育赛事为契机，用积极向上、阳光自信的传媒风采，讲好中国体育故事，向世界传递热爱和平、追求正义的中华体育精神。[10]

（二）紧跟有声语言艺术的追求

面对赛场多种有声语言使用要求和表现场景，体育展示主持人要深入理解稿件，在此基础之上区分不同文本的内在深意：文化类内容"亚运美学"所包含的审美追求和民族精神；说明类内容"竞赛基本信息"所需要的讲述普及和规范庄重；服务类内容"观众服务信息"应体现的对象明晰和亲切大气；竞赛类内容"比赛内容播报"要呈现得准确及时和客观公正；仪式类内容"颁奖仪式播报"要表达得认同赞扬和激情共鸣等。在深入感受不同稿件的创作意图后，体育展示主持人要努力做到"恰切的思想感情与尽可能完美的语言技巧的统一，达到体裁风格与声音形式的统一，准确、鲜明、生动地表达出语言文化的精神实质"。[11]在充分考虑逻辑脉络、语言架构、内容设计和情绪灌注的前提下，现场互动应该让观众感受到语言的魅力、情绪的变化以及声音中的人文关怀。

体育展示主持人作为国家重大赛事的现场发声者，其创作的有声语言内容，会深刻影响信息的传播效果和现场氛围的营造情况。作为国家形象的代表之一，体育展示主持人应以高质量的有声语言传播努力发挥语言的文化传承和精神塑造的功能，彰显中华民族的优良传统和精神气质，最终达到信息共享、认知共识、愉悦共鸣的有声语言追求。

（三）矢志"小我"融入"大我"的担当

2019年1月，习近平总书记在南开大学考察时勉励广大师生："只有把小我融入大我，才会有海一样的胸怀，山一样的崇高。"[12]密集的赛程和繁重的工作任务，考验体育展示团队各工种的协作能力。体育展示主持人要将个人追求融入团队集体的共同追求之中，敢于担当责任，以优秀的有声语言表达能力助力团队高质量完成体育展示任务。

在杭州亚运会搭建的空间场景中，体育展示主持人真切感受家国情怀和国家荣誉感的浓厚氛围，沉浸于国家重大体育赛事所呈现的社会"大课堂"情境。校园"小课堂"所讲授的知识得以生发真实体验，帮助体育展示主持人不断丰富主体性认知，自觉将个人理想统一于爱国情、强国志中，以"小我"之身担"大我"之责，达到知行合一的思政价值观培育目标，以饱满的精神状态和家国意识投入体育展示主持工作中。

国家重大体育赛事体育展示作为高校培育和弘扬社会主义核心价值观、落实立德树人的崭新场景，助力学生在有声语言"实践中承担社会责任、提升人生境界"[13]，其本身蕴含的中华体育精神和中华优秀传统文化基因会成为新时代思想政治教育的重要载体。

（四）担当国际传播桥梁的使命

杭州亚运会作为国际体育文化交往的盛会，是中国向世界展示国家综合实力、传播民族文化内涵、塑造和提升国家形象的重要窗口。

体育展示主持人在赛场多个环节承担着与外宾的沟通任务。开赛前，体育展示主持人需要与运动员和技术官员确认姓名读音。面对面交流的亲切松弛状态、高水平外语交流能力、耐心的语言表达能力和眼神肢体的友好互动会让沟通更顺畅。非语言信号中蕴含的情感温度在同一时空中伴随高素养的礼仪文化展现中华文化的底蕴和精神。

杭州亚运会恰逢国庆节以及中国传统节日中秋节。体育展示主持人在表达中加入中华优秀传统文化中的诗词、歌曲和感性表达，以实际行动讲好中国故事，最大程度提升受众的在场感。"软性传播有助于跨越意识形态和文化差异的障碍，让海外受众更易于理解和接受，也更能激发海外受众的情感共鸣。"[14]

在国家重大体育赛事中，体育展示主持人应主动帮助外宾了解、感知中国文化的博大精深和源远流长的历史脉络，发挥桥梁纽带作用；以中国青年的朝气、自信和活力，向世界展现可信、可爱、可敬的中国形象，增强国际传播的影响力。[15]

五、高校体育展示主持人才培养体系的构建路径

（一）确立思政育人的培养目标架构

"课程思政"是新时代我国课程建设发展的"革命"，是立足我国本土教育实践、推动课程改革的中国视野和中国话语。[16]杭州亚运会是党的二十大以来我国举办的规模最大、水平最高的国际综合性体育赛事。这个跨文化体验和交流互鉴的平台向世界展现了运动员顽强拼搏、超越梦想的不屈意志和坚定信念，展现了杭州的文化故事和具有现代科技特征的时代风采，承载着人类对和平、团结、包容的共同期许和美好向往。

国家重大体育赛事以体育为媒介，实现立德树人的润物无声，真正寓价值引领于文明交流互鉴的鲜活场景中，延伸了社会"大思政课"的创新实践意义；有助于引导学生"深刻理解重大国际性赛会的世界意义和时代价值，自觉成为全人类共同价值的积极弘扬者和践行者，将爱国之情和奋斗之志内化于心、外化于行"。[17]

体育展示主持人的培养不能脱离国家重大体育赛事的育人空间。赛事现场浓厚的爱国主

义氛围突破了校园课堂的时空局限，让学生在真实的社会服务场景下丈量专业边界，在实践中"用眼睛发现中国精神，用耳朵倾听人民呼声，用内心感应时代脉搏"，[18] 以此培育青年学生堪当民族复兴大任的担当意识，让学生以国际视野和博大胸怀迎接未来挑战。

（二）锚定专业实践的培养训练方式

"'实践思政'是将抽象的理论知识具象化、生动化、实效化的最佳途径。"[19] 体育展示主持人所需要具备的素养较为综合。除个人能力之外，影响传播效果的因素很多。

体育展示主持人的能力培养对流程设置和硬件设施等要求较高。国家重大体育赛事体育展示工作流程和内容相对规范，通过赛前集中培训、测试赛等形式帮助体育展示主持人建立岗位认知、加深家国意识，更好地理解岗位职责和赛事规则背景。

国家重大体育赛事体育展示是在团队配合和协调统一中完成的，这要求体育展示主持人不仅要完成自身职责，也要在团队中培养与他人协作的能力，在集体中发挥自身"展示窗口"的作用。在实践中，体育展示主持人通过解决各种问题，提高自己的综合能力，获得专业意识、集体意识和社会责任感的具象化感悟。

当然，由于体育展示的实践场景不断丰富，体育展示主持人的有声语言表达还有更多探索的空间。目前已有的选拔标准、培训模式和实践路径并不完善，未来我们还应该通过开设体育展示主持相关课程、搭建多元赛事业界实践合作基地以及开展个体与赛事官方项目联合培养等形式，让体育展示主持人的培养更为规范、系统、有效。

（三）实现社会服务的人才培育效能

在国家重大体育赛事的场景中，体育展示主持人作为连接赛事内容和现场观众的纽带，让观众在体育本身所营造的激情氛围中获得更多体验，更直观地感悟体育运动所蕴含的精神，提升体育运动对大众的吸引力、影响力和认同感。

体育展示主持人是赛会共同体中较为特殊的一员，在实现文化和精神价值的传递中发挥着积极的作用。其形象和风采成为国家形象的重要组成部分，甚至被赋予国家形象的隐喻和象征。作为体育文化沟通的使者，体育展示主持人在与外宾交流的过程中，以生动的中国故事和具有中文底蕴和魅力的中国声音，交流认知，拓展视角，传递人与人之间最本真的情感，完成多元文化互鉴的服务功能。

国家重大体育赛事为跨文化交流提供了宝贵的机遇，更是青年实现社会服务的真实实践场景。体育展示主持人在服务的真实场景中感受自我与国家的关系，激发自身主观能动性和内生动力，内化使命责任，以热情、积极的服务意识，提供中国青年的行动方案，提升人才培育的效能。

注释

[1] 李伯冉，陈悦佳，毕嘉豪.仪式观视角下播音主持人才培养审视：以杭州第19届亚运会体育展示主持为例[J].中国广播电视学刊，2024（1）：67-69，73.

[2] 游淳惠，陈慧.大型体育赛事对城市文化资本的建构：以杭州筹办亚运会为例[J].未来传播，2023（4）：80-90.

[3] 王益莉.杭州亚运会的国际传播创新实践及其启示[J].对外传播，2023（11）：30-33.

[4] 国务院办公厅.国务院办公厅关于加快发展体育竞赛表演产业的指导意见[EB/OL].（2018-12-11）[2024-01-14].https://www.gov.cn/gongbao/content/2019/content_5355470.htm.

[5] 鲁景超.口语表达与语言功力[J].现代传播（北京广播学院学报），1996（2）：84-86.

[6] 2024年4月，笔者根据参与杭州亚运会体育展示工作同学的采访内容整理.

[7] 彭聃龄.普通心理学[M].4版.北京：北京师范大学出版社，2012：96.

[8] 习近平.在文化传承发展座谈会上的讲话[N].新华每日电讯，2023-09-01（1）.

[9] 书写奥运华章 创造新的辉煌[N].人民日报，2021-08-09（1）.

[10] 李兵，王茹月，王月华.文化自信自强视域下中华体育精神的价值逻辑、困境探赜与实践方略[J].沈阳体育学院学报，2024（2）：124-130.

[11] 中国传媒大学播音主持艺术学院.播音主持创作基础[M].北京：中国传媒大学出版社，2015：1-4.

[12] 刘茜，陈建强，蓝芳.小我融入大我 与党同向同行[N].光明日报，2021-07-08（5）.

[13] 李济沅.重大国际性赛会志愿服务的育人功能及实现路径探究：以杭州亚运会为例[J].青年学报，2023（5）：76-82.

[14] 王益莉.杭州亚运会的国际传播创新实践及其启示[J].对外传播，2023（11）：30-33.

[15] 刘滢，冉育华.共情传播视域下中国核心术语国际影响力提升新思考[J].对外传播，2023（6）：31-34.

[16] 聂迎娉，傅安洲.课程思政：大学通识教育改革新视角[J].大学教育科学，2018（5）：38-43.

[17] 高德毅，宗爱东.从思政课程到课程思政：从战略高度构建高校思想政治教育课程体系[J].中国高等教育，2017（1）：43-46.

[18] 争做堪当民族复兴重任的时代新人[N].人民日报，2022-04-26（2）.

[19] 杨巧蓉."真善美"三维推进大中小学思想政治教育一体化建设的内涵、意义与路径[J].北京教育学院学报，2024（5）：72-78.

（本文编辑　林阳）

业务探讨：
技术赋能与人文价值

由内部言语
论口语传播文本的创作环节

徐 力*

摘 要： 本论文依托维果茨基和鲁利亚等人提出的"内部言语"概念，根据内部言语由形成到转化为外部言语的过程，将口语传播文本的创作分为内部言语的产生、内部言语的整理、内部言语的转化、外部言语的表达四个环节，对四个环节所涉及的内部结构、机制进行了说明，希望能据此为口语表达创作搭建过程框架，为广播、电视、新媒体中的口语表达创作以及高校中的专业教学提供支持。

关键词： 内部言语；口语传播；文本创作

一、问题的提出

口语传播是指以有声语言为主要手段，结合副语言实现信息流动的实践活动。它既涵盖日常生活中的人际交流，又包括大众传播中的各种播音主持创作活动。与文字传播、音响传播、图像传播等以其他符号系统为主要手段的传播活动相较，口语传播呈现如下特征：（1）口语传播可以不借助任何外部工具，仅凭人体自身器官和肢体完成传播；（2）口语传播具备文字传播明确表达方面的优势，同时又不像文字传播那样需要与图像传播竞争受众的视觉通路，因此在弥补图像传播的模糊性方面，比文字传播更合适。正因如此，随着人类交流活动日趋频繁，媒体技术日趋发达，口语日益成为传播活动中重要的沟通手段，人们对掌握口语创作技艺的要求日渐高涨。

为了满足这种需求，高校和商业机构纷纷开展了口语方面的培训业务。该培训业务不仅面向成年人，也面向发音器官、语言认知尚在成长和提

* 徐 力：中国传媒大学播音主持艺术学院口语传播系主任、副教授。

升中的青少年；不仅面向普通职场中的工作者，还面向广播、电视、新媒体中的播音员、主持人。大量口语培训业务的兴起对改变我国传统"重文轻语"的观念是有所助益的。但是，构成教育的基本要素除了教育者和受教育者外，还包括教育措施，即教育的内容和手段。[1] 当前高校和商业机构的口语培训在教育内容和手段方面存在严重不足。这主要表现在：（1）市场上尚无公认的关于口语创作的权威系统的教材；（2）口语训练的方法相对零散，甚至不同的培训单位和教育者之间存在迥异甚至相冲突的训练方法。可见，当前在口语传播研究方面，亟须对口语教育的内容和口语训练的方法进行全面系统的梳理，避免口语教育的混乱失序，有效提升口语培训的效果和效率。从实用的角度讲，当前最需要理清的内容应该是对口语创作实践具有直接指导价值的知识。其中，口语创作活动的过程是什么样的，中间有哪些环节，各环节又涉及哪些要素，显然是重中之重。毕竟，只有明确了口语创作活动到底经过了什么样的过程，才能谈及优质创作技艺的问题，才能根据不同环节、不同要素设计相应的训练方法和手段。

当前，围绕口语创作活动，传播学、语言学、社会学、文学、心理学等不同学科均进行了关照和研究。但是本文拟立足于播音主持艺术学的视角，在该学科对有声语言创作进行的系统的研究成果基础上，探索口语创作的基本流程、环节和步骤。

二、播音学领域相关的研究传统和研究现状

播音主持艺术学是研究大众传播中有声语言创作活动及其规律的学科。在国际上，该领域的研究散见于传播学、新闻学、社会学、心理学、语言学等各学科之中。在我国，由于实践上的需要，自1923年中国第一座广播电台设立始，便有学者对播音活动进行研究。其中包括赵元任、陈沅、赵演、徐朗秋等。同时，在解放区，人民广播的播音员，如梅益、徐迈进、温济泽等，在日常实践中不断总结，摸索播音活动的规律。总体来讲，当时研究的关注点集中在播音员的基本素养和播音的基本技巧与注意事项方面。但是由于缺乏相关理论的指导，这些研究存在片面、模糊、普适性弱的问题。新中国成立后，我国对播音活动的研究有了长足的发展。这首先得益于当时广播领域的管理者和播音员比较注重播音活动的价值和业务经验方面的提炼，如梅益、左荧等人的研究明确了播音的性质、地位和作用，将播音界定为一种语言艺术活动，需要研究"播给谁听""播些什么""为什么播讲""怎样播讲"的问题（左荧，1955）；齐越、夏青、徐恒、李冰、张洛等人的研究则深入探索了播音活动的创作规律和技巧，并形成了《苏联播音经验汇编》（黄皮书）、《播音业务》（白皮书）、《全国播音经验汇辑》（蓝皮书）等早期播音理论的经典文献。同时，播音活动的研究者还积极从国外相关研究中寻求理论基础，比如齐越和崔玉陵翻译引入了演员符·阿克肖诺夫所撰写的

《朗诵艺术》。该著作将有声语言艺术的创作建基于斯坦尼斯拉夫斯基的表演理论之上，直接影响了我国播音艺术创作的理念和传统。徐恒在撰写《播音发声学》时则以范·登·伯格在 1959 年提出的空气动力学发声理论为基础。其后，以这两大理论为基础，我国播音理论研究者总结出"理解稿件—具体感受—形之于声—及于受众"的创作道路，并围绕创作道路上的各个环节发展了相关的知识和技巧，有效地指导了广播电视领域中的播音主持创作实践。以这条创作道路为中心，在更宏观的层面上探讨播音活动的本质、结构、美学风格、创作原则、类别、发展历史及其与社会系统其他要素间的互动影响，在更微观的层面上探讨不同节目类型中特定的播音主持形态特征，便构成了播音主持艺术学的核心理论体系。当前，该理论体系是全国高校各相关专业向学生教授的主要内容。受形成年代所限，该体系中围绕"有稿播音创作"的知识、技巧较为丰富，围绕"无稿播音创作"的知识、技巧相对较少，需要我们继续开拓和填补。

播音学理论从对语言的组织和转化上，将播音活动划分为有稿播音和无稿播音。早期的播音研究主要是围绕有稿播音进行的。无稿播音的相关概念和研究内容则是在 20 世纪 90 年代初提出的。毕一鸣首先在正式文献中结合"有稿播音"和"无稿播音"的概念区分了广播电视媒体中两种不同的有声语言传播手段"广播朗读"与"广播演讲"，指出"在传统的播音方式之外，还存在着另外一种有声语言的表现形式，它是不依赖于文字稿件的"（毕一鸣，1992）。其后，鲁景超在讨论口语相较于书面语特点的基础上，探讨口语表达的过程，指出其是"从内部言语向外部言语的转化"，并针对该过程提出广播电视口语创作的要求，包括组织内部言语的能力、组合语言的能力以及表情达意和调节、整理语言的能力（鲁景超，1993）。吴郁则聚焦口语在大众传播实践中的具体形态——主持人即兴口语，提出这种广播电视中的口语创作与日常口语不同，是"汲取书面语的精粹口语""强调规范化的大众口语""讲究艺术性的宣传口语""富于个性的正式口语""应对得体的机智口语"（吴郁，1995）。张颂从话语状态、话语依据、话语权力的角度分析了"即兴话语""转述话语""有稿播音""无稿播音"在现代传播活动中有机结合、互相融合的辩证关系（张颂，2001）。经过上述学者的研究，播音学理论研究中关于无稿播音的概念、创作过程和要求、作为大众传播中口语传播形态的特点以及与有稿播音相互关系的讨论基本上形成了较为明晰的轮廓。

进入 21 世纪，学者们对口语创作的过程和规律进行了更为深入的研究。其中较具代表性的著作包括鲁景超的《广播电视即兴口语表达》和应天常的《节目主持语用学》。《广播电视即兴口语表达》是国内较早对该方面进行系统论述的专著。鲁景超将口语表达的过程分为：（1）内部言语阶段；（2）扩展、编码阶段；（3）传送、反馈阶段。在内部言语阶段，思考说话动机、愿望的过程便是组织内部言语的过程，在该阶段要完成说话内容的轮廓、主题词语或"一些语点";在扩展、编码阶段，内部言语转换成外部言语，简略粗疏的信息点被扩展、丰富，编码为完整的句子，语意被清晰地表述出来；在传送、反馈阶段，说者借助发音器官将信息传送出去，听者感知、理解信息，并做出相应的反应，然后说者根据听者的反应对语量、语调、内容等进行调节。《节目主持语用学》借鉴语用学理论对节目主持人口语创作过程中的角色、修辞、策略以及实践现象进行了讨论和解读，但对口语创作过程的整体分析并不多。

在此之后，播音学领域对口语方面的研究呈现两方面特点：（1）关注创作过程的研究较少，关注训练方法和手段的研究较多；（2）关注实操环节的研究较少，关注属性特征的研究较多。这使得关于口语创作过程和规律的研究在近些年进展缓慢，直接影响了与之相关的实践和教学工作。本研究拟对口语表达过程进行更深入的探究，为口语创作实践和业务分析提供有用的框架。

三、口语传播文本创作的环节步骤

鲁景超在其理论中提到了内部言语的概念。所谓内部言语，是指人类对自身发出的、进行思维或筹划行动时的非交际性言语。[2] 该概念由苏联心理学者维果茨基和鲁利亚等人提出，被认为是主观心理意识和外部言语表现之间非常重要的中间环节。与日常的外部言语相比，内部言语的呈现不仅包括概念符号，还包括各种感觉表象。正如当某人被问及"早餐吃了什么"时，其头脑中可能产生的并不仅是"油条"的文字或语音，还有油条的"视觉图像"。这种混杂着自然语言和感觉表象的内部言语便是由人们欲表达的内容向人们脱口表达的言语的过渡。其间，自然语言的比重越来越大，感觉表象逐渐被自然语言"表达"，比重越来越小，在某个时刻内部言语全部由自然语言构成，则该时刻的内部言语可以被称为"完备的腹稿"。其后，"完备的腹稿"经由人体发声系统的运动转化为口语，便完成了单次口语的创作。从该角度讲，口语创作的过程又可以被视为内部言语产生、逐渐清晰、腹稿形成以及腹稿向有声语言变换的过程。因此，根据内部言语在口语创作过程中的变化，口语创作过程可被分为"三内一外"四个环节，即内部言语的产生、内部言语的整理、内部言语的转化、外部言语的表达。

（一）内部言语的产生

众多研究都指出内部言语的产生与讲话者的动机有关。如果将口语创作视为一种行为，其必然会受到动机的驱使。但是，动机并非内部言语产生的唯一因素或根本原因，语境、焦点、思维系统和复杂互动的需要，刺激了内部言语的产生。

语境是讲话者进行口语创作的外部环境，通常分为上下文语境、情景语境和民族文化传统语境。[3] 对于口语创作来讲，语境中蕴含了多层面的依据和限制，主要涉及：（1）认知层面，比如上下文提供的信息会影响该处信息的理解；（2）物质层面，比如环境中的噪声干扰、媒介平台仅输出音频信号还是兼顾视频和音频信号的输出等，都会影响讲话者的表达；（3）社会层面，比如面对什么样的受众、不同角色间的交际规则、人们普遍认同的审美标准等，同样会限制口语创作。

焦点是讲话者在语境中注意到的各种经验材料。这些经验材料诉诸人的各种感官。但是人们对环境的观察不可能面面俱到，总会将感官集中于环境的某些细节上。因此这些经验材料并不包含关于环境的全部信息。由于主观或偶然的因素，不同的讲话者可能会捕获环境中不同局部的经验材料。

思维系统是人们头脑中储备的概念以及概念间关系构成的网络。约翰·格林在行为集合理论中指出，个体具备内容知识和程序知识，这些知识使个体能够将各种可能的行为"集合成库"，并且在适当的情境和目标驱动中选择相应的实操行为。[4] 实际上，内容知识可以理解为人们头脑中各种概念的内涵、外延、属性、特征、结构等方面的知识，程序知识则是人们以理解的概念与概念间关系为基础，推导形成的行为序列的知识。需要强调的是，此处涉及的思维系统并不仅是由抽象的语言符号构成，还包括诉诸感官的经验。

需要是人与生俱来的属性特征，是人各种行为的内在根源。马斯洛将人的需要分成七个层次，包括生理需要、安全需要、归属与爱的需要、自尊需要、认知需要、审美需要和自我实现的需要。由因饥饿开口乞食，到因对爱的需要开口表白，再到因追求认可开口演讲或说服，不同层次的需要都可以助推口语行为的产生。

在特定的情境中，讲话者内部言语的形成可能会经过三个环节。首先，讲话者在语境中收集各种经验材料，又在头脑中调度思维系统中的各种概念和经验，对语境及语境中收集的经验材料进行比对，形成对环境及焦点的各种判断（比如明确何时、何地、何媒介平台、在何种氛围下遇到何人）。其次，这些判断在需要的推动下，经过思维系统中的认识和推理，形成动机目标（比如基于对时空、受众、氛围、传播规则等方面的认知理解，结合内在需要，明确是否要说话，说话的目的是什么）。最后，当口语表达被包含在即将实施的行为组合中时，思维系统再次提供知识和经验，指导讲话者说哪些内容可以实现动机目标（比如在明确说话目的的前提下，结合对语境、规则、受众的认知理解，在头脑中隐约呈现欲表达的内容）。当讲话者的头脑中浮现表达内容时，内部言语便逐渐形成，只是此时的内部言语是散乱的、模糊的，且多以感觉表象呈现（见图1）。

在此过程中，思维系统在三个环节中均发挥了重要的作用。这再次说明思维对于口语传播者的重要价值。口语传播中的不同视角，往往源于讲话者对思维系统中的概念进行了不同维度的界定。当然，可能还有人会认为，情感在内部言语形成的过程中同样发挥作用，但是本文认为，情感在内部言语形成过程中或者是发挥催化作用，或者是发挥干扰作用，并未发挥根本的作用，且根据心理学的相关知识，情感是由讲话者对语境及其经验材料的判断刺激产生的。因此，暂未将情感纳入内部言语形成的系统中。

由语境、焦点、思维系统、需要的相互作用到内部言语的形成往往只是瞬间，但对该过程进行细致分解，对矫正口语交际的不良习惯、指导提升口语传播水平还是有帮助的。

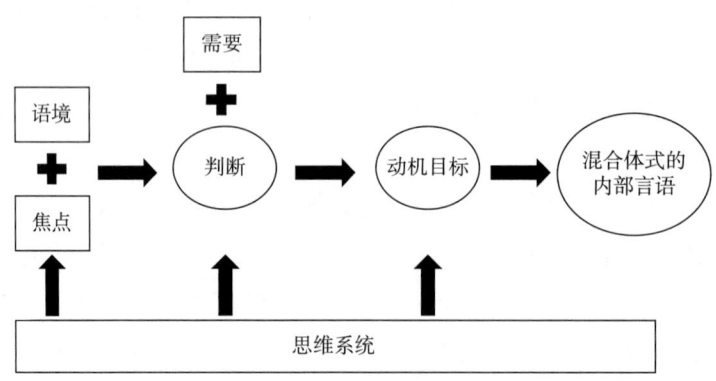

图 1　内部言语的产生

（二）内部言语的整理

内部言语由混沌的、无序的、散乱的状态向清晰的、有序的、整合的状态转变的过程是内部言语的整理环节。在该环节中，讲话者在思维系统的支持下对刚刚形成的内部言语进行加工，其间步骤包括聚焦、拣选、排序三部分（见图 2）。

聚焦是指讲话者对目标动机激发的各种内部言语进行处理，逐渐形成若干"小主题"，通俗地讲，即信息点。由经验来看，信息点的形成可能会经过不同的路径。当讲话者的内部言语尚处于浑然模糊的状态时，信息点可能源于讲话者对既有内部言语中各种符号、表象共性的提炼和归类，比如当被恋人问及"你到底喜欢我哪里"时，讲话者头脑中可能会浮现各种涉及恋人日常可爱之处的符号和表象。对这些符号和表象提炼归类后，讲话者会回答说，"我喜欢你的 XX，XX 和 XX"；如果讲话者无法对这些符号和表象进行归类，他或许会回答说，"说不清，我只知道我喜欢你"。信息点还可能源于思维系统中事物既有模式框架的指导，比如当向别人介绍蚂蚁的形态时，讲话者自然会按照曾经学过的"头、胸、腹"结构设定相关信息点进行表达。

当讲话者通过聚焦形成了若干信息点后，还会重新审视动机目标，结合语境，根据思维系统中的知识和经验，判断信息点是否完备，是否都适合在当前的语境中传递，是否冗余，然后对信息点进行增删。这样的过程便是拣选。通常情况下，动机目标是拣选的最大标准。同时拣选受社会文化的影响比较大。社会角色间的交际规则和交流禁忌都会影响信息点的拣选。

由于口语传播是线性的过程，因此当信息点基本确定后，需要按照前后次序排列，该过程便是排序。排序的成果是讲话者在口语传播中的脚本。古往今来大量的口语传播文本提供了许多相对稳定的表达脚本，比如当讲话者描述其工作的一天时，会按照"早、中、晚"的次序进行；当讲话者描述其办公室时，会按照"前、后、左、右、上、下"的次序进行；当讲话者提供某问题的解决方案时，会按照"提出问题、分析问题、解决问题"的次序进行；当讲话者做演讲时，会按照"总、分、总"的次序进行。但是在实践中，脚本的设计不必因循既有脚本的窠臼，脚本设计是口语创作中的重要组成部分。

经过上述步骤的处理，内部言语由自然语言、表象的混合体逐渐转化为一种带有信息点及其相互关系和次序的框架。通俗地讲，即讲话者获得了口语传播的大纲。在日常生活中，有些讲话者在口语交流中经常会忽略整理的步骤，造成"想到了什么便说什么""说话不过脑"的现象；对于大众媒体的口语传播，因其肩负着重要的责任，内部言语的整理则是不可或缺的。

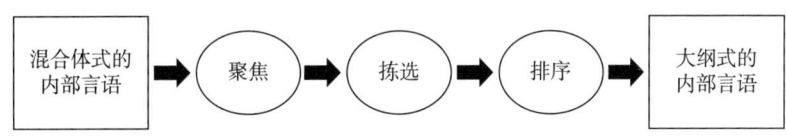

图2 内部言语的整理

（三）内部言语的转化

内部言语的转化，是讲话者根据欲表达的信息点和大纲，逐渐将自然语言、表象构成的内部言语完全转化为自然语言的过程。在该环节中，讲话者对内部言语的处理需要经过表达设计和转码两个部分。（见图3）

所谓表达设计，是指关于欲表达的某信息点，讲话者将以什么样的方式对其进行呈现。即使在口语传播的范畴里，呈现的方式也有多种选择。大部分信息点需要用口语符号呈现，但是并不排除有些信息点可以仅用表情、手势等肢体语言呈现。即使确定通过口语符号呈现，针对某特定的概念，也可以选择以直接陈述的方式或者通过诉诸感官的替代物呈现。比如当讲话者向恋人表达"爱"时，他既可以用"我爱你"这种直接陈述的方式表达，又可以用"我愿守在你的窗下，看着你进入梦乡时微微翘起的嘴唇，像长着翅膀的小鸟，飞进我的心田"这种诉诸浪漫视觉图景的方式进行呈现。除了上述分类，信息点的表达还可以通过其他方式。美国威斯康星大学传播艺术系教授斯蒂文·卢卡斯在介绍演讲技巧时指出，故事、数据、证言会有助于观点的表达。[5] 从某种角度讲，故事、数据、证言除了作为观点的依据外，也可以作为观点呈现的方式。

所谓转码，是指当讲话者确定信息点的呈现方式后，逐渐用与之相应的自然语言符号或其他表现方式替换内部言语中表象的过程。在理想的情况下，使用自然语言符号可以实现两种状态：（1）简洁明晰，用相对少的词语清楚地表达语义；（2）追求词趣，既能表达语义，又能具有灵活生动的韵味。当体育解说员欲描述运动员三次远投后得分的情况时，他既可以说"连续三次远投，得分"，又可以说"三分，三分，投三次才能得分"。前者是简洁明晰的方式，后者是追求词趣的方式。在转码的步骤中，讲话者需要考虑词句，特别是关键词、关键句的选择。相同的信息点，如果选词不同，则其呈现的含义可能会迥异。比如同样表达"某人头脑转得快"，用"聪明"和"狡猾"两词则会造成略有差异的呈现。句式的编排同样如此，说"A打倒了B"与"B被A打倒"，在话语关注的对象上还是略存差异。因此，恰切的遣词造句确实是评价口语传播者业务水平的重要参照。

内部言语的转化是口语传播文本创作的关键环节。在某种程度上，它匹配了乔姆斯基提出的深层结构向表层结构转化的过程。经过该环节，讲话者的"腹稿"基本形成，准备对其进行呈现。

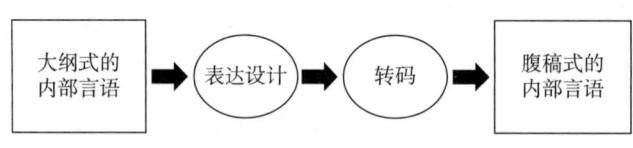

图3　内部言语的转化

（四）外部言语的表达

外部言语的表达是指讲话者将内部言语外化的过程。在口语传播中，讲话者通常使用的手段是有声语言、肢体语言或其他副语言。（见图4）

在使用有声语言外化内部言语时，讲话者需要形塑声音颗粒、形塑声音链条，并调整其间的心理状态。所谓声音颗粒的形塑，是指讲话者调动呼吸肌群、发声器官、唇齿舌腭发出辅音和元音的过程。它将讲话者头脑中的"腹稿"转化为可以被受众的感觉器官接受的经验符号。所谓声音链条的形塑，是指在口语传播对应的时间线上，将声音颗粒联合成串，形成语流。其间，声音颗粒在音高、音强、音色、语速上的有意识的变化，便形成了播音学理论中提及的停连、重音、语气、节奏等外部技巧。由于人的呼吸状态会影响发声的状态，人的心理状态又会影响呼吸状态，因此在口语交流，特别是面向群体的公众口语交流中，讲话者的心理状态需要不断进行调整。这种调整涉及讲话者的情感、目标感、驾驭感、交流感、脑中画面感等，又与播音学理论中提的情景再现、内在语、对象感等内部技巧相互呼应。

肢体语言或其他副语言包括表情、体态、肢体动作、身体间距、服装、空间的运用方式、时间的运用方式等。肢体语言或其他副语言有两项特征是需要注意的：（1）其在表意上的解读需要结合语境，比如眉头紧蹙在某些场景下可以被理解为忧愁，但在另外的场景下却可以被理解为愤怒；（2）其在跨文化交流中具有差异性，比如点头在世界大部分文化中被认为是表示"同意"，但是在保加利亚，点头则被认为是表示"不同意"。

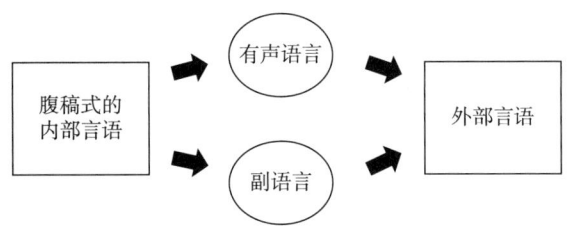

图 4　外部言语的表达

口语、肢体语言或其他副语言除完成信息表达基本功能外，如果能激发审美愉悦，则会使口语传播文本上升至传播和艺术相互交融的境界。

以上，在内部言语由形成到外化的过程中，对口语传播文本生产需要经过的几大环节和步骤进行了界定。经过界定，形成了由内部言语的产生、内部言语的整理、内部言语的转化、外部言语的表达四个环节，其中又包括判断、动机目标形成、聚焦、拣选、排序、表达设计、转码、有声语言和副语言表达等具体步骤。该过程框架具备如下价值：（1）可以作为深层观察和分析某段口语传播文本的参照，由外在的样态推导内在的思维系统；（2）用于鉴赏口语传播的文本，定位讲话者存在的问题，对其进行矫正；（3）指导建设系统的口语传播微观层面的实操教学课程，帮助人们提升口语传播的水平。

注释

[1] 王道俊，王汉澜. 教育学：新编本 [M]. 北京：人民教育出版社，1999：30.

[2] 车文博. 当代西方心理学新词典 [M]. 吉林：吉林人民出版社，2001：237.
[3] 索振羽. 语用学教程 [M]. 北京：北京大学出版社，2000：23.
[4] 小约翰. 传播理论 [M]. 陈德民，叶晓辉，译. 北京：中国社会科学出版社，1999：200.
[5] 卢卡斯. 演讲的艺术 [M]. 顾秋蓓，译. 北京：外语教学与研究出版社，2014：77-85.

（本文编辑　章晓杰）

SWOT-PEST 视角下
AIGC 赋能主持传播的数智力量 *

史惠斌 **

摘　要： 在多元化和数字化日益加深的传播环境中，主持传播的深度创新与持续演进尤为关键。本文聚焦人工智能生成内容（AIGC）这一新兴技术，探讨其在主持传播领域内的发展潜力和实际应用。通过运用 SWOT-PEST 分析方法，本研究对 AIGC 在主持传播中的应用进行了系统性的评估，综合考量其内外部的优势、挑战、机遇和风险。研究结果指出，AIGC 在主持传播中的应用不仅具有显著的创新潜力，而且在实用性方面表现出色，能够有效推动主持传播领域向数字化和智能化方向转型。此外，本文还为相关领域的学术研究与实践应用提供了理论借鉴和实践参考，为未来的研究方向和实践探索提供更多可能的路径。

关键词： 主持传播；人工智能；SWOT-PEST

一、引言

　　自 2022 年底 OpenAI 公司推出以 ChatGPT 为标志性成果的语言生成模型以来，内容创作领域经历了一场以人工智能生成内容（Artificial Intelligence Generated Content，AIGC）为驱动力的革命。这一变革不仅标志着 AIGC 技术的真正落地，还在众多领域迅速展露了其广泛的应用潜力。AIGC 技术卓越的自然语言处理和文本生成能力为未来内容创作的发展提供了新的方向和灵感。[1] AIGC 的兴起在主持传播领域已显现出其

---

* 本文系 2023 年度海南省高等学校教育教学改革研究重点项目"服务海南自贸港经济社会发展的新闻传播学类专业设置及动态调整机制研究"（Hnjg2023ZD-51）、教育部教育类教指委中文专委会—北京语言文字工作协会 2024 年度教育教学改革课题"人工智能赋能语文教师多模态教学模式实施的底层机理研究"（2024JGYB049）阶段性成果。

** 史惠斌：海口经济学院传媒学院科研主任，数智融媒研究与传播中心负责人，副教授。

潜在的应用价值。本研究旨在深入探讨 AIGC 技术在主持传播领域的应用及其带来的影响。具体而言，本研究将采用 SWOT（Strengths，Weaknesses，Opportunities，Threats）-PEST（Political，Economic，Social，Technological）分析框架，对 AIGC 在主持传播中的优势、面临的挑战、开发的机遇以及潜在的威胁进行全面分析，并从政治、经济、社会、技术等内外部因素审视 AIGC 对主持传播发展的影响，旨在全方位理解其应用潜力和发展前景。

二、文献综述及框架阐释：SWOT-PEST 视角下 AIGC 与主持传播的研究框架

（一）文献综述

关于"主持传播"的研究，学界从多角度多维度不断拓展其研究的广度和深度。目前，这一领域的研究主要可以归纳为以下四类。一是主持传播理论建设与发展脉络，研究关注主持传播理论的源流、发展脉络和学科建设，反映学界对主持传播理论体系的关注。例如，宋立（2021）梳理了播音主持理论的三大源流及其发展脉络；童云（2016）分析了互联网时代主持人传播影响力衰减的原因，提出重构路径；高贵武、刘娟（2016）描绘了新媒体环境下主持传播格局的变化趋势。二是主持传播在新媒体时代的转型与创新，研究讨论新媒体环境给主持传播带来的冲击和挑战，以及主持人实现转型创新的路径。例如，颜湘君、王旭（2023）探讨了技术进步为文化类综艺节目主持传播提供内容呈现的新路径，主持人可以通过新技术实现样态多维呈现，拓展主持人身份，建构文化记忆；朱永祥、王琦然（2022）通过问卷调查分析了融媒体环境对高校新媒体主持人才培养的影响，提出了人格化传播和口语传播能力训练及新媒体实践培养常态化等优化培养方案的对策和建议；彭晓燕（2020）提出了融媒时代电视民生新闻主持传播的定位、整合、引领策略；周勇（2023）指出主持传播面临信息技术变革的关键时期，学界应明确使命，推进主持传播的创新性发展。三是主持人培养与专业建设，研究关注主持人才培养、专业建设以及播音主持教育，反映学界对主持人成长的重视。例如，王媛（2020）探讨了新传播语境如何改变播音主持专业边界；陈虹、杨启飞（2020）提出基于传播场景匹配的口语传播视角，以适应智媒时代对播音主持教育的要求；李真、李华伟（2021）从本土化、国际化、创新化等方面提出了新时代国际传播主持人才培养策略。四是主持传播实务与艺术研究，分析主持人的语言艺术、传播技巧等实务操作层面的问题，对主持艺术进行了积极探索。例如，洪玉（2023）从通感理论角度分析了智能媒体时代对主持传播形象建构的影响，提出通过主体融合、技术突破、空间拓展来实现主持传播的有效情感联系；战迪（2023）基于数字生态观点，探讨了数字环境下

名人主持过剩的文化困境，提出主持传播的整合逻辑与技术祛魅的路径；李晶（2023）从技术、空间、身体三个维度分析了主持传播多元主体的建构，包括传统主持、草根主持和AI主持；强月新、杨雨凌（2022）以央视《主播说联播》为例，探讨了主流媒体新闻短视频采用人格化传播策略的原因，分析了其具体运用手段。这四类研究相互补充，共同构成了主持传播领域的学术研究体系，为这一领域的发展提供了理论支撑和实践指导。

（二）SWOT-PEST 分析框架的基本概念和应用

SWOT-PEST 分析框架常用于战略管理和组织分析，能够全面评估组织、产业或领域的内外部环境，并提供决策和规划信息。[2][3]SWOT 即 Strengths（优势）、Weaknesses（劣势）、Opportunities（机遇）和 Threats（威胁），用于分析内部和外部因素对组织或领域的影响。PEST 即 Political（政治因素）、Economic（经济因素）、Social（社会因素）和 Technological（技术因素），用于分析宏观环境对组织或领域的影响。[4]SWOT-PEST 分析框架的应用非常广泛，能够帮助研究者全面了解研究对象的优势和劣势，把握机遇和应对威胁，从而制定合适的发展战略和创新措施。[5]在本研究中，选择采用 SWOT-PEST 分析框架来探索 AIGC 与主持传播领域的发展革新，主要基于以下几点考虑。第一，多因素和多层面的综合考量。AIGC 与主持传播的发展革新是一个涉及多重因素和层面的复杂问题。SWOT-PEST 分析框架能够为这一复杂问题提供一个系统的分析方法，允许综合考虑影响 AIGC 与主持传播领域的内部和外部环境。第二，识别问题和挑战。SWOT-PEST 分析框架有助于识别在 AIGC 与主持传播领域中存在的关键问题和挑战，并为找到相应的应对策略和解决方案提供支持。第三，广泛的应用背景和实践经验。SWOT-PEST 分析框架在多个领域的战略规划和分析中已得到广泛应用，积累了丰富的应用背景和实践经验。

三、战略透视：基于 SWOT 分析的 AIGC 与主持传播优势剖析与挑战解读

SWOT 分析作为一种全面的评估工具，能帮助识别和分析 AIGC 在主持传播领域的核心优势和存在的劣势，且能探究新的机遇和可能面临的威胁。通过这种多维度的分析，可更全面地理解 AIGC 在主持传播领域的影响，并为未来的发展趋势和策略制定提供指导。

（一）卓越之光：探寻 AIGC 在主持传播领域的优势

AIGC 作为人工智能生成式语言大模型，在主持传播领域具有许多核心优势，具体体现为其自动化生成语言能力、模型学习能力和实时互动性。这些优势能为 AIGC 在主持传播领域的应用和发展提供支持。

1. 自动化生成语言能力

AIGC 拥有卓越的自动化生成语言能力，能够快速生成逼真的语言内容，为主持传播提供高效支持。通过深度学习和生成模型，AIGC 能够模拟人类的语言表达方式，生成具有流畅度和连贯性的主持文本。[6] 这种自动化生成语言能力使得 AIGC 能够在短时间内生成大量的主持内容，提高主持传播的工作效率和创作速度。

2. 模型学习能力

AIGC 具备强大的模型学习能力，可以通过大规模数据的训练来不断提升生成语言的质量和多样性。通过深度学习算法和大数据集的训练，AIGC 能够学习并掌握各种语言模式、说话风格和语气，使其生成的主持语言更加接近人类主持的水平。[7] 这种模型学习能力使得 AIGC 能够不断优化自身的表现，并适应不同场景和需求的主持传播任务。

3. 实时互动性

AIGC 具备实时互动的能力，可以与受众进行实时交互，满足受众参与主持互动的体验需求。通过自然语言处理和对话系统的技术支持，AIGC 可以理解受众的提问和回应，并以主持的具身认知给出相应的回复。这种即时交互为主持传播带来更加多元和个性化的体验，增强了受众与主持之间的沟通和参与感。[8]

（二）劣势映现：探究 AIGC 在主持传播领域的局限

虽然 AIGC 在主持传播中具有许多优势，但也存在一些限制和不足之处，例如缺乏情感共鸣、缺乏人类创造力以及数据偏差和偏见等。我们要充分认识和理解这些劣势，针对性地加以解决和改进，以提升 AIGC 在主持传播领域的应用效果。

1."有意注意"的通感连接缺位

情感是主持传播中重要的因素之一，能够引起受众的共鸣和情感反应。源自亚里士多德《论灵魂》[9] 中的"通感"将主持传播中情感的身体体验与语言系统建立联动，以"有意注意"[10] 的神韵、格调为审美标准的主持艺术通过"通感"在传播中实现了传者与受者的情感连接，使受者通过通感效能达到沉浸式体验。然而基于数据训练和模拟生成语言的 AIGC 缺乏真实理解和表达情感的能力，"有意注意"的通感连接缺位，目前仍无法传递出人类主持所具有的情感维度，限制了与受众之间的情感交流和共鸣。

2."多元场景"的叙事角色缺乏

高质量主持传播内容具有从"0"到"1"的创造力、个性化和独特性，[11] 然而 AIGC 作为基于模型学习和数据生成的工具，其语言生成过程受到数据的限制，所生成的语言是基于"数据训练"与"数据喂养"的，在"多元场景"叙事角色的灵感创意方面难以与人类主持媲美。人类主持在语言表达的传播中经过"二次创作"的加工与处理，主持传播主体通过说书人、引导者、参与者、品鉴者、滑稽者等不同的角色，赋能节目叙事及传播效果。[12]多元场景下不同叙事角色的灵感创意不足使得 AIGC 的表现相对单一和泛化，[13] 是其无法完全替代人类主持的局限之所在。[14]

3. 不容忽视的数据偏差与偏见

AIGC 的训练数据可能存在偏差，导致所生成的语言具有倾向性或不准确性。来自大规模文本语料库的训练数据受到数据源和采集方式的限制[15]所产生的数据偏差或偏见可能会在 AIGC 生成的语言中体现出来，导致生成的主持内容具有一定内隐的倾向性或存在不准确性。如果给 AIGC 投喂的训练数据存在某种偏见或歧视性言论，AIGC 可能会在生成语言时重复或扩大这种偏见，对主持传播产生负向影响。

（三）边界扩展：探索 AIGC 与主持传播领域的新机遇

作为人工智能生成式语言大模型，AIGC 在拓展主持传播领域方面也蕴藏着新机遇，为主持传播的创新提供动力，为其发展拓宽边界，并提供更加丰富、个性化的智能体验。

1. 人机交流新体验

数字媒体的出现及相应平台和技术的广泛传播开启了主持传播的新时代，即利用 AIGC 拓展生成的"人机共存"新空间优势，创造"人机交流""人机共生"的独特主持体验。[16] 一方面，AIGC 具备快速生成高情商和高智商的人机交流语言对话的能力，根据实时情境和受众反馈进行多场景交流语言生成，为个性化主持提供特定语言、形象、声音、性格支持。[17] 通过与 AIGC 的丰富互动来体验与人类主持不同的交互方式及个性化主持传播服务，从而提升受众对主持传播的兴趣和参与度。另一方面，从以人为中心的传播模型向以机器为中心的传播模型转变意味着传统的主播须适应变化的环境。传统主播须学习与 AI 的共存和合作，这意味着传统主播需要开发数字素养技能，包括理解和使用 AI 技术，同时也意味着传统主播要在 AI 驱动的环境中发现新的方式或拓展新的领域，以此来吸引受众。

2. 拓展应用新领域

除了在传统主持传播领域的应用，研究 AIGC 在其他领域的应用与拓展也是提升主持传播多维度发展的机会。例如，在虚拟现实（VR）和增强现实（AR）等新兴技术领域，将 AIGC 与虚拟环境相结合，在 AIGC 的语言生成加持下，创造主持与受众沉浸式多元互动的主持传播体验。这种拓展应用新领域的思考将为主持传播领域带来更多的创新和可能性。教学策略和主持传播的结合已被证明可以显著提高学习体验。通过应用广播电视主持的互动模式、连通性、情感，模拟"现场"体验，可以使教学内容更具吸引力和效果。[18]

（四）威胁分析：探析 AIGC 在主持传播中的发展风险

尽管 AIGC 在主持传播领域具备一定的优势和机遇，但探索其发展中的固有风险和威胁至关重要。

1. 复杂伦理及行业危机风险

AIGC 在主持传播中面临复杂的伦理问题。随着 AI 的数据收集和分析能力增强，数字化生活中的隐私问题愈来愈显现。"深度学习"背后的逻辑是深度伪造，这种深度伪造是建立在"生成器"与"鉴别器"无数次算法训练的基础上，并不断迭代、改进的。[19]

2. 被武器化及强化偏见风险

AIGC 应用于主持传播领域中的另一个风险是 AI 可能操纵受众情绪的风险。特别是在强调创造情感连接的自媒体主持传播中，AI 可能被武器化。例如，深度伪造技术或生成逼真但虚假的内容来误导受众，或以误导性报道来煽动公众情绪。为避免演变为群体极化，需要政策制定者、研究者和媒体组织通过法规和事实检查机制积极应对。[20]此外，AIGC 应用于主持传播过程中的另一重大威胁是具有强化偏见的倾向。在存在偏见的数据上训练 AI 可能导致偏见行为的加强。这意味着主持传播中一些声音被二次放大，而其他声音被再次边缘化。

3. 技术依赖性与数字鸿沟风险

AIGC 在主持传播中的应用，不仅需要强大的计算能力和大规模的训练数据，还需要考虑技术故障、数据安全等因素的影响。例如，技术的不稳定性、算法的偏见、系统的容错性等问题可能会影响 AIGC 在主持传播中的表现和可靠性。一旦 AIGC 服务出现中断或不稳定，可能会损害受众的体验，降低受众对 AIGC 的信任度。因此，建立可靠的技术基础设施和数据保护机制，不断提升数据安全性与稳定性是增强受众信任的重要措施。另外，AIGC 在主持传播中的应用，也可能加剧数字鸿沟的风险。[21]具有数字技能和接触到技术的受众在 AI 技术的发展下可以更好地享受 AIGC 带来的便利和优势，而缺乏数字技能或无法接触到技术的受众，可能会被边缘化或被抛弃。

四、环境观察：基于 PEST 分析的 AIGC 与主持传播的政治、经济、社会和技术影响

承自 SWOT 分析对 AIGC 与主持传播优势和挑战的深入剖析，PEST 分析工具从政治、经济、社会和技术这四个关键维度，继续探究它们如何影响 AIGC 与主持传播的发展。

（一）政治因素对 AIGC 与主持传播发展的影响

政治因素，特别是国家对 AI 技术的战略态度和政策，对 AIGC 在主持传播领域的发展

具有深远的影响。全球范围内，许多国家已经认识到 AI 技术在促进经济增长和提升国家竞争力方面的重要作用，并制定了相应的国家发展战略。例如，美国在 2016 年发布了其人工智能战略，而我国则在 2017 年 7 月公布了"新一代人工智能发展规划"。[22] 国家层面的战略不仅彰显了对 AI 技术重要性的认识，而且为 AIGC 在主持传播领域的发展提供了有利的环境。国家战略的制定和执行，通常伴随着政策支持、资金投入和技术研发的优先级提升，这为 AIGC 技术在主持传播领域的研究、开发和应用提供了坚实的基础。国际关系也在一定程度上影响着 AIGC 的发展。国际合作与交流在技术创新和知识共享方面发挥着重要作用，而政治紧张和贸易壁垒可能限制这些交流，从而影响 AIGC 技术在全球范围内的发展和应用。

（二）经济因素对 AIGC 与主持传播发展的影响

经济环境的变化和商业模式的创新对 AIGC 的应用和发展产生显著影响。AIGC 在主持传播领域的商业模式是推动其发展的关键因素。随着 AIGC 技术的不断进步和应用范围的扩大，创新商业模式变得至关重要，以确保其在经济层面的可持续发展和盈利能力。商业模式的创新涉及多个方面，如收入来源、付费模式、广告合作、知识产权等。在经济发达地区，消费者有可能负担得起必要的技术设施，如高速互联网和先进的数字设备，AIGC 系统交互更加高效。同时，在这些地区，企业和媒体更倾向于投资先进技术，以维持竞争力和创新性。市场趋势和消费者行为对 AIGC 的采用和发展同样具有重要影响。随着市场趋向于个性化、互动性和按需内容，AIGC 与这些趋势高度契合，成为主持传播领域的有益补充。

（三）社会因素对 AIGC 与主持传播发展的影响

社会因素在 AIGC 与主持传播领域的发展中扮演着关键角色，这些因素包括公众接受度、文化趋势、教育水平和人口结构等。社会接受度和对 AI 技术的态度对于 AIGC 融入主持传播的影响尤为明显。公众对 AI 的认知、理解程度以及与机器相处的舒适度，都是决定 AIGC 在主持传播过程中是否被广泛采纳和使用的关键因素。在对技术接受度高的社会中，AIGC 技术更有可能被迅速采纳，加速在主持传播领域的发展。另外，人口结构的变化对 AIGC 的发展产生显著影响。随着数字原住民比例增加，这一人群的技术熟练度和对技术的舒适感将促进 AIGC 在主持传播中的更快采纳和发展。文化价值观也是影响 AIGC 在主持传播中发展的重要社会因素。重视创新和技术进步的国家和地区更有可能促进 AIGC 在主持传播中的应用。

(四)技术因素对 AIGC 与主持传播发展的影响

技术因素（包括技术发展和创新的速度、数据安全和隐私保护、技术基础设施的普及等方面）是 AIGC 与主持传播中的核心要素。随着人工智能、自然语言处理和机器学习等技术的迅速发展，AIGC 在语言生成、情感表达和实时互动等方面的能力得到了显著提升。如基于语音识别和合成技术的语音助手和虚拟主持人正在逐渐成为主持传播领域的热点应用。另外，技术变化的速度是决定 AIGC 在主持传播中应用潜力的关键因素。例如机器学习、自然语言处理和计算机视觉等技术的快速进步为 AIGC 提供了更精细和微妙的能力。这些技术的发展使得 AIGC 能够更准确地理解用户意图、实时做出适当的回应，甚至解读非语言线索。此外，特定地区的技术基础设施对 AIGC 在主持传播中的实施效率也有直接影响。高速互联网的可用性和可靠性、兼容设备的普及程度以及数字平台的准备情况等因素，都是 AIGC 在主持传播中成功部署和采纳的重要前提。

五、结论

本文采用 SWOT 及 PEST 分析框架探讨了 AIGC 在主持传播领域的应用与发展，评估了 AIGC 在主持传播中的优势、劣势、机遇及挑战，并进一步分析了政治、经济、社会和技术等因素如何影响 AIGC 与主持传播的发展。AIGC 在主持传播领域中已展现出巨大潜力和重要性。其自动化生成语言的能力使其能够快速生成逼真的语言内容，使主持工作更加高效。通过大规模数据训练，AIGC 不断提升生成语言的质量和多样性，展现出强大的学习能力。此外，AIGC 还能实现与受众的实时互动，为受众提供个性化的主持体验。这些优势表明，AIGC 是主持传播领域的一种创新工具和技术手段。然而，本研究也指出，AIGC 在主持传播中面临一系列挑战。这些挑战需要在 AIGC 的应用和发展中得到重视和改进。尽管存在这些挑战，AIGC 在主持传播中仍有许多发展机遇。我们可以利用 AIGC 的优势创造独特的主持体验，提高受众的参与度。作为一种人工智能生成式语言模型，AIGC 在主持传播领域具有显著的潜力。我们可以推动 AIGC 与主持传播领域的发展革新。未来的研究应进一步探索 AIGC 在不同领域的应用，深化对 AIGC 与主持传播发展关系的理解，并加强对 AIGC 在情感共鸣、创造性生成等方面的研究。通过持续的创新和改进，AIGC 在主持传播领域的发展前景值得期待，并能为受众提供更加丰富和个性化的体验。

注释

[1] 彭兰. AIGC 与智能时代的新生存特征 [J]. 南京社会科学，2023（5）：104-111.

[2] 魏中龙，巩丽伟，王小艺. 政府购买服务运行机制研究 [J]. 北京工商大学学报（社会科学版），2011（3）：32-38.

[3] 李云兰. 基于 SWOT-PEST 模型的传统媒体电商直播分析及发展策略研究：以央视媒体为例 [D]. 上海：上海财经大学，2022.

[4] 尹晓峰. 上海体育发展的战略环境分析 [J]. 体育科研，2010（1）：5-14.

[5] 陈润羊. "一带一路"背景下中国核电走出去的战略探讨：基于 SWOT-PEST 模型的系统分析 [J]. 南华大学学报（社会科学版），2016（5）：5-13.

[6] 史惠斌，郭泽德. 迈向智能：AIGC 内容生成模式引发的出版变革 [J]. 数字出版研究，2023（2）：34-42.

[7] 储节旺，杜秀秀，李佳轩. 人工智能生成内容对智慧图书馆服务的冲击及应用展望 [J]. 情报理论与实践，2023（5）：6-13.

[8] 曾晓. ChatGPT 新思考：AIGC 模式下新闻内容生产的机遇、挑战及规制策略 [J]. 出版广角，2023（7）：57-61.

[9] 崔中良，王慧莉. 互联互通的身体基础：梅洛-庞蒂通感思想研究 [J]. 科学技术哲学研究，2019（1）：53-58.

[10] 洪玉. 智媒时代通感理论对主持传播的形象建构 [J]. 中国广播电视学刊，2023（4）：68-71.

[11] 张曼缔. 中国电视节目主持风格的演进与创新 [D]. 广州：暨南大学，2012.

[12] 邓丽君. 多元化场景的叙事模式探究：以文化类节目主持传播主体为例 [J]. 电视研究，2019（10）：74-76.

[13] 张靖超. AIGC 引发影视业关注 新一轮技术革命伴生新矛盾 [N]. 中国经营报，2023-05-15（C03）.

[14] 向安玲. 赋能与负能：AIGC 的技术红利与风险规制 [J]. 中国传媒科技，2023（2）：7-12.

[15] 涂凌波，赵奥博. 作为基础资源的大数据：AIGC 变革下新闻传播活动的再认识 [J]. 未来传播，2023（3）：9-16，128.

[16] 彭兰. AIGC 与智能时代的新生存特征 [J]. 南京社会科学，2023（5）：104-111.

[17] 彭兰. 从 ChatGPT 透视智能传播与人机关系的全景及前景 [J]. 新闻大学，2023（4）：1-16，119.

[18] HEW K F, CHEUNG W S. Students' and instructors' use of massive open online courses（MOOCs）: Motivations and challenges（Review）[J]. Educational research review, 2014, 12: 45-58.

[19] [20] CHESNEY R, CITRON D. Deepfakes and the new disinformation war: The coming age of post-truth geopolitics [J]. Foreign Aff., 2019: 98, 147.

[21] 杨欣. 基于生成式人工智能的教育转型图景：ChatGPT 究竟对教育意味着什么 [J]. 中国电化教育，2023（5）：1-8，14.

[22] 张晋铭，徐艳玲. 人工智能助推中国特色社会主义国家治理的价值 [J]. 甘肃社会科学，2020（5）：61-68.

（本文编辑　章晓杰）

人机共创：
AIGC时代播音主持创作的技术升维与实践路径

隋欣益　袁　璐*

摘　要： ChatGPT的问世极大促进了全球生成式人工智能领域的蓬勃发展，国内大模型随之呈现井喷式发展。在强大的计算能力、先进算法和多模态海量数据的支持下，播音主持创作实现从"AI工具辅助"到"人机共创"的模式转向，为我国口语传播提供了新的推动力和发展理念。从智能内容创造的视角看，播音主持创作利用智能语音、数字人和大模型等AIGC技术是一种技术升维的创新。而探索播音主持在"生存空间""规范空间""审美空间"的有声语言创作，围绕"信息共享""认知共识""愉悦共鸣"的核心，构建一个全新的"人机共创"实践路径，则可以使播音主持在人机交互中向高自动化、个性化和拟人化的方向发展，实现真正意义上的创作升维。

关键词： 人机共创；AIGC；播音主持；人工智能

一、引言

当下，人工智能技术日益成熟并得到广泛应用，全球迎来一场深刻的社会变革。这种变化不只是技术层面的，还是文化、经济、政治、社会结构的整体变化。2024年，"人工智能+"首次被写入《政府工作报告》，标志着社会经济各领域人工智能技术的发展及其应用正式上升到国家战略层面。人工智能技术在《政府工作报告》中被高度重视，在未来发展中的核心地位也得到了更多展现。与此同时，大模型和生成式人工智能技术近几年经历爆炸式的发展，智能媒体的每一个环节几乎都在经历着重大变革。广电和传媒机构必须在

---

*　隋欣益：中国传媒大学播音主持艺术学院团委书记、讲师。
　　袁　璐：中国传媒大学数据科学与智能媒体学院师资博士后。

这场变革中，对自己在信息时代的角色定位和战略定位进行重新考量。人工智能作为这场变革的核心工具，从数字化到智能化，在提升产业运行效率的同时，也对生产和消费方式进行了重新定义。在人工智能成为社会发展的新形态之际，我们必须全面剖析它对社会各个方面的影响。

在广播电视行业，人工智能技术的应用已经从单一的自动化生产，逐步演变为内容创作、节目推荐、用户互动等多方面的深度融合。广电行业引入人工智能不仅使制作效率得到极大的提高，也降低了制作成本，此外还使节目内容与受众需求更加贴合，收视体验也得到了提升。比如，智能推荐系统通过机器学习对大数据进行分析，能够对受众的兴趣偏好进行精准预测，并对播放内容进行实时调整，增强了节目的感染力，也增强了广告的投放效果。人工智能在播音主持领域的应用同样引发了广泛关注和讨论。从创作的视角出发，探索智媒时代播音主持艺术的新动态，不仅有助于理解当前的行业趋势，更为学术研究提供了新的视野和研究对象。普通话作为播音主持艺术的主要表达形式，其独特的文化属性和中国特色在全球化背景下显得尤为重要。尽管现有的理论体系已在实践中逐渐成熟，形成了具有中国特色的播音学学科范式，但仍需不断地适应新的技术和媒介环境，推动理论的创新与学科的发展。

AI 主播的不断进化及其他 AI 工具的应用升级虽然为播音主持工作带来了新的形式，但它们无法完全取代人类播音员和主持人的独特价值。情感的真挚表达、有效的互动沟通以及风格的个性化展现，仍然是播音主持艺术的核心价值。这些是机器难以复制的人类特质，是传统播音员主持人在智媒时代依然能够保持核心竞争力的关键。未来，播音主持创作要积极探索创作升维的实践路径，实现"AI 工具辅助"到"人机共创"的转化。优化人工智能技术与人类播音员主持人的共创模式，不仅可以提高人类的工作效率，还能保持播音主持艺术的情感深度和文化传承。这种融合将是播音主持艺术适应智媒时代、实现自我革新的关键步骤。在这个过程中，如何平衡技术应用与艺术价值的维系，是每一位播音主持专业人士面临的挑战，也是学术界需深入探讨的重要课题。

二、AI 工具辅助：人工智能赋能播音主持创作的前期探索

传统广电行业与人工智能技术的深度融合，已经逐步渗透到播音主持的诸多环节。在播音主持创作中，AI 能够处理大量背景资料和统计数据，以适应实时的转播需要，帮助主播迅速进行内容的准备和调整。例如，为了适应不同的播报风格和内容需求，AI 可以自动调节语音的节奏和声调。人工智能技术的辅助作用和增强功能是人机协同模式在播音主持创作中的重要应用。

（一）AI 赋能播音主持节目制作优化

人工智能技术在信息采集与制作领域的应用已成为推动播音主持行业进步的重要力量。例如，AI 可以通过学习大量的历史播音资料，在语言表达上辅助主播进行主题提炼、模板搭配，甚至出谋划策，让播音内容更加精准生动。部分节目集成 AI 系统，可通过社交媒体或专用 App 实时收集使用者所发出的反馈，同时对这些资料进行情绪分析与主题识别，协助主持人了解受众的兴趣点与情绪反馈，以在节目中做出相应的话题调整或情绪反应。举个例子，如果 AI 检测到某个话题使受众的积极反馈激增，主持人可以选择是否对这个话题进行深入的讨论。另外，在社交媒体上也可以使用人工智能技术来分析大众舆论和热点话题，利用这些信息对节目内容进行调整，以确保节目符合时下热点。

（二）AI 革新播音主持音频编辑优化

人工智能技术正逐渐成为播音主持行业音频品质提升的利器。通过智能音频编辑，AI 可以自动执行一系列音频处理任务，从而使广播内容的质量和听者的听觉感受得到显著的提高。从简单的风扇噪声到复杂的街道噪声，ClearerVoice-Studio 的降噪工具可以识别并消除各种类型的背景噪声。Clear-Com 推出的可区分人声和背景噪声的降噪软件，可以保证清晰传达播音员的声音。人工智能技术还可以通过动态处理、压缩和扩展等技术，使音频输出更均衡、更专业，使整体音质得到提升。例如，iZotope 公司开发的音频处理软件，利用人工智能技术提供音质修复和增强功能，帮助制作人员迅速改善音频质量。

（三）AI 助力新闻审核与合规性保障

AI 系统极大地提高了审核的效率和准确性，可以助力新闻节目的内容审核与安全播出。AI 可以通过机器学习算法，对包括但不限于暴力、色情、仇恨言论等不适宜的内容进行识别和过滤训练。例如，Facebook、YouTube 等社交媒体平台利用 AI 系统对上传的视频、图片进行扫描，自动对违规内容进行检测。AI 审核系统可以帮助主持人预先审核新闻内容后再进行播报，保证内容准确、合规。比如，美联社运用人工智能技术，对新闻画面和视频的真伪进行鉴别和验证，防止假新闻泛滥。此外，作为播音主持的辅助系统，AI 可以实时提供资料更新、事实验证以及背景资料，极大地提升了主持人准备工作的效率。在直播节目中，AI 系统能够对社交媒体和新闻网站进行实时监控，将最新的新闻动态和受众反馈提供给主持人。

三、技术升维：智能内容创造视角下的播音主持创作

生成式人工智能技术的突破为内容创作提供了新的动力，尤其是在自然语言处理上。例

如，OpenAI 的 GPT 系列模型凭借对上下文的理解和连贯文本的生成能力，已经在撰写文章、创意写作提示的生成、办公文档的自动化编辑等方面得到了应用。Sora 模型在 2024 年推出后，以其可以根据文字描述生成长达 60 秒视频的能力，为视频制作领域带来了新的可能性。这不仅可以降低视频制作的技术门槛，还可以提供强大的支持，实现短视频平台的内容创作、电影预告片的制作，甚至是虚拟现实（VR）内容的制作。另外，在音乐产业中，Suno 模型通过用户提供的简单提示词，生成具有特定风格和情感的音乐作品，让音乐制作的繁复程序大大简化，使得每个人无论其是否具备专业的音乐背景，都可以成为音乐创作者。以此来看，生成式人工智能技术并不局限于文字和音乐，它们正朝着多模态内容创作领域迈进。

广电行业在 AIGC 领域的探索正如火如荼地展开，旨在通过生成式人工智能技术引领内容生产与传播的革命。成都广播电视台已经将人工智能技术创制的 AI 音乐、AI 视效、AI 动画等成功运用在大型人文纪录片中，并常态化运用于海报创作、标识设计等日常内容生产。此外，湖南广播影视集团（湖南广播电视台）推出的"芒果大模型"，聚焦应用、专业性强，可管、可控，新技术使用占比超过 90%。中央广播电视总台成立了人工智能工作室，在新闻线索感知、稿件撰写等方面积极探索人工智能技术的相关应用。上海广播电视台推出的 AIGC 应用整合工具 Scube（智媒魔方），以人工智能技术为基础，为报道团队提供了一整套新闻制播服务体系。这些探索不仅提升了内容生产效率，也拓宽了广电行业的创新路径。

一是在内容生产端，AIGC 技术的运用可以使视频的生产周期大大缩短。传统的视频剪辑流程烦琐且耗时，AIGC 技术可以进行智能筛选、剪辑以及调色等，将原本需要一周才能完成的工作量减少到几个小时即可完成。

二是在智能后期制作上，AIGC 技术可以降低重拍成本，快速实现人物动作、场景、外观的变化。

三是在内容分发端，AIGC 技术可以使节目内容更加个性化。AIGC 技术能够根据用户的个性化需求，用同一基础视频生成不同的定制化内容，提供更贴近用户喜好的观看体验。

在播音主持创作领域，AIGC 与播音主持的结合正在开启一种全新的创作模式。播音员主持人与 AI 合作，发挥人类的创造力与 AI 的技术能力，实现从内容创意到最终产出全流程合作。基于大模型的内容分析，可以为播音员主持人提供深入的内容感知，帮助他们制定有针对性的内容策略。另外，情感人工智能的能力可以让机器在处理稿件时更好地捕捉和表达相应的情感色彩，从而使内容更加生动、有感染力。数字人技术可以使互动体验进一步增强，在播音主持的表现形式上进一步拓展，使节目更具有互动性和趣味性。这种人机共创的模式，不仅使制作效率得到提高，还为节目内容带来质量和形式上的双重创新，因此具有重要的意义。

（一）大模型节目策划助手

技术更迭之下，节目内容的创作随着受众日益增长的需求面临着巨大挑战。播音员主持人可以利用大模型，根据给定的主题或关键词快速生成创意文案和节目脚本。同时，大模型以其强大的知识库为基础，能够洞悉当下的文化潮流和社会话题，从而为节目内容创作提供丰富的素材。这让策划团队在保证节目内容的时效性和关联性的同时，也能迅速抓住受众的兴趣点。生成大模型的能力，可以使节目策划、编写的时间大大缩短。传统的节目策划需要经过长时间的讨论和修改，而大模型可以在几分钟内生成供策划团队挑选的多个版本的文案和剧本。此外，大模型能够根据不同的文体、语调，针对不同受众群体的需求，创作不同类型、不同题材的节目内容。

（二）"语音合成＋情绪分析"赋能口语播报

语音合成与情绪分析的技术应用给播音员主持人带来了很大的帮助，使他们能够更准确地把握节目语言表达和情感传递。通过运用自然语言生成技术，AI可以生成自然流畅的语音，还能根据节目的特定需求对合成语音的音色、音调和节奏进行相应的调整，使语音与节目内容、节目风格更加契合。另外，情绪分析技术在增强播音员主持人的情感表达能力上也起到了很大的作用。AI系统分析文稿中的语言模式和用词，进而识别并模拟相应的情感状态，使播音员主持人对节目的情感走向有更好的把握并在表达各种情绪时更加准确而生动。总之，AI系统在语音合成与情绪分析等方面的应用，在提升播音员主持人的表现能力的同时，也让我们更真实地感受到人类情感的多面性。

（三）智能主播的播音创新实践

现在的虚拟主持人已经不是单纯的节目辅助工具，而成为节目创作的核心参与者。通过人机共创的模式，虚拟主持人在艺术表现上有了很大的突破。虚拟主持人使用先进的人工智能技术实现高度逼真的人物造型和自然流畅的语音输出，并能根据节目编排的需要对表情、语调进行相应调整。最关键的是，这些智能主播能够实时响应受众的反馈，并通过自然语言处理技术与受众进行有效的沟通和互动，例如回答受众提问、参与讨论，甚至可以在直播中根据受众的反应对节目内容进行调整，以最大限度地满足受众的需求。在丰富节目内容、增加受众参与感的同时，智能主播的引入也让节目制作效率明显提升。节目可以24小时不间断播出，智能主播使得人力资源投入大大减少，而且可以多台并机播出，节目覆盖面和影响力大大扩大。此外，智能主播的运用也为节目制作带来更高的灵活度与更大的创新空间，而制作团队也能因应需求设计出风格不同、特色各异的虚拟主播，让每一档节目都别具风格。比如在CCTV-13的专题报道中，与现场记者互动的央视虚拟主持人"康晓辉"，使得信息采集效率提高，节目的互动性和观赏性也得到增强。此外，科大讯飞推出的多语言虚拟主播"小晴"利用机器翻译和语音合成技术，在国际会议、多国语言转播等场合，可以完成多国语言的直播内容，包括中文、英文和法文。

四、创作升维：AIGC 时代下播音主持的"人机共创"实践路径

对于播音主持创作而言，生成式人工智能技术的应用正在推动内容制作向个性化和互动性的方向发展。在这种模式下，播音主持创作中的 AI 不仅仅是工具，还是创意合作者。AI 与主持人共同参与创造内容，实现更全面的技术升维，同时演化出"人机共创"的创作升维实践路径。中国人民大学周勇提出，"人工智能主播糅合了记者、播音员主持人等角色，成为数字化的信息传播代言人。在未来人机共生的社会生态中，人工智能主播将可能超越传统意义上的播音员主持人，在视听传播范式、新闻生产方式和传受关系等方面实现突破和重构"[1]。以人工智能合成主播为例，有学者从泛在而统一的数字孪生、文化身体的双重遮蔽、场景融合和增殖的"新中区"等层面，分析技术具身对传播场景的影响。[2] 也有学者提出，"如何在确保信息准确性的同时，保持播音主持工作的温度和人文关怀，成为播音主持行业面临的重要课题"[3]。

AIGC 技术不断演进，人类始终扮演着不可取代的角色。在智能媒体环境中，播音员主持人同样有着不可取代的作用。现代人工智能向通用人工智能迈进的过程中，人机共创是人机共存的必经之路。因此，我们从播音主持有声语言创作空间三个层次"生存空间""规范空间""审美空间"入手，同时围绕"信息共享""认知共识""愉悦共鸣"展开，构成全新的"人机共创"实践路径，试图使播音员主持人最大限度地利用技术实现其社会功能。

（一）生存空间：智能主播的信息共享

在播音主持理论中，生存空间通常是指播音员主持人在传播信息、表达观点和与受众互动时所具有的活动范围和影响力。这个概念对于智能主播来说，既涵盖了播音主持的传统领域，又在技术驱动下向新维度拓展。智能主播的生存空间首先体现在不受传统节目编排约束，可以不受限制地实时更新资讯、实时播报。它们能 24 小时不间断地提供新闻资讯，使播音主持的"上班时间"和"工作范围"得到极大扩展。其次，智能主播的生存空间不再局限于某一地区或国家，而是全球范围，通过互联网和各种数字平台可以触及全球受众。这种广泛性让智能主播可以和更广泛的受众群体沟通，跨越了文化和语言的障碍。此外，智能主播还可以根据受众的行为数据和喜好进行个性化的内容推送，这种一对一的互动方式为播音主持的生存空间增添了新的维度，让信息传播更加精准有效。

（二）规范空间：智能推普的认知共识

在人机共创模式的实践中，在规范空间中扮演重要角色的是利用人工智能技术来推广普及国家通用语言。通过对标准普通话语音语调的精准模拟，人工智能技术能够为学习者提供高效的语言学习方式。智能推普的广泛应用，有助于形成公众对普通话重要性的认知共识，可以促进全民规范使用语言文字。而智能推普工作作为跨文化交流的桥梁，能够推动不同地域、不同民族之间的交流。此外，智能推普还能极大地保障在信息传递中准确使用普通话，避免因方言差异而可能产生的误读。在文化传承上，智能推普既是传播普通话的"人"，又是传播国学的"媒介"。通过不断的技术优化，智能推普这一工作有望在推广普通话的同时，促进语言的健康发展。

（三）审美空间：共情传播的愉悦共鸣

"凭借沉浸交互的审美体验、虚实结合的表现形式，数字艺术让传统与现代相融、科技与人文相通，成为承载文化、传承精神的重要手段。"[4] 技术的进步，以及人机共创的播音主持创作模式，将使播音主持的创作空间得到进一步的开拓，并为受众带来更为丰富而深刻的美学感受。人机共创模式下，人工智能技术对审美空间的作用，表现在它能够通过情绪分析和情绪模拟技术，引起受众的情感共鸣，进而达到共情传播的目的。人机共创中将艺术性的元素融合在一起，可以为受众提供个性化的听觉体验。播音主持还承担着文化传递与审美教育的使命，结合人工智能技术则可以帮助受众提高语言艺术鉴赏能力和审美层次，为不同的受众群体提供丰富多样的审美体验。

五、总结

生成式人工智能技术的兴起，尤其是 ChatGPT 等大模型的应用，已经开始重新塑造播音主持领域的工作方式。当下已经不仅仅局限于简单的工具升级，还向播音主持的创作内核深入，实现了从传统的人工辅助到人机共创的现代变革。整体来看，这样的转型不仅改变了内容生产的技术基础，也为口语传播的艺术和实践带来了新的发展方向。生成式人工智能技术在增强内容创意与互动的同时，也对播音主持功能与应用场景进行了拓展。更重要的是，这些技术的运用，推动了播音主持在"生存空间""规范空间""审美空间"等方面的全新探索。播音主持通过运用 AI 在语音识别、语言生成、情感分析、数字人等方面的先进能力，从繁重的技术操作中解放出来，转而更加注重内容的创造力和深度。AI 的介入让播音主持工作变得更有效率，也让节目的互动性和受众的个性化体验得到了很好的提升。通过与 AI 的合作，播音主持可以探索使用 AI 生成的虚拟图像或声音来增强节目的表现力和感染力等，也推动了播音主持领域在美学与表现形式上的革新。探索播音主持在"生存空间""规范空间""审美空间"的有声语言创作，围绕"信息共享""认知共识""愉悦共鸣"的核心，构建一个全新的"人机共创"实践路径，则可以使播音主持在人机交互中向高自动化、个性化和拟人化的方向发展，实现真正意义上的创作升维。

总之，人工智能技术在播音主持领域的运用既是技术进步的体现，又是创作理念和方式革新的标志。AIGC带来了前所未有的发展机遇，也是对传统口语传播和媒介交互新的挑战。随着技术的进一步发展与应用，人机共创模式有望得到进一步的优化和完善，为媒体的转型升级提供强有力的支撑。

注释

[1] 周勇，郝君怡. 建构与驯化：人工智能主播的技术路径与演化逻辑 [J]. 国际新闻界，2022(2)：115-132.
[2] 邬建中. 身体、遮蔽与新中区：对 AI 合成主播技术具身的反思 [J]. 现代传播（中国传媒大学学报），2022(1)：98-103，125.
[3] 廖声武，郑永涛. 国内新闻传播领域关涉人工智能话题的研究（2021—2022）[J]. 社会科学动态，2023(8)：83-90.
[4] 廖祥忠. 数字艺术创新文化表达 [N]. 人民日报，2025-01-02（20）.

（本文编辑　徐树华）

AIGC 技术视角下文化类视听节目主持语言的逻辑呈现与功能建构 *

沙 莎 李婷婷 **

摘 要： AIGC 技术、文化类视听节目与主持语言表达之间有着密切的联系。AIGC 技术赋能节目主持人的表达在"平民化"与"高雅性"之间保持平衡，主持语言的"平民化"为宏大主题下的微观叙事提供情绪价值，主持人则以"报幕者—讲述者—经历者"的多重身份成为节目主线。文化类视听节目主持语言在 AIGC 技术的加持下不断拓展新功能，主要体现在主持语言规范示范作用增强、主持语言沉浸式表达实现技术与人文的和谐共生、主持语言成为中华传统文化拥抱世界的窗口三个方面。这些新功能的出现也为 AIGC 技术时代主持人的培养带来了厚植文化根基、融合技术深度与人格温度、开拓国际视野的启示。

关键词： AIGC 技术；文化类视听节目；语言逻辑；功能建构

2024 年 3 月 12 日，两会授权新华社发布了第十四届全国人民代表大会第二次会议批准的《政府工作报告》（以下简称《报告》）全文。《报告》明确提出 2024 年"要以广泛深刻的数字变革，赋能经济发展、丰富人民生活、提升社会治理现代化水平"，同时指出，"未来要大力发展广播影视、文学艺术等事业，制定推动文化传承发展的政策举措"。在大力弘扬中华优秀传统文化的新时代，大量中华优秀典籍逐渐走出博物馆和展览馆，从静止的文字状态开始逐渐以具体、生动的视听形象呈现在人们面前，实现这一转变的媒介载体正是文化类视听节目。在生成式人工智能（AIGC，Artificial Intelligence Generated Content）技术的加持下，文化类视听节目正在适应人工智能技术的发展，努力突破传统叙事模式。节目中多维空间场景的构建、多元叙事主体的设置、多模态情绪捕捉的实现也为节目主持人的语言表达带来了新的

---

* 本文系沧州师范学院教研教改课题重点项目"大思政背景下'即兴口语表达'实训课主题式教学法探索与实践"（2024JGA003）阶段性成果。

** 沙 莎：沧州师范学院齐越传媒学院播音与主持教研室主任、讲师。
李婷婷：沧州师范学院齐越传媒学院副院长、副教授。

挑战和机遇。AIGC 技术不仅加快了文化类视听节目制作的变革进程，也将节目主持人这一角色从一度边缘化的位置重新拉回场域的"中心"，并构建了主持人语言表达的新功能。

一、AIGC 技术、文化类视听节目与主持语言表达的逻辑互嵌

（一）主动对话"年轻群体"：AIGC 技术加持下主持语言兼具"平民化"与"高雅性"

受限于电视节目制作技术，传统的文化类视听节目以访谈或讲授等形式为主，围绕中华优秀传统文化进行解读，高语境的内涵式表达对于青年群体接收传统文化知识、感受传统文化之美往往存在曲高和寡的传播壁垒。高语境的表达方式常以"只可意会不可言传"的意蕴为追求，这就使得主持人语言编码到受众语言解码这一过程产生了千差万别的解读，主持语言的传播效果大打折扣。AIGC 技术的广泛运用为文化类视听节目的创新提供了强大驱动力。2018 年，新华社联合搜狗公司在第五届世界互联网大会上发布了全球首个"AI 合成主播"，2019 年 3 月全球首个"AI 合成女主播"在新华社正式上岗，标志着人工智能与新闻采编深度融合的重要突破。2023 年 10 月 19 日，江西日报 AI 记者首次亮相世界 VR 大会，现场演示一分钟完成新闻采访和新闻稿件写作，引发热议。继 OpenAI 推出 ChatGPT 仅一年多的时间，文本生成视频的 AI 模型 Sora 的问世再度在视听行业掀起高潮，刷新了人们对 AIGC 技术延伸的认知。

目前，AIGC 技术广泛运用于媒体行业中，特别是文化类视听节目制作中。随着 AIGC 技术的运用和不断革新，文化类视听节目场景空间的边界被无限扩展，沉浸式的制作技术也让受众在视听节目中获得更加深入的体验。以中央广播电视总台为例，近年来，总台利用 5G、VR、MR 等技术打造了一系列传统文化类视听节目，在人工智能技术的加持下，沉浸式虚实结合场景实现了古今对话，将中华优秀经典著作的历史意义融入当代青年的思考，表现出极强的时代价值。《典籍里的中国》中，主持人撒贝宁以当代读书人的身份穿越千年时空去拜访文学宗师，化身当代青年代表去寻访典籍诞生的筚路蓝缕，在穿越时空中寻找人生哲理和解决当代问题的答案。节目通过环幕投屏技术打造沉浸式跨时空对话场景，无论是节目现场的观众还是守候在大屏、中屏、小屏前的观众都仿佛置身其中。这样的节目形式对节目主持人提出了新要求，促使主持人思考如何通过语言主动对话青年群体，使之自觉成为中华优秀传统文化的接受者与传播者。在 AIGC 技术加持下，文化类视听节目主持人的语言风格呈现出极强的"视觉感"和"听觉感"，越来越表现出"平民化"特征——语言表达主动贴近青年群体，但同时又不失其"高雅性"，避免文化类视听节目落入"娱乐至死"的传播境地。

（二）话语转向"微观叙事"：主持语言的"平民化"为宏大主题下的微观叙事提供情绪价值

习近平总书记多次强调，"要讲好中国故事，传播好中国声音，向世界展示真实、立体、全面的中国"。[1] 在讲述中国历史时，文化类视听节目应更加重视那些日常生活中的普通人及其经历，通过细腻的讲述，描绘其生活的纹理和个人历史的丰富面貌，着力挖掘宏大历史叙事中被忽略的社会维度。这种叙事观念强调了个人在历史进程中的主体性，认可个体经验构成了社会历史的重要方面。这些生动真实的视角，促成了一种"自下而上"的历史理解方式，与传统"自上而下"的历史叙事互为补充，为历史的多声部叙事增添了新的维度。如此，作为普通人的历史人物故事就有了与官方历史叙事并驾齐驱的地位，那些被边缘化的声音得以被记录和重视，从而使我们对中国的认识和记忆更加全面和立体。

AIGC 技术在文化类视听节目中构建古今时空交替和碰撞的场域，主持人融入历史微观叙事中，将宏观叙事话语转向微观，将个人体验融入宏大历史背景中，通过挖掘平凡而独特的个体记忆引发集体情感共鸣。中央广播电视总台出品的《宗师列传·唐宋八大家》系列节目中，主持人撒贝宁穿越回唐宋文学宗师所生活的年代，以关键事件节点为切入点，沿着宗师的足迹探寻其精神血脉的传承与发展，见证大家们作为鲜活的生命个体，在宏大叙事背景下推动历史的车轮滚滚向前，使其在历史上所发出的文学之声汇聚成中华民族的文脉强音。《一馔千年》通过活化古籍中美食的制作工序，以戏剧表演的方式展示中华美食背后的精神追求，挖掘中华美食蕴含的意蕴之美。转盘式的空间设计将"制馔厨房""美馔剧场""品馔餐桌"等场景连接起来，主持人和嘉宾在充满烟火气的氛围里，以轻松愉悦的生活化交流方式，体会经典带来的精神滋养。这种创新的话语方式回应了受众的情感诉求，激发情感共鸣，为受众提供了较强的情绪价值。历史人物的个体价值通过节目逐渐进入受众的视野，受众感受到个体命运与历史人物命运的关联，从而产生共同的情绪体验，进而自发认同节目传递的情绪价值。

（三）主体回归"场域中心"：主持人以"报幕者—讲述者—经历者"的多重身份成为节目主线

布迪厄的场域理论揭示，AIGC 技术在文化类视听节目创作中的运用，不仅改变了内容创作的规则和流程，也改变着受众的消费习惯。在传统的电视节目制作和传播模式中，由于技术限制和缺乏创新性，主持人往往被定位为节目进行的催化剂，负责报幕和串联不同节目内容。在这个过程中，主持人的身份和功能相对边缘化，导致社会对电视节目主持人重要性的质疑，与此相关的"去主持人化"论调也逐渐在公众话语中占据一席之地。这反映出主持人作用的减弱以及电视节目中主持人的主导性地位逐渐模糊的趋势。AIGC 技术的兴起正在改变这一现状，带来主持人身份的"变"与"不变"。在不变层面，主持人仍然扮演着沟通节目内容与观众的信息传递者的角色，是维系节目与观众情感的桥梁。从这个角度看，主持人的存在是不可或缺的，其人格魅力和即兴控场能力仍旧是电视节目的重要组成部分。从变的层面来看，AIGC 技术提供了更广阔的创作空间，主持人的角色不再局限于传统的纯粹报幕者或节目串联者，而是更加立体、更多样化。他们能够扮演故事叙述者、亲身体验者，甚至可以成为节目叙事的核心线索。例如，在《典籍里的中国》系列节目中，主持人撒贝宁在技术营造的虚拟环境中，与观众共同体验和探索，为观众带来个性化、沉浸式的观看体验。通过这种技术的赋能，主持人的身份得以重塑和强化，与受众形成了新的互动模式，也重新确立了其节目制作中心的位置。由此可见，AIGC 技术不仅革新了节目的制作和消费方式，更重构了电视媒体场域中主持人身份和权力配置的格局。

二、AIGC 技术加持下的文化类视听节目主持语言的功能再构

（一）反"巴洛克"化：主持语言重拾规范示范功能

"巴洛克"一词源于文艺复兴时期的古典视觉艺术领域，这一视觉艺术风格往往与"新奇""浮躁""疯狂""去同一性"等关键词相关联。[2] 近年来，部分网络视听作品在后期包装中采用大量的"巴洛克"化的字体进行内容解释或画面装饰。例如在某些真人秀节目中，由于节目内容本身的枯燥或匮乏，后期不得不使用一些花样字体帮助观众对内容进行解读；一些竞技类的综艺节目则用花样字体对竞赛规则进行提示；部分节目甚至对捕捉到的嘉宾对话时表现出的惊诧或尴尬的表情叠加"巴洛克"风的动图，以人为制造节目"笑"果。"巴洛克"化画面元素的滥用不仅造成画面污染，干扰受众观看节目时的思考，更弱化了语言文字规范化的示范作用。

AIGC 技术在文化类视听节目中的深度应用，极大地丰富了节目的视觉元素，让画面的逼真度接近现实。这种技术进步不仅为节目参与者打造了几乎可以触及的现场感，也让广大观众体验到了前所未有的沉浸感。在此背景下，沉浸式节目制作的场景本质上赋予了电视节目以丰富的语言表现空间，进而显著增强了主持人语言的核心作用。这种变化使得语言文字在文化类视听节目中恢复了其示范与引领的重要功能，进一步彰显了文化传播中语言艺术的不可替代性。AIGC 技术的赋能，使文化类视听节目不仅仅是视觉的盛宴，更成为语言艺术和文化深度交融的舞台，展现出技术革新在推动传统文化创新传播方面的巨大潜力。

（二）情感共鸣：主持语言沉浸式表达实现技术与人文的和谐共生

尽管 AIGC 技术在模拟现实、重现视听元素方面取得显著进步，但人类情感的复杂性和深度依旧是技术难以全面捕捉与再现的领域。因此，主持人的语言不仅具有信息传递的功

能,更重要的是,它承载着丰富的情感色彩与人文关怀,能够触动观众,形成情感共鸣,建立起观众与内容之间深层次的情感连接。主持人通过沉浸式的语言表达,如故事叙述、情绪渲染、观众互动等,营造出一种具有超越传统观看体验的沉浸感的氛围。这种沉浸感不仅是技术层面的,更多是情感层面的深度参与和共鸣。观众在这样的情感共鸣中,不再是被动的信息接收者,而是变成了主动的参与者与体验者,这种参与打破了技术与人的界限,实现了情感上的深度连接。在 AIGC 技术辅助下,主持人的语言艺术不仅没有受到挤压,反而拥有了新的发展空间。技术的赋能让主持人能够在更为丰富的虚拟环境中,运用多样化的语言和表达方式,创造出更加生动、更有情感深度的内容。这些创新的内容,更能够触及观众的心灵,实现情感的共鸣和价值的传递。在 AIGC 技术日益普及的当下,主持人凭借其独特的情感表达能力,成为连接技术产出与观众情感的桥梁。这座"桥梁"不仅仅是对技术的补充,更是人类情感共鸣的催化剂。因此,在未来文化类视听产品的创作与传播中,应更加重视主持人语言艺术的作用,以推动技术与人文的和谐共生。

(三)文化传播:文化类视听节目主持语言成为中华优秀传统文化拥抱世界的窗口

在 AIGC 技术的支持下,主持人的语言不仅是文化传播的载体,还承载着文化传承与创新的双重使命。主持人通过对语言的精准掌握和创新运用,能够有效地将传统文化的核心价值与现代文化元素融合,以生动的叙述和解读,让传统文化焕发新的生命力,同时也将现代文化的创新理念传递给观众,促进文化的多元发展。主持语言不仅承担着信息传递功能,还能通过对话语、故事、历史等多种文化元素的引介和解读,唤醒观众的文化自觉与认同。主持人引导观众进行文化反思和自我认知,增强民族文化自信心和自豪感,这对于构建社会主义核心价值体系,推动文化繁荣发展具有不可替代的作用。在全球化的语境下,主持人利用 AIGC 技术,不但可以展示本土文化,而且能引入国际视角,通过深入浅出的语言解析,构建起一座跨文化交流的桥梁。主持人的语言艺术和沟通策略在此过程中扮演着关键角色,在帮助国内观众理解和尊重不同文化的同时,也让外国观众更好地认识和理解中国文化,促进不同文化相互尊重、学习、借鉴和共同发展。AIGC 技术的应用使得文化类视听节目的主持语言在反映当下文化现状的同时,具备探索未来文化发展趋势的前瞻性,帮助这类节目在传承与创新中探索文化发展的新路径。

三、AIGC 技术时代主持人培养策略的启示

(一)奠定更深厚的文化根基

高校是主持人培养的主阵地。党的二十大报告强调育人的根本在于立德,高校教师要以

立德树人为根本任务，将课程思政融入教育教学全过程。主持人作为党和人民的喉舌，具有上达民意、下传政策的桥梁作用，新时代的视听节目主持人更是世界了解中国的一扇窗口。具备深厚文化根基的主持人，能够更深刻地理解和解读文化现象，不仅能够传达文化的表层意义，还能深挖其背后的历史、哲学和艺术价值，为受众提供更为丰富和多元的文化体验。因此，高校在主持人培养过程中需要建立系统的历史文化教育体系，帮助学生深入了解中国历史的发展脉络、重大事件以及各历史时期的文化特点，包括学习经典的文学作品、了解历史人物的生平事迹、掌握传统艺术形式等。通过深入学习历史文化知识，主持人能够在节目中自如地引经据典，使节目内容更加丰富、深刻。此外，主持人还可以通过参与传统节日庆典、学习中国传统艺术形式、走访历史文化遗址等方式，以参与式主持的形式亲身感受中国传统文化的魅力，从而在节目中更真切、生动地表达中国文化的内涵。

（二）融合节目主持技术深度与人格温度

在 AIGC 技术时代，高校在主持人培养的实践中融合节目主持技术深度与人格温度，是提升学生专业素质和人文素养的关键。这种培养模式不仅要求高校注重对学生掌握先进技术能力的培养，还要注重对他们道德观念、审美情感和社会责任感的培养。在课程设计上，高校应该将 AIGC 等技术学习与人文学科教育相结合，让学生在学习技术的同时，能够深入理解技术背后的文化意义和社会责任。高校可以通过开设涵盖媒体伦理、文化传播、社会学等内容的课程，让学生从多角度理解主持人职业角色的社会影响力。此外，高校在主持人培养过程中，还应注重与行业前沿深度结合，通过开设模拟参与节目制作、实习实训等课程，让学生在实践中学会运用 AR、VR 等制作技术，在沉浸式场景中培养他们的人格魅力和情感表达能力，让学生更好地理解如何在节目主持中融合技术深度和人格温度。

（三）拓宽主持人文化传播的国际视野

一个具备国际视野的主持人能够更好地理解和传达不同文化背景下的信息，为观众提供全面而深入的视角。这种能力不仅是其个人品牌形象建设的重要部分，还是吸引和维护不同观众群体、促进文化间相互理解的桥梁。在 AIGC 技术时代，文化类视听节目可以运用 AIGC 技术开发虚拟现实（VR）、增强现实（AR）等互动体验，让国际观众能够"身临其境"地体验中国的传统节日、历史名胜、艺术表演等，增加体验的趣味性；结合 AIGC 技术，探索中华文化与现代艺术、科技的融合，如将传统故事通过动画、短视频等形式呈现，既保留文化精髓，又贴合现代审美；利用数据分析和人工智能预测技术，分析国际观众的兴趣和需求，定制化推广中华优秀传统文化，提高中华优秀传统文化在国际上的影响力和接受度。因此，高校在主持人的培养中应引导其主动思考在推介中华优秀传统文化时该如何融入全球视角，以文化共同体的视角探讨其与世界其他文化的联系，以此增加内容的吸引力，提升国际观众的共鸣感。

注释

[1] 习近平在中共中央政治局第三十次集体学习时强调加强和改进国际传播工作展示真实立体全面的中国 [EB/OL].（2021-06-21）[2023-11-23].http://www.gov.cn/xinwen/2021-06/01/content_5614684.htm.
[2] 曹晖.多元与无限：巴洛克时代的视觉秩序探析 [J].西北大学学报（哲学社会科学版），2024，（2）：119-128.

（本文编辑　章晓杰）

真人新闻主播在虚拟数字人技术发展下面临的挑战与机遇

聂 勇*

摘　要： 随着 AI 技术的发展，真人新闻主播面临着虚拟数字人技术带来的挑战。人类的声音和形象都可以被数字化模拟，在一些领域，简单的播报工作已经被虚拟数字人替代。但同时，虚拟数字技术也在为深耕新闻领域的工作者带来新机遇。如果能使用好 AI 工具，他们可以更好地采编、整合、报道新闻，发挥更大的主观能动性。本文通过分析虚拟数字人技术在新闻播报领域中的应用现状，探讨当下真人新闻主播应该如何结合自身优势，在新闻领域发挥更大价值。

关键词： 新闻主播；虚拟数字人；虚拟数字技术

一、虚拟数字人技术在新闻播报中的应用

　　虚拟数字人，又称虚拟形象、虚拟人、数字人等，是指通过计算机图形渲染、动作捕捉、深度学习、语音合成等计算机技术创造的[1]，具有多种人类特征的非实物产品。近年来，该领域在 AI 语音合成与 AI 图像生成方面取得巨大技术突破，并且在新闻播报领域不断推陈出新。

　　从语音合成角度来看，目前部分 AI 合成的语音在音色、自然度等方面的表现已接近甚至超过人声。在"逗哥配音""海豚配音"等平台，用户可对生成的语音进行局部语气、语速、语调等微调；在"豆包""百度"等人声模拟工具中，用户只需上传几十个字的声音语料就可以体验人声模拟功能。2023 年 6 月，美国 Meta 公司发布生成式 AI 语音工具 Voicebox，该工具仅需 2 秒的音频样本，就能快速识别

* 聂　勇：山西传媒学院播音主持学院讲师。

样本的音频风格并用于语音生成,还可以同时合成六种语言的语音。虚拟数字人不仅能在字词的发音上做到准确无误,还能模拟播报时所需的抑扬顿挫的语气,在处理复杂生涩的专业词汇时,更是展现出极高的文字语音转化效率。

从图像生成角度来看,从简单的AI换脸技术到3D虚拟形象生成,部分虚拟数字人几乎以假乱真。在制作虚拟数字人时,需先对真人主播的唇形、表情、动作等进行采集,并进行标签化归类;在生成输出过程中,再对输入的表情进行合成,并通过技术优化,来达到更加逼真的效果。2021年,清华大学录取了首位虚拟学生"华智冰",网友在发布的视频中几乎很难辨别其虚拟形象属性,纷纷评论"就是真人"。

此外,商用型的虚拟数字人制作成本较低。大多数智能语音工具可以免费使用,一些收费功能,价格也仅在百元左右;虚拟数字人形象生成成本,如科大讯飞等公司的标价也仅为几百元至数千元不等,与真人播报的成本相比,几乎可以忽略不计。

(一)应用现状

虚拟数字人技术正在重塑主持传播形态。世界上第一位虚拟主持人——英国的阿娜诺娃(Ananova)于2001年诞生,美国有线电视新闻网(Cable News Network,CNN)将其描述为"一个可播报新闻、体育、天气预报等节目的虚拟播音员"。2024年10月,波兰南部城市克拉科夫的公立电台解雇所有记者后,启用人工智能生成的"主持人"重新开播。20多年间,虚拟数字人从"协助"逐渐"替代"部分简单重复性的播报劳动。

在我国,自2015年"微软小冰"在上海东方卫视播报天气预报起,虚拟数字人为人工智能在主持传播领域的应用打开了新局面。

新华社等国家级主流媒体率先推出多个虚拟数字人。2018年,科大讯飞携手相芯科技打造的虚拟主播"康晓辉",在新闻频道节目中与观众进行了一次实时互动。2021年,两会报道期间,新华社AI合成主播"雅妮"以记者和主持人的身份与真人主播及观众进行互动,并与多地嘉宾连线访谈,其表情和手势逼真,语言诙谐幽默,具备了一定"人格化"特征。中央广播电视总台视听新媒体中心以财经评论员王冠为原型,推出总台首个拥有超自然语音、超自然表情的超仿真主播"AI王冠",并于2022年两会报道中正式投入使用。2023年,人民日报AI主播"任小融"正式上岗。目前,国家级主流媒体已有多位虚拟数字人主播在新闻节目中相继亮相。

地方媒体的虚拟数字人也相继出现。2021年,北京广播电视台发布了中国首个广播级智能交互数字人"时间小妮",该数字人是依据主持人春妮的形象进行数字化开发的。作为湖南卫视"青春中国"创新升级的重要尝试,2021年10月2日,湖南卫视数字主持人"小漾"正式官宣。"小漾"的名字源自英文单词"Young",寓意着年轻与青春。2023年

1月，山东广播电视台推出首位超写实数字主持人"海蓝"。在《山东新闻联播》中，"海蓝"首次以"评论员"身份为观众播报新锐时评。这是虚拟数字主持人在省级新闻联播栏目中的首次运用。2024年元旦起，新疆阿克苏地区融媒体中心的《阿克苏新闻》常态化使用虚拟数字主播全程播报。2024年春节期间，杭州电视台的《杭州新闻联播》节目启用虚拟数字主播完成演播室的播报任务。

当前，虚拟数字人主要应用于新闻播报领域。未来，随着媒体场景应用的丰富，虚拟数字人会进一步参与到主持传播的过程中。

（二）应用展望

1. 应用于可穿戴设备

随着科技的不断发展，虚拟数字人技术将会越来越多地应用于可穿戴设备中，如智能眼镜、智能手表等。这些设备将能够实时获取文字新闻信息，并通过语音合成技术或全息投影技术，将文字新闻信息转化为AI新闻播报。

与传统的新闻报道相比，可穿戴设备上的虚拟数字人技术具有更强的便携性和实时性。用户无须手持手机或者使用电脑，只需佩戴一个小巧的设备即可随时随地获取新闻资讯。同时，随着语音合成技术的日益成熟，语音播报将会更加自然流畅。未来可穿戴设备上的虚拟数字人技术应用，将不限于新闻资讯播报，还将扩展至天气信息、股票行情、交通路况介绍等方面，让我们的生活变得更加便捷、智能。

2. 扩展现实技术的应用

扩展现实（Extended Reality，简称XR）是增强现实（AR）、虚拟现实（VR）、混合现实（MR）等多种技术的统称，指通过计算机将真实与虚拟相结合，打造一个可人机交互的虚拟环境。未来的AI新闻播报中，XR技术的利用将使新闻场景模拟更加逼真、虚拟数字人呈现更加自然、新闻互动方式更加多元。XR技术还可以实现现实世界与虚拟世界的多元交互，让新闻信息更加立体。如观众可以通过文字、语音、手势等方式与虚拟的新闻场景进行互动，获得前所未有的沉浸式新闻体验。

可以预见的是，在万物皆媒的背景下，媒介融合不仅打破了不同媒体间的壁垒，突破了传播终端的物理界限，也将改变传授双方的对立身份，每一个信息接收者同时也能成为信息发布者、传播者。

3. 真人新闻主播将拥有属于自己的虚拟数字人替身

随着人工智能技术的不断发展，未来的真人新闻主播或许都会有自己的虚拟数字人替身。借助虚拟数字人替身，新闻主播可以实现真正意义上的全天候精准播报。虚拟数字人替身还可以播报不同口音、不同语种的新闻，使新闻报道的方式更加多样化。

此外，虚拟数字人替身还可以延展真人新闻主播的荧幕形象。通过技术合成，虚拟数字人替身可以进行绘画、舞蹈、音乐等创作，而这些能力未必是真人新闻主播本人所具备的。

4. 自定义人工智能技术

基于目前的人工智能技术，用户可以通过上传声音样本和人像照片，生成个性化的虚拟角色，自定义终端呈现的样态。这种个性化的人工智能技术将为用户提供更多的选择和自由。同时，它能突破传统平台对用户的单一传播局限，使每一个终端用户可以自行定制接收的内容和呈现形态。

二、虚拟数字人技术给真人新闻主播带来的挑战

（一）虚拟数字人语言应用多样化

虚拟数字人可以通过机器翻译技术和自然语言处理进行多语种交互。从理论上看，只要采样数据足够丰富，受训时间足够长，虚拟数字人就可以准确地理解和表达不同领域、不同场景下的语言，并根据需要调整语言风格和形式，以适应特定的沟通需求。此外，随着语音识别、文本分类、情感分析、关键词提取等技术的进步，虚拟数字人语言应用变化的可能性将进一步扩大。与此同时，全世界范围内持续不断地被记录下来并存储在网络中的新闻报道文本、音频和视频素材，为虚拟数字人训练提供了庞大的语料库资源。在不断学习后，虚拟数字人可以迅速在多样的表达样态中切换，这是真人新闻主播无法做到的。

（二）虚拟数字人效率、准确率极高

真人新闻主播在播读文稿前通常需要进行认真准备，以避免歧义、错误等情况的发生，这些准备工作必然需要时间。随着人工智能技术的发展，强大的自然语言处理技术可以实现快速响应。百度智能语音助手数据显示，其响应速度可以达到毫秒级，这一速度是人类不可能企及的。同时，通过人工修正，虚拟数字人目前已经可以辨别多音字、多义词，并且根据不同的语言场景变换语气、语调，使新闻播报的准确率大幅提升。

（三）传播内容更加丰富多元

传统新闻报道多以"口播＋新闻片段"形式为主。而在人工智能技术下，虚拟数字人可以借助数据库，实时采集海量的新闻素材，并在短时间内进行分析，在提炼梳理新闻要点之外，还可以扩展补充新闻内容，如自动生成新闻视频、3D模拟视频等。

（四）强大的多并发处理能力

相较于真人新闻主播，虚拟数字人主播具有明显的多并发处理优势。它们不需要休息，可以 24 小时不间断地报道新闻，甚至可以在多个平台上同时报道。此外，虚拟数字人主播可以同时处理实时语音合成、图像识别、文字分析等多个任务，能够在很短的时间内生成大量的新闻报道，而真人新闻主播无法实现此类操作。虚拟数字人主播还可以根据不同的场合和需求，随时调整进度、节奏和语气，进行自适应优化。这种多并发处理能力使得虚拟数字人主播具有高效性和灵活性，极大地方便了用户快速获取所需信息。

（五）持续的优化与自主学习能力

虚拟数字人主播在运行过程中，通过不断学习和理解数据，可以不断完善自己的话语技巧、提升语言流畅度，从而更加准确地传达信息。同时，虚拟数字人主播还可以根据用户反馈持续优化自己。更为重要的是，对于机器而言，一个终端完成了学习意味着所有终端都能够实现同步升级，这是真人新闻主播无法做到的。

三、真人新闻主播目前不可被虚拟数字人替代的元素

（一）真人新闻主播具备现场报道能力

真人新闻主播可以亲临现场进行实地采访和报道，收集现场一手信息。他们拥有专业的新闻知识和技能，能够快速、准确地获取、整理和分析各种信息，为观众提供最新、最全面的报道。他们还可以面对面地和被采访者交流，挖掘更多与事件相关的信息和细节，同时也可以深入了解当地情况和民众想法，这是技术难以替代的。

（二）真人新闻主播具备人文性新闻解析能力

人工智能已具备数据化的信息解读能力，但真人新闻主播通过深入了解事实、分析对比信息，得出的独立的判断和结论是具有人文属性的，蕴含着人独有的"真、善、美"的思考、人文关怀和家国情怀。虽然人工智能的大语言模型已经取得了相当不错的进展，在某些任务的完成度上甚至超过了人类，但它们仍然无法完全替代真人新闻主播进行独立的思考。

（三）真人新闻主播拥有真实强烈的情感

虚拟数字人主播不具备人类的情感和意识，其工作需要依靠文本内容的输入，所读取的也仅仅是文本，情感表达源于程序设定。真人新闻主播在播报新闻时，会根据新闻内容自然流露出喜悦、悲伤、愤怒等情绪，这些情绪的表达往往会让观众产生情感共鸣，从而增强信

息传播效果。尽管虚拟数字人主播能够使用情绪词汇，但是它们并不能真正理解这些词汇背后的情感。例如，在汶川地震报道中几位流泪的记者和主播，他们的情感表达不是技术分析所能呈现的。

（四）真人新闻主播能够做政治把关

真人新闻主播结合不同的社会文化背景，基于意识形态差异，可以从不同的角度和立场对新闻事件进行分析，从而更准确、深入地传达相关信息。而虚拟数字人播报的本质是处理数据，虽然数据是客观的，没有立场之分，但数据存在被攻击、修改的可能。例如，在中美贸易摩擦期间，双方报道视角差异显著，如果仅依靠技术手段获取信息并对其进行报道，则可能缺乏对各方观点的理性分析。虚拟数字人的播报也可能因为缺乏立场态度、被黑客修改代码或数据源而误导观众，甚至影响社会稳定。所以真人新闻主播对于内容的把关在此时显得尤为重要。

（五）真人新闻主播具备人性化特质与互动能力

真人新闻主播不是完美无瑕的，他们也会出现错误。但是，这些瑕疵恰恰体现了人性的真实和温度，拉近了与观众的距离。随着人工智能技术的发展，主播需要不断学习适应技术的变化，以保持自身的竞争力。但是，当主播在直播中出现错误时，他们的自我纠正和道歉行为可以为观众树立一个好的榜样，从而提升新闻媒体的透明度和可信度。相比之下，虚拟数字人的播报虽然可能准确性更高，但无法展现真人新闻主播所具有的情感和个性化特质，从而难以建立与观众之间的互动和联系。

四、真人新闻主播应对挑战、把握机遇的策略

（一）提高政治、文化解析能力

政治、文化的复杂性和多样性要求真人新闻主播具备高度的解析能力，以便准确地理解和传达信息。真人新闻主播可以通过以下几种途径来提高政治和文化方面的解析能力。

一是，加强专业知识的学习。真人新闻主播应该注重自身的职业素养，及时关注各大权威媒体和学术期刊，掌握前沿的理论研究成果和最新的信息数据，不断更新自己的知识体系。

二是，提高跨学科整合能力。新闻主题复杂多样，内容涵盖众多领域，因此，真人新闻主播应该主动了解、学习不同专业知识，加强与各学科领域的专家学者的交流，拓宽自身知识面。

三是，学习掌握新技术。在传统采编播能力基础上，真人新闻主播还应不断学习使用各种人工智能工具，以提高自身业务水平与工作效率。

四是，注重实践经验的积累。真人新闻主播应该密切关注事件的进展，深入一线，对事件进行动态跟踪报道，逐步积累经验。此外，真人新闻主播还可以通过参加专业或学术交流活动，借鉴同行经验。

（二）参与新闻制作，塑造独特播报风格

真人新闻主播的职责不仅在于将新闻呈现在观众面前，更在于对新闻进行研究、分析和评论。如果只是单纯地进行文字信息播报，则容易被虚拟数字人替代。高贵武教授指出，主持传播是一种人格化传播，人格的本质属性即为"人性"，但是相关研究"长期以来都停留在'人声''人像''人形'等物质化形象层面（即'象'），而无意识地遮蔽了人格赖以形成的精神向度（即'心'）"。[2] 真人新闻主播只有参与新闻生产全链条才能真正理解新闻，才能融入自己的理解和情感，才能使传播有人情味，有自己的"人性"与风格。

"象"由心生的理念适用于新闻传播领域。真人新闻主播只有用心理解、认真对待新闻，才能实现"心"的传递，从而形成独特风格，而不是表演性或形式化地播报新闻。

（三）融合人工智能技术优势，与时俱进

随着人工智能技术的发展，机器与人将形成长期协作关系。姚喜双教授提出，未来新闻播出环节将呈现"人播机助"或"机播人助"的协同模式。人工智能不可逆地融入人类生活，改变着生产力和生产关系，有专家提出人工智能技术的发展是一次新的工业革命。在新闻播报领域，也必然会出现新技术、新工具，真人新闻主播亟须主动学习并掌握这些技术和工具，把简单重复性工作交由智能工具完成，从而解放新闻生产力，不断延伸自身的价值。

技术的持续进步，正是人对自身理解不断深入的过程。真人新闻主播对自身了解越清晰，就越能对机器提出准确的要求，从而也就越能得到理想的效果。

五、结语

马歇尔·麦克卢汉在《理解媒介：论人的延伸》中提出，媒介是由人创造的，它不是冷冰冰的外在客体，人对媒介的延伸实质上是其身体、感官和精神的延伸。例如，电视是人视觉和听觉的延伸，广播是人听觉的延伸。新媒介形式增加了人们对世界的接触和了解，同时也为人们提供了审视事物的新视角。技术是一把双刃剑，人工智能技术也不例外。虚拟数字人技术既为新闻领域的深度融合创造了新的机遇，也对真人新闻主播提出了新的要求。真人

新闻主播在拥抱新兴媒体平台的同时，要主动适应新技术、掌握新技能，不断提升业务能力，从而不断提升自身价值。

注释

[1] 常宏.虚拟数字人在非遗传承发展中的应用[J].人民论坛，2024（2）：103-105.
[2] 高贵武，曲涌旭."象"由心生：主持传播中的人格与人格化演进[J].传媒，2024（2）：9-12.

（本文编辑　章晓杰）

历史与发展

朗读美学理论的再阐扬：
从播音主持教育实践的肌理出发 *

柴 璠 **

摘　要：《朗读美学》自 2002 年 2 月出版以来，历经 2010 年和 2022 年修订再版，不断发展。本文着眼于张颂教授反复强调的"有声语言审美，必须遵循'感性—知性—理性—悟性'的提升路径"，从播音主持教学实践出发，探讨朗读美学理论在当下的应用与思考。文章分析了语言功力、语感通悟、审美意象的创生和阐释的理论观点如何指导播音主持教学实践，并阐述播音主持教学实践中的跨学科思维如何为朗读美学理论发展提供新的生长点。

关键词：朗读美学；语言功力；主体间性；意象创生

　　张颂教授逝世十周年之际，中国传媒大学出版社推出"张颂文集"以志纪念，其中包括《播音语言通论：危机与对策》（第四版）、《语言和谐艺术论：广播电视语言传播的品位与导向》（第二版）、《朗读学》（第四版）、《朗读美学》（第三版）等。中国传媒大学党委书记廖祥忠为文集撰写序言《向张颂老师学习》。这些著作创生了中国播音学具有穿透性及延伸性的核心范畴和概念，比如语言功力、语感通悟、播音表达的"六个规律"、语言传播的"三重空间"、华语传播的"融通范式"等，对中国播音学学科建设的重要意义自不待言。重读中国播音学科建设的扛鼎之作，再次阐扬朗读美学的"中国式"学术价值内核，创新发展具有中国特色的语言传播学科，是当下媒介化社会生存和媒介深度融合语境中，传播实践急需的理论滋养和指引。

---

* 本文系国家广播电视总局部级社科委托研究项目"媒体深度融合中广播电视主持人专业能力'做强做优'研究"（GDT2125）研究成果。

** 柴　璠：中国传媒大学播音主持艺术学院教授、博士生导师，中国高等院校影视学会播音主持专业委员会办公室主任。

一、语言功力统摄口语传播的广阔外延

随着正规和开放教育的持续发展，大众媒体和网络中能够输出信息、知识、观点、理念的主体越来越多，话语样态越来越多元。但随着网络视听节目《脱口秀大会》的评分不断走低，张颂教授在《朗读美学》中的论断——"有声语言审美，必须遵循'感性—知性—理性—悟性'的提升路径。只有感性，容易陷入感官刺激的泥淖；进入知性，也会被一知半解所束缚；达到理性，可能迷惑于排除非理性的困扰；如果真正走向悟性，便能够到达审美的广远时空，并且乐此不疲"[1]的前沿性和实践性价值越发凸显。在信息爆炸、思想相对贫瘠的后真相时代，谈话节目和单人脱口秀节目的出路在于不仅需要"语智"的涌现，还需要对语言审美的悟性进行追寻。这个目标的实现更具有针对性，且比二十年前更迫切。

在网络视听节目的影响力持续扩大的当下，语言传播的认知、评价和审美不断被网民和市场重构，形成新一轮"重内容，轻形式""重观点，轻表达""重新奇，轻韵味"的异形同质的语言困局。因此，对语言功力的重新强调和阐释具有迫切的当下性和针对性。

张颂教授在《朗读美学》中呼吁："有声语言的确同思维、识见、文化、智慧密不可分，但是，究竟是在哪些方面存在着联系和融合，又是怎样表现出来的呢？总不能略去结构、功能、价值、方法，而专注于涵盖和包容吧！"[2] 这是其高度聚焦口语传播本体研究的学术责任感和使命感的体现，而这个有声语言本体研究从来没有脱离跨学科的视野和深耕。

张颂教授对于核心概念"语言功力"的阐释，关键话语是"并不专指'语言的功力'"，语言功力是语言的功底和能力的总和。语言的功底，既有先天的资质，包括语言神经中枢及相关的神经系统，遗传基因中的某种积淀成分，以及某些器官肌理建构；也有后天的习得，如语言环境、语言示范、语言传承、文化氛围、知识积累、学习态度与进度等。语言的功底越深厚坚实，储备和获得的能力便越强。语言的能力，包括观察力、捕捉力、理解力、思辨力、感受力、表现力、鉴赏力、调控力、回馈力。其中，最核心的能力当属观察力、思辨力、感受力和表现力，其余为从属和辅助的能力。[3] 从清晰且完备的阐释来看，语言功力从来都不是只针对有稿播音，而是统摄口语传播的全部外延。内容与形式从来都是一体两面，互为表里的关系。口语传播中的有声语言不仅是媒介也是内容，不仅是目的也是效果，可以更宽泛地说，有声语言不仅是语言交往的目的行为，更是这个目的行为的基础。因此，语言功力的内涵不仅为朗读、广播电视播音主持的传播实践及其研究提供框架，也为媒介化社会中所有口语传播确立专业化提升的路径。

在播音主持教学实践中，一方面，我们将口语传播领域中的多元主体纳入教学范畴，面向未经过有声语言表达训练的网络主播、互联网营销师、自媒体博主、教师、律师、公关人员等进行有声语言素养的训练和提高；另一方面，我们对播音与主持艺术专业的学生进行方

法论上的培养，比如"民生新闻播音主持课"围绕"如何挖掘和呈现事实"这一主题，以不同题材和体裁的新闻报道为案例，将话语研究的文本分析、社会学的田野调查、具身性沉浸式体验等方法传授给学生，引导他们深入思考新闻的基本属性——真实性是如何在报道中体现出来的，新闻事实与新闻主题及新闻价值的结构关系如何厘清并呈现，以及如何用多模态话语样式将报道"形之于声"，从而提升学生语言功力中的核心能力——观察力、思辨力、感受力和表现力。

二、主体间性与语感通悟在经验活化中共建

汉语言文学专业出身的张颂教授，不仅深研中国独特的文化心理结构，更以开放的胸怀拥抱跨学科、跨区域的知识和理论，比如马克思主义语言观、伽达默尔的"视域融合"、胡塞尔的"科学与阐释"、海德格尔的"此在与共在"、哈贝马斯的"公共领域语言交往"等理论，这使得中国式的有声语言研究在他者观照的视域下具有"此在"的独特性。

"朗读，在内容和形式常读常新的语境中，更不会让人产生疲劳！社会的变迁、时代的发展，必将营造新鲜的语感深度和审美境界，跟不上历史的步伐，必然会被淘汰。不变的是自然法则和科学规律，而变化，肯定就在各个主观感悟的精神需求领域。"[4] "作为心理特征的总合，个性本就具有自身的独特性。主要表现为自控力、自强力、自立力、自新力。同时，还表现为他适力、他助力、他合力、他驱力。这些，会在自动和互动中闪烁出个性的火花。"[5] 张颂教授的论述，将创作主体、接受主体、作品及"生活世界"建构于有声语言创作的规律中，这也启发了我对语言传播主体间性的研究，经验活化应是实现主体间性驾驭的前提，情操教化应为主体间性驾驭的最终目标。[6] 在有声语言创作和传播中，要实现主体间性驾驭，就要解决"三位一体"的问题，也就是创作主体、接受主体作为共建主体通过经验活化，共同完成作品的"期待—创作—阐释—反馈"的问题。张颂教授从创作角度提出"发出—深化—驾驭"，无论有稿无稿，无论媒体语言还是人际口语，无论广播电视还是媒介融合，有声语言表达全链条中都要强调语感通悟的创作规律和美学思想。在以上三个阶段，语感贯穿于听与说全过程，是眼、耳、脑、肌、口、舌等多种身体官能统合产生的一种语言能力，其广博、深刻、复杂、精微、灵动达到融通的程度，便接近于悟性。这是一种脱胎于中国文化和美学特征的创作观念，一直被认为具有强大的解释力和可供性，但正如张颂教授所言，它是个"内省化概念，艰于描述，难以概括"。

近几十年来，知觉现象学、技术现象学的具身认知理论已经扩散到多个社科领域，深刻影响着传播学和语言学对身体、心灵和精神的再思考，特别是认知语言学的意义观强调心智与身体是不能割离的，不同的语用共同体对外部世界的描述是不同的，情绪也有着语义内

容。[7] 认知语言学和具身性传播的成果以跨学科的关涉为语感通悟的阐释、实践和传授提供了社会科学研究方法论的启示。在我们的教学中，我们从强调对象感、内在语、情景再现转变为强调创造令人产生对象感、内在语和情景再现思维的物质性媒介和具身性条件。在寻找、稳固、强化肌肉记忆的基础上，我们致力于搭建身体感知与理性认知、情感体验、智识聚合、行动实践相融通的进路和系统，力求将"只可意会，不可言传"的"天道"具象化和内化为可感知、可言说、可实践的方法论。

三、作为方法论的意象创生与阐释

意象不仅是对真实艺术性的言说，对精神性客观化对象的描摹，更是对真理的呈现与对经验世界的统摄。

张颂教授在《朗读美学》中推崇司空图在《二十四诗品》中对于诗歌风格的类型化，介绍了雄浑、冲淡、纤秾、沉著、高古、典雅、洗练、劲健、绮丽、自然、含蓄、豪放、精神、缜密、疏野、清奇、委曲、实境、悲慨、形容、超诣、飘逸、旷达、流动二十四品（每一品都用十二句四言诗予以解释）[8]。这二十四品无不对应着古往今来诗、文、乐、舞等创作中幻化成无穷的意象。

意象不是形象，不是具象，但在有声语言创作中，我们必须将这种美学理想和意义生成落实在具体的依据上，比如对有稿播音的稿件分析，当然也包括任何外延中的话语。意象创生和阐释的方法论一直贯穿于我们的教学实践中。在训练学生时，我们注重让学生领会"从美学的角度看，文字作品中的每一个字、每一句话，都必须认真琢磨、仔细推敲，特别要悉心体味、深入把握。否则，就会一字之差，全句为之蹉跎；一句之跛，全篇为之失色。有声语言的表情达意、言志传神，实际上表现在一个音、一个调、一个轻重、一个高低等具体的小单位上。我们要做到宏观与微观的结合，感情与声音的统一，而那变化，又只能通过极细的描述才能说明白"[9]。缺乏意象阐释的方法，只会让学生亦步亦趋地"来跟我读"，这种方法无法培养出普通工匠，更遑论培养出具有独立思考力、判断力、创造力的新时代专业人才。

语言传播中的意象创生是超越事实层面和逻辑层面的叙事的，故事性只是创生意象的"草蛇灰线"，拓展整体感受、整体和谐、时空转换、时代节奏才是最终完成完整意象的关键，只有这样，才能构建情感丰富、哲思深刻、意蕴诗性的语言传播审美境界和精神境界。

四、结语

张颂教授提出"正是这极细的描述，竟使我们找不到非常有力的办法，写下来，讲清楚"[10]。当前，部分语言传播的研究一旦涉及新闻评论、访谈节目或脱口秀等领域，或止于分析节目内容，或"出走"至别的领域，采"他山之石"寻求理论资源和话语，或浅尝辄止，或流连忘返，或浮于表面，偏离专业立足点，难以固培立身之本。这不但让播音与主持艺术专业学术表达陷入尴尬境地，而且影响了有声语言表达价值的推广。朗读美学的理论发展要迈向新的阶段，跨越人、语境、时空和学科等界限，在理论研究和专业实践领域开拓更广阔的对话空间，这不仅需要开放的知识观念，勤恳扎实的理论积累和丰富持续的业务实践，更需要构建"中国式"话语传播体系。

注释

[1] 张颂. 朗读美学：修订版 [M]. 北京：中国传媒大学出版社，2010：修订版前言 3.
[2] 张颂. 朗读美学：修订版 [M]. 北京：中国传媒大学出版社，2010：10.
[3] 张颂. 朗读美学：修订版 [M]. 北京：中国传媒大学出版社，2010：18.
[4] 张颂. 朗读美学：修订版 [M]. 北京：中国传媒大学出版社，2010：修订版前言 3.
[5] 张颂. 朗读美学：修订版 [M]. 北京：中国传媒大学出版社，2010：36.
[6] 柴璠. 当代广播有声语言的创新空间 [M]. 北京：中国传媒大学出版社，2006：119.
[7] 莱考夫，约翰逊. 我们赖以生存的隐喻 [M]. 何文忠，译. 杭州：浙江大学出版社，2015.
[8] 张颂. 朗读美学：修订版 [M]. 北京：中国传媒大学出版社，2010：33.
[9] 张颂. 朗读美学：修订版 [M]. 北京：中国传媒大学出版社，2010：4.
[10] 张颂. 朗读美学：修订版 [M]. 北京：中国传媒大学出版社，2010：4.

（本文编辑　章晓杰）

继承与创新：
齐越播音实践与理论的当代启示 *

林 阳 徐树华 **

摘 要： 适逢中国广播事业诞辰百年，中国播音主持高等教育走过甲子，作为中国人民广播史上第一位男播音员、共和国第一位播音领域的教授，齐越的播音生涯与专业教育工作，对中国式现代化传媒发展具有重要影响。在这一历史背景下，探讨齐越播音实践与理论的当代启示，具有特殊的时代意义。在传播语境随着媒介技术发展日臻完善、播音风格随时代更迭几经变迁的当下，我们仍要继承齐越精神，创新实践创作，开拓理论前沿，坚定文化自信，担当使命、奋发有为。

关键词： 中国广播；齐越；播音实践；播音理论

至 2023 年，中国广播事业迎来百年诞辰，播音主持高等教育亦走过甲子。回溯百年历程，从中国电波中首次回荡的声浪，到延安窑洞传出的那声划破历史长空的革命强音"延安新华广播电台，XNCR，现在开始播音"，再到中央广播电视总台以"中国之声"的雄浑呼号响彻全球；从陕北台初创时寥寥无几的播音队伍，到如今覆盖全国的专业人才方阵；从最初对苏联经验的系统借鉴，到构建全球华语播音生态，建设完整的高等教育培养体系与师资队伍，中国广播事业的发展轨迹始终与时代脉搏同频共振。

在恢宏壮阔的传媒发展叙事中，齐越作为新中国广播事业开创期的标志性男播音员、现代播音教育体系的开拓者，将毕生心血倾注于声波构筑的舆论阵地与人才培养的学术殿堂。他既是用声音雕刻时代的艺术巨匠，也是深谙传播规律的学者型新闻工作者。齐越的历史贡献呈现双重维度：在创作实践层面，突破既有

---

* 本文系国家社会科学基金重大项目"百年中国播音史"（20&ZD326）阶段性成果。

** 林 阳：中国传媒大学电视学院博士研究生。
徐树华：中国传媒大学播音主持艺术学院全媒体学术中心主任、教授、博士生导师。

范式，构建具有中国特色的播音美学体系；在学科建设层面，创立系统化培养机制，为中国广播事业的可持续发展奠定人才基础，留下了丰厚的思想遗产与学术成果。在媒介融合的新时代语境下，我们更需要继承发扬"齐越精神"。这一精神的内核可凝练为：对党忠诚的政治品格、心怀家国的价值追求、扎根人民的创作导向、严于律己的职业操守、锐意创新的学术勇气。[1] 它既是对历史文脉的赓续，又是推动播音事业守正创新、开拓未来的动力源泉。

一、齐越播音的历史价值：与共和国建设及中国广播事业同频共振

在探讨齐越播音实践与理论的当代启示之前，有必要回顾其历史价值，以更好地照应当下、思辨未来。作为历史的回音，齐越播音的历史价值是多维度的，其中最重要的一点在于齐越的人生历程和播音生涯，与新中国的建立发展、中国广播事业的成长同频共振、紧密相连。作为人民广播事业的代表，齐越为共和国的建设与社会主义事业的发展留下了珍贵的历史底稿。简要梳理齐越的播音生涯，并将其与中国广播事业发展大事记对照，可以直观地展现齐越生平与我国广播事业的关联程度。齐越的播音生涯大致可以分为启蒙时期（1947年之前）、积累时期（1947年—1949年）、成熟时期（1949年—1966年）、曲折时期（1966年—1975年）、教学时期（1975年—1993年）[2] 以及身后影响期（1993年至今）。这样的时期划分很清晰地表明，齐越播音生涯的历史节点与我国社会发展密切相关，其影响力绵延至今。

齐越的生命轨迹与中国广播事业的历史进程形成了深刻呼应。1922年，齐越诞生于内蒙古满洲里，其成长岁月恰逢电子媒介技术在中国传播的拓荒阶段。1923年，美商奥斯邦在上海开设的中国首座商业电台开始试播；1926年，哈尔滨广播无线电台的成立标志着中国自主广播事业的破晓。当青年齐越在延安窑洞前聆听抗战烽火时，1940年12月30日，中国共产党创建的延安新华广播电台正式启用，这不仅构建起红色新闻宣传的体系化平台，更以电波为武器，奏响了中国广播事业从星星之火走向燎原之势的革命交响曲。这种历史时空的耦合，为齐越日后将个人艺术追求融入国家传播体系奠定了时代坐标。

学生时代的齐越接受了先进思想的熏陶，爱国主义思想在他心中生根发芽。高中毕业后，齐越从日伪统治下的北平奔赴大后方，于1942年考入西北大学外国语文学系。大学期间，他在文学和朗诵方面的才华得以展示，为日后走上播音岗位打下良好基础。大学毕业后，齐越前往解放区，从事党的新闻宣传工作，1947年调入新华总社播音组，在梅益同志的任命下，由播音组长孟启予带领，开始了自己的播音生涯。解放战争时期，齐越以战斗的激情播出了一系列重要文告和新闻，成为人民解放战争胜利捷报的传声筒。伴随着人民解放战争取得决定性胜利，陕北新华广播电台名称几经更迭，最终定名为中央人民广播电台。

1949 年 10 月 1 日，该台对中华人民共和国开国大典进行现场直播，开创了全国性大型实况直播的先河。在这场具有划时代意义的重大历史报道中，齐越与丁一岚在天安门城楼持续值守近七小时，以饱含革命激情的声线，圆满完成了开国大典的播音任务，在中国广播事业史册上书写了浓墨重彩的篇章。

直到 1966 年"文革"前，齐越一直在中央人民广播电台工作，播出了众多名篇佳作，见证了共和国的初步成长。"十年动乱"期间，他一度被迫离开心爱的播音岗位。直至 1974 年，齐越恢复播音工作。1975 年，齐越调至北京广播学院（现中国传媒大学）新闻系播音专业任教师，在教书育人的同时，他仍参与一线播音实践。随着改革开放的窗口打开，中国广播事业迎来新的春天，主持人节目开始出现，"珠江模式"引领浪潮。1993 年，齐越因病逝世，但其播音艺术和精神的影响仍在延续。

为深切缅怀齐越同志对播音事业的卓越贡献，1995 年业界特别设立"齐越奖励基金"。该基金以专业表彰为核心使命，重点奖励在播音实践、教育研究及人才培养领域表现突出的优秀播音员、节目主持人、教育工作者及专业学子，并为推进齐越学术思想研究及成果转化提供经费保障。翌年，北京广播学院举办"齐越朗诵艺术节"，通过艺术实践，传承老一辈播音艺术家的精神风范，构建新时代播音人才培育的文化载体。2016 年，沧州师范学院齐越教育馆隆重落成，为系统梳理新中国播音事业的历史脉络提供了支持。

当历史车轮驶入 21 世纪，中国广播事业开启专业化、频道化发展的新征程，伴随媒介融合战略的纵深推进，广播电视行业正经历着前所未有的转型升级。正如齐越在其播音生涯四十载纪念活动中所言，"我传达的是中国共产党堂堂正正的真理之声"，"世界播音员千千万万，而我始终是中国人民和中国共产党意志的传声者，我传递的是民族奋进的力量，是真理的铿锵回响，这份使命让我倍感荣光"[3]。他的声音不仅与新中国的发展脉搏同频共振，其姓名更已化作中国广播事业的精神图腾，镌刻在时代记忆的丰碑之上。

二、我国革命、建设与改革的记录者——深耕"四力"、走好群众路线、深入生活实际

齐越的一生与中国广播事业同频共振，社会发展的变化也影响了齐越的成长与播音工作。在河北沧州姜庄子村劳动期间，他刻苦锻炼，积极参加各项活动，精神面貌有了很大变化。在那，齐越与劳动人民同吃、同住、同劳动，成为他们的挚友和亲人。在后期教育实践阶段，齐越始终强调扎根实践、密切联系群众的重要性，经常带领学生与青年教师深入基层电台、厂矿企业、军营哨所和田间地头开展实践研究，向工农兵群体汲取创作养分。他秉持"人民群众是播音艺术源头活水"的核心理念，反复向学生传递"艺品如人品"的从业准则。

齐越以身作则践行知行合一，话筒前的专业表达与日常生活中的为人处世保持高度统一。他要求治学当以立心为本，须深入生活肌理，向人民学习，持续改造主观世界，厚植无产阶级情怀；要从群众实践中汲取思想养分，与人民同频共振，建立同呼吸共命运的情感联结。[4]这种艺术追求不仅使其播音作品获得广泛共鸣，更塑造出其独具人格魅力的传播者形象。有评论指出，齐越的艺术生命力既源于其声线魅力，更源于其人民至上的创作观，他将诠释空间留给受众，以平等姿态激发听众的创造性想象，这既是专业理念的具象呈现，更是精神境界的自然流露。[5]

作为我国革命、建设与改革等新中国发展进程的见证者与记录者，齐越的实践智慧对当代传媒工作者具有重要启示：在媒体深度融合背景下，传媒人更需强化提升脚力、眼力、脑力、笔力，践行党的群众路线。全国宣传思想工作会议特别强调，要锻造政治过硬、业务精湛、守正创新的宣传铁军，持续增强深入基层的调研能力、战略思维的分析能力、洞察趋势的鉴别能力和创新表达的传播能力。[6]媒体融合政策文件进一步要求，全媒体时代必须创新实践党的群众路线，坚持人民主体地位的创作导向，在内容生产、渠道拓展、服务供给各环节贯彻群众路线，构建群众参与的内容生产新机制。[7]作为新闻工作者，播音员主持人要践行"四力"，与人民群众同呼吸、共命运，在实际生活中体悟齐越提出的"生活是播音创作的源泉"。

全媒体传播格局下，"脚力"不仅是齐越当年的"走基层"、下放锻炼，还要关注网络舆情、倾听网民声音；"笔力"不仅需要妙笔生花、总结实践所得经验，还要以"堂堂正正的中国之声"进行语言传播。"脚力"是第一步，实践是认识的来源。《中央广播电视总台2019主持人大赛》中明确设置"走出去"实战考核环节，检验主持人"四力"，选手们需要深入生活实际，在与人民群众的互动中找到鲜活的新闻素材。《中央广播电视总台2023主持人大赛》延续这一考核理念，选手们在与观众首次见面的"自我展示"环节，即需结合自身生活实践经验、工作经历进行自我介绍。

在主持人的媒介形象塑造中，应重视荧屏形象、拓展生活形象、打造专业形象，同时要重视构建主持人的全媒体传播能力。[8]《朗读者第三季》推出前，董卿带领团队在城市街头设置朗读亭，这一做法旨在深入生活体验、倾听百姓声音，只有这样才能呈现好的播音主持作品。新媒体环境下，媒介接近权得到突破，受众的能动性提高，受众从被动地位向信息生产者、消费者转变，由"受众"成为"用户"。因此，新闻工作者更需要放下姿态，走基层、深入群众，发现人民群众所需所想，贯通"四力"。齐越以亲身经历告诉我们，新闻工作与播音创作需要同人民群众心连心，在生活中汲取"营养"。

三、播音一线的实干家 —— 忠于岗位、献身播音事业

播音与主持艺术专业是实践性很强的专业，齐越正是播音一线的实干家。1947 年，齐越调至新华总社播音组，一直到 1993 年。在 46 年的时间里，他始终坚守岗位。齐越夫人杨沙林在回忆录中写到，齐越是"用生命播音的人"。齐越深入播音实践一线，还领导播音工作、参与播音教学。齐越一生创作了大量脍炙人口的名篇佳作，其播音作品给人以激情澎湃、余音绕梁的印象，播音风格被后人概括为"气势磅礴、跌宕起伏、抑扬奔放、纵横驰骋"的"朗诵式"[9]。例如解放战争期间，由齐越播音的系列文告对瓦解敌军士气、鼓舞我军士气起到了重要作用。1949 年 10 月 1 日，齐越与丁一岚在开国大典上的实况播音，以声浪镌刻下新中国诞生的历史坐标，开创了中国广播事业具有里程碑意义的传播篇章。1951 年抗美援朝战争期间，其播讲的魏巍的战地通讯《谁是最可爱的人》通过电波传向全国，用声音构筑起英雄主义的精神丰碑。1966 年，新华社长篇通讯《县委书记的榜样——焦裕禄》经由他的播讲传遍大江南北，不仅实现了主流价值的深度传播，更在全社会引发了关于干部作风的集体思考，成为激励青年群体的精神范本。"文革"结束后，其参与播制《把一切献给党》《在彭总身边》等作品，以声情并茂的讲述展开历史反思，通过声音艺术完成对特殊历史时期的集体记忆建构，在媒介场域中实现了对历史创伤的疗愈。齐越以丰富的播音实践，与老一辈播音员共同开创了中国广播电台独有的风格。[10]

齐越的播音实践留给当代播音员主持人的启示是：忠于岗位、献身播音事业。对照当下，那些广受认可的播音员主持人一定是和齐越一样忠于岗位、献身播音事业的实干者，因为只有这样才能被广大受众所接受、认可与喜爱。如陈铎与虹云于 1983 年解说的《话说长江》造就万人空巷的收视盛况，成为他们播音主持生涯中的代表作品。二人至今仍活跃于播音主持舞台，正是源于对播音岗位的忠诚与热爱。央视《新闻联播》节目主持人在进入"联播"前都经历了长期的新闻播音实践，再经严格选拔方能上任。如康辉、海霞自 1993 年大学毕业进入央视从事播音工作后，分别于 2006 年、2007 年才出镜《新闻联播》，若不是忠于岗位与热爱，实难坚持磨砺。"齐越奖励基金"、播音主持"金话筒"奖的设立，正是对忠于事业，并取得优秀成果的播音员主持人的褒奖。忠于岗位、献身播音事业需要身体力行，体现为对"语言功力"的不断感悟与加强。距离早期的播音风格的提出已经过去了半个多世纪，其具体内容或许已经不适应当下播音主持语言传播格局，但是对"语言功力"[11]的继承，把播音作为美学研究依旧有意义，应该赋予其新的时代内涵。

"语言艺术表现力"在播音实践中的具象呈现，可解构为多维度的专业能力体系，涵盖对事物本质的深刻洞察能力、跨领域知识的整合迁移能力、思辨逻辑的构建延伸能力、艺术意象的感知重构能力、声音表达的精准塑造能力、语言美学的鉴赏解析能力、突发状况的应

变调控能力以及传播效果的实时反馈能力。这些能力要素共同构成了播音员的核心竞争力。以国家级新闻播报平台为例，中央广播电视总台《新闻联播》与中央人民广播电台《新闻和报纸摘要》栏目，其播音员所展现的专业水准堪称行业标杆。回溯历史典范，齐越在播送《一九四八年的土地改革工作和整党工作》这一重要文件时，面对"主席指示，此文件不要播错一个字"的严要求，以零失误的精准表达完成 3,300 字全文播送，展现了老一辈播音艺术家的专业风范。当代播音界同样传承着这种工匠精神。2020 年 11 月 3 日，资深主播康辉在《新闻联播》中面对长达 18,000 余字的"十四五"规划建议文本，以 23 分钟无间断的"超长"口播实现零差错播报。这是职业规范的具象化体现，更是播音从业者职业信仰与专业素养凝练的结晶。深厚的语言功底不仅能够确保新闻播报的严谨性，更赋予播音创作多维拓展的艺术空间。如现象级节目《主播说联播》中，主播们运用新媒体语态对严肃新闻进行创造性解读，使传统播音范式焕发新活力。在文化类节目中，优秀主持人董卿凭借扎实的语言功力和人文素养，成功构建起如《朗读者》等具有社会影响力的文化品牌。这些实践印证着齐越播音理念的时代价值：语言表现力的精进必须建立在职业忠诚基础上，只有经过长期的艺术淬炼与岗位坚守，才能在媒介变革中实现专业价值的守正创新。

四、播音理论的奠基人——创新语言传播范式、弘扬民族文化经典

齐越在播音实践中持续深化理论探索，为我国播音理论体系的建构作出开创性贡献。早在延安时期，其《十天播音实践纪要》已彰显理论自觉意识。1954 年，齐越参与中苏广播学术交流项目时，与苏联功勋播音艺术家列维丹展开深度对话，双方就播音创作本质达成重要共识"一个优秀播音员，必须爱憎分明、热爱党、热爱祖国、热爱人民、仇视敌人、仇视丑恶、仇视虚伪"[12]。这种理论认知在其后期教学中发展为系统化的创作理念。1975 年转任北京广播学院教师后，齐越基于长期实践积累，构建起多维度的播音理论体系。其理论成果包括《寄语青年播音工作者》《情系七彩人生》等专著，以及《播音创作漫谈》等实践体会与系列研究论文，为中国播音学学科体系的建立奠定重要基础。齐越的播音创作思想可以总结为：在实践根基上，强调生活体验优先于艺术表现，新闻属性优先于艺术创造，政治立场优先于个人风格；在身份认知上，明确播音员首先是党的宣传工作者，其次是语言艺术实践者，最后是专业岗位从业者的层级定位。这一理论框架既保持播音艺术的审美独立性，又强化了其意识形态属性，展现出理论奠基者特有的战略视野。[13]

齐越的许多理论观点，对当下仍具有深刻启示。例如，"听众是我的良师益友"，启示当下播音员主持人注重把握传受关系；"模仿不是创作"，启示当下播音员主持人注意规范性和个性化的协调；"播音不同于演戏"，启示当下播音员主持人要杜绝矫揉造作、"主持腔""主

持秀"的泛滥;"播音三戒",即"一戒自我表现,二戒随心所欲,三戒千篇一律",启示当下播音员主持人把握角色定位、务必实事求是、推进播音多样化与创造性;"思想·感情·语言"的观念,启示当下播音员主持人思想感情与思想意识、语言风格的统一;"做多面手,一专多能",启示当下播音员主持人需注重转型与发展多重能力。齐越的播音理论是播音学理论体系的奠基之一,在当下仍具有现实意义。

当前,国际格局正处于深度调整期,构建对外话语体系、增强国际传播能力成为传媒从业者的时代使命。语言符号系统作为文明基因的载体,既承载着民族文化的精神密码,又是国家文化软实力的显性表征。增强文化自信必须重视语言传播在社会主义文化建构中的战略价值。媒介技术革命正催生传播生态的范式转型,播音主持学科边界呈现跨界融合态势,视听产业的繁荣促使播音员主持人角色由专业化向泛在化演变。5G时代,智能传播技术的迭代既带来职业生态的颠覆性挑战,也孕育着专业转型的创新机遇。历史警示我们,播音主持艺术必须在专业规律与时代要求的动态平衡中实现可持续发展。

21世纪以来,受市场和网络自媒体兴起等多种因素的影响,一些播音主持创作出现庸俗化、过度散漫和娱乐化、语言规范性大大降低等问题,偏离了长期以来的优良传统,应该予以批驳。传承优良的播音主持传统,同时对时代主题作出积极回应,是当下中国广播事业所要思考的核心议题,即在正确价值观与传播规律的引领下,创新语言传播范式、弘扬民族文化经典。例如,一批以经典诵读为主题的视听节目成为"爆款",《朗读者》定位"文化情感",朗读民族文学经典作品;《见字如面》以书信打开历史,借文字阅历世事;《一本好书》以舞台戏剧、片段朗读的形式,推荐人生必读经典好书;《读书》撷取古今中外经典优秀诗歌、小说、美文,以言抒其情、以志传其声;《清明诗会》《新年诗会》等以诗会友,共度传统节日。一批以经典诵读为主题的专业赛事为社会公众提供了语言文字展示平台,"齐越朗诵艺术节暨全国大学生朗诵大会"迄今为止已举办二十余届,是国内公认的大学生朗诵赛事与盛会;中央人民广播电台"夏青杯"朗诵大赛为朗诵爱好者提供展示舞台,促进了朗诵艺术的普及和发展;"曹灿杯"全国朗诵大赛引领新一代的青少年用创新的方式讲出自己的故事,增强对民族语言的认同。这些节目、赛事都在一定程度上推进了语言传播范式的创新、民族文化经典的弘扬,以语言文字建设增进更基础、更广泛、更持久的文化自信。齐越已去,但其播音理论思想为后人留下了广阔的延伸空间。

五、结语

齐越播音实践及理论体系的当代价值蕴含深刻启示。媒介融合纵深发展背景下,新兴传播形态与数字产业的崛起,既推动党的新闻事业深刻变革,也孕育着创新机遇。传播生态的嬗变要求中国广播事业坚守"守正创新"原则，即在传承中突破，在突破中传承。探索播音主持艺术发展规律需扎根中华文化，传承红色播音传统，把握创新与继承的辩证关系：历史积淀为创新奠基，创新则为传统注入时代活力。对齐越播音实践及理论的继承和创新，在理论上，需追溯历史轨迹，解析内在矛盾规律，并构建系统框架，统筹科技革命、媒介转型、文化安全等外部因素；在实践上，需立足全球传播格局重构，着眼媒体深度融合需求，在借鉴国际经验的同时，坚定推进中国特色社会主义播音理论的现代化转型。此转型非颠覆性重构，而是守正创新、立足本土、面向世界的现代化进程。

注释

[1] 武传涛. 弘扬"齐越精神"的几点思考 [J]. 沧州师范学院学报，2017（3）：1-4.

[2] 刘卓，喻梅. 播音主持名家 [M]. 北京：中国广播影视出版社，2019：4-10.

[3] 齐越奖励基金办公室. 永不消逝的声音 [M]. 北京：北京广播学院出版社，1997：5.

[4] 姚喜双. 真情永恒（下）：读《用生命播音的人：忆齐越》有感 [J]. 现代传播. 北京广播学院学报（人文社会科学版），1999（12）：116-121.

[5] 姚喜双. 大气磅礴 一泻千里：论齐越的播音整体创作观 [J]. 北京广播学院学报（人文社会科学版），1993（6）：51-61.

[6] 人民日报评论员：增强"四力"打造过硬队伍：论学习贯彻习近平总书记在全国宣传思想工作会议重要讲话精神 [EB/OL]. (2018-09-14) [2024-11-20].http://theory.people.com.cn/n1/2018/0904/c40531-30269715.html.

[7] 中华人民共和国中央人民政府. 中共中央办公厅 国务院办公厅印发《关于加快推进媒体深度融合发展的意见》[EB/OL].（2020-09-26）[2024-11-20]. https://www.gov.cn/zhengce/2020-09/26/content_5547310.htm.

[8] 赵睿芳，王虹凯，张鹂. 提高新闻舆论"四力"：播音员主持人的身份重构 [J]. 新闻爱好者，2023（4）：86-88.

[9] 张颂. 播音创作基础：第三版 [M]. 北京：中国传媒大学出版社，2011：145.

[10] 杨沙林，姚喜双. 把声音献给祖国：齐越的播音生涯 [M]. 北京：中国广播电视出版社，1998：1.

[11] 张颂. 播音创作基础：第三版 [M]. 北京：中国传媒大学出版社，2011：154-156.

[12] 杨沙林. 用生命播音的人：忆齐越 [M]. 北京：中国广播电视出版社，1999：98.

[13] 杨沙林. 用生命播音的人：忆齐越 [M]. 北京：中国广播电视出版社，1999：174-184.

（本文编辑　郝君怡）

第二次世界大战结束前美国华文媒体的历史发展

查 谦*

摘 要： 本文所研究的美国华文媒体近百年发展史，开始于1854年，截止于1945年第二次世界大战结束。本文的研究，将早期美国华文媒体发展置于当时的中美关系、华人社会初始形态和多项社会运动变迁的视野之中，观察在这一时期多种动态因素影响之下，美国华文媒体复杂的发展状态。从美国华文媒体最初近百年的发展历程中可见，在当时美国整体排华的大政策背景之下，美国华人社会尽管经历了时间和人口积淀，但是面临移民结构单一、性别失衡的困扰，其经济地位始终处于整个美国社会的底层，华人缺少向上流动发展的机会，整体上远未形成真正富有活力的成熟社群形态。这影响了美国华文媒体的发展，也为冷战时期美国华人社会和华文媒体的演变埋下伏笔。

关键词： 美国华文媒体；美国华人社会；中美关系

美国华文媒体是一个复杂集合体。在媒介平台层面，涵盖美国华文报刊、美国华文广播、美国华文电视及美国华文网络媒体；从区域分布和创办主体看，既有在中国创办的以美国华人为对象的报刊和电子媒体，也有美国人创办的以当地华人为服务对象的华文媒体。从历时的角度看"美国华文媒体"这个概念，它经历了四个阶段：最初由外国传教士在美国创办华文报刊，之后因华人居住身份差异，相继出现了美国华侨报刊、美国华人报刊和新移民创办的多平台美国华文媒体。

美国华文传媒作为海外华文媒体发展的三大重镇之一，近两百年来的发展脉络连续且丰富。其第一个百年发展历程（1854年—1945年二战结束），基本上涵盖了上述历史阶段的前两种形态。

第一阶段，外国传教士创办华文报刊。1854年，外

---

* 查 谦：中国传媒大学播音主持艺术学院综艺主持系主任、副教授。

国传教士威廉·霍华德在旧金山创办《金山日新录》，标志着美国华文媒体的发端。这一阶段的华文报刊，虽由外国传教士主导，但除了向华人传教布道以外，还报道新闻，提供各种实用的经济信息，表现出明显的为华人社会服务的意向。

从19世纪50年代开始，美国华侨报刊陆续诞生。在中日甲午战争以前，美国华侨报刊的数量和发行量都较少，内容大都以商业信息为主。甲午战争至辛亥革命期间，美国华文报界形成了保皇派和革命派两大阵营，双方展开了数年的政治论战，美国华侨报刊进入繁荣期。辛亥革命至第二次世界大战结束，美国华侨报刊始终与祖国命运密切联系，具有鲜明的政治倾向。

从20世纪50年代开始，随着华人国籍身份的重新选择，美国华文媒体从华侨报刊向华人报刊自然过渡。20世纪70年代，中国大陆开始实行改革开放，赴美留学、定居人员数量不断增加。相较于上一代华侨，新移民将美国华文媒体发展史推进到新时期。

本文的研究，将早期美国华文媒体发展置于当时的中美关系、华人社会初始形态和多项社会运动变迁的多维视野之中，观察在这一时期多种动态因素影响之下，美国华文媒体复杂的发展状态。研究时段整体分为三个时期：19世纪中后期、辛亥革命前后和抗日战争时期。

一、19世纪中后期

（一）早期中美关系下的华侨华人生存概况

回顾中美早期互动，两国之间尚未形成主动往来的关系。19世纪中叶，清政府国力衰微，人民生活极度贫苦，沿海地区人民产生强烈的向外寻找生存机会、积累财富的意愿。而此时美国西部大开发正处于关键时期，急需大量劳力。这种看似偶然的供需关系促成了中国劳工的第一次大规模向外输出。在中国劳动力尚未形成对美国自由劳工的威胁之前，劳动力的流动呈现自然发展状态，两国并没有实质性的政策限制。

为了摆脱贫困，中国劳工自19世纪40年代末开始赴美国淘金。来自广东沿海的大量劳工参与美国西部大开发，投身金矿开采、农场开发，参与修建美国西部铁路和太平洋西北部铁路，从事木工、洗烫、餐饮和旅馆等行业，既实现了个人财富增加，也成为西部大开发的重要力量。

19世纪美国内战期间，大量劳动力应征入伍，导致农业停滞，商业衰败。内战结束以后，美国北部资本家开始大力发展经济，他们瞄准了来自中国的廉价勤劳的淘金劳工，以弥补短缺的劳动力。在此背景下，1868年6月28日，中美两国签订《蒲安臣条约》，其中规定了"大清国与大美国切念人民前往各国，或愿长住入籍，或随时来往，总听其自便，不得禁阻"，两国政府对移民"须照相待最优国之人民一体优待"[1]。该条约首次以法律形式认可中国移民赴美务工的合法性,但也让美国资本家掠夺华工劳动力成为合法行为。此后,经过各种途径去美国的华工日益增加,在1867年—1870年的3年间,约有3.6万人抵美,至1880年,在美华工已超过十万。[2]

赴美华工以聪明才智和吃苦耐劳的品质成为美国社会的有益补充,初期美国对华工持欢迎的态度。1873年美国爆发经济危机,失业率飙升。由于华工劳务价格低廉,在就业市场上威胁到美国自由劳工,中美劳工矛盾日益激化,美国国内很快掀起了排华浪潮。支持"排华"成为民主、共和两党政治斗争中的砝码,为了争取关键选票,两党都转向排斥华人移民。

1882年,美国国会通过了《排华法案》,这一法案影响深远。这是美国首个明确限制外来移民的法案,它的通过标志着美国政府排华政策正式形成。该法案此后多次修订,条款愈加苛刻,有效期不断延长,针对对象也从华人移民扩大到其他亚洲移民。

该法案导致华人人口数量急剧下降。1882年—1885年,被迫离开加州或死亡的华工就达50,174人。[3]19世纪70年代华人移民有约12.3万人,到19世纪90年代,锐减至1.48万人,20世纪30年代降至5000人以下,跌到历史最低点。

美国制定排华政策,或许是出于经济保护、维护国家安全的考虑,但从本质上来说,这是一种种族隔离政策。长期执行的排华政策,导致华人数量在很长一段时间内呈负增长,人口老龄化严重,华人归化美国籍的权利被剥夺,阻碍了其融入美国主流社会,破坏了华人族裔经济结构,影响了华人整体受教育水平。这一政策不仅影响了华人移民的数量和结构,也钳制了19世纪华文媒体在美国的发展。在相当长一段时间里,华人社区聚居的主要是出卖劳力的单身汉及极少量的商人和家眷。当时在华人社区精英阶层中流通的只有数量极少的华文报刊。

(二)华文媒体概况

1854年4月22日,传教士威廉·霍华德为方便华人了解官衙事件和商业信息,在旧金山创办石印周报《金山日新录》,这也是世界上第一份华文周报。《金山日新录》在华文报刊中首创分栏编排法,内容涉及新闻、中西商业广告、国内外船期、货物行情,数月后停刊。之后中英文报纸《东涯新录》于1855年1月,在旧金山由基督教长老会牧师威廉·斯卑尔创办,1856年末停刊。这份报纸的内容、形式与《金山日新录》十分相似,其宗旨是传播加州华人信息,提供中国新闻,传播基督教义。

1856年12月,世界上第一份由华侨自己创办的,以刊登华人社会新闻为主的华文报纸《沙架免度新录》在加州萨克拉门托问世,创办人是广东籍华侨司徒源。[4]该报自创建起就具有现代报纸的基本特征:规范的版面设置,具有简洁性、时效性的内容,相对固定的广告版面。中国新闻史学家方汉奇在主编的《中国新闻事业史通史》中认为该报"颇能替中国人说话","在编排和印刷方面……已具备近代报刊的规模和水平"。

早期的华文报纸为适应时代和语境而变化，语言从最初的纯粹文言文，改成半文半白的报章体，有些报纸的版面也采用中英双语说明题头或出版中英双语版本，从最初受西方文化影响传播基督教转型为商业化运营。

19世纪的美国华文报纸存在时间短，销量少。除了以上提及的几份报纸外，寿命最长的华报《唐番公报》在30年间频繁更换主办方，更名三次，停刊两次，但发行范围有所扩大。从19世纪50年代至70年代主要在华人聚集的旧金山地区发行，随着华人流动范围的扩大，80年代发行区域拓展到纽约、檀香山等地，90年代在波士顿、费城、芝加哥、洛杉矶设立分部。

美国华文报纸也是华人政治发声的重要阵地。早期针对美国排华浪潮，一系列华文报纸都曾围绕人权、政治、宗教等问题进行讨论。到了19世纪末，随着中国国内局势激烈震荡，美国华文报纸又成为中国国内各派政治力量在海外进行宣传和舆论斗争的重要阵地。

二、辛亥革命前后

（一）中美关系与华侨华人概况

中美关系在1900年发生了转变。此前，美国一直扶持日本，制衡中国。但日本取得了1894年甲午海战胜利之后，美国逐渐意识到如果日本取代中国成为东亚强国，将对美国构成威胁。1905年日俄战争之后，这一趋势变得更加清晰。基于此，美国改变对华态度，以制衡日本。

此后，中美交流增多。1908年，中国用庚子赔款余额派遣一批中国优秀青年赴美国留学。1910年起留美学生人数快速增长至500余人。1925年至1928年间，每年赴美留学人数基本保持在2,500人左右。

受美国1882年《排华法案》的影响，这一时期美国华人移民，在美国本土劳动力市场中始终被极度边缘化，华侨社会处于严重失衡之中，且男性远远多于女性。性别失衡导致华人无法在当地扎根安居。华人移民在身份认同上仍然认为自己是中国人，仅仅是在美国务工。他们更加关心中国国情，在清末维新运动和新民主主义革命运动中发挥了重要作用。

（二）保皇派与革命派的报刊大论战

1894年甲午战争失败，加速了中国人民的民族觉醒。1898年，戊戌变法失败以后，康有为、梁启超先后赴日本、东南亚、澳洲和北美各地游说，寻找新的舆论阵地，以"办报、办学、办会"作为三位一体的活动方式,政治立场从变法维新走向保皇复旧。他们十分重视报纸的宣传作用,梁启超认为报纸的天职既是监督政府,又是引导民众。保皇派先后在美洲创办和控制了近二十家华文报刊作为宣传政治主张的舆论阵地,在海外舆论宣传上先声夺人,产生了相当大的影响。1899年,梁启超到檀香山组织保皇会,"名为保皇,实为革命"。到1903年,美洲的华侨报刊大多数都支持改良派。这个局面让革命派自叹弗如。

1894年11月,孙中山赴檀香山创立了中国第一个资产阶级革命团体兴中会。《檀山新报》开始追随孙中山从事革命活动,报刊言论从言商转为言政。孙中山曾亲自撰写《敬告同乡书》《驳保皇派》等社论,同保皇派的《新中国报》展开论辩。在《敬告同乡书》中,孙中山辨析了保皇维新的实质与后果,引导民众看清中国要实现复兴必须进行革命,实行共和政体,君主立宪不适合中国国情。孙中山的言论使原来支持保皇派的《侨报》改旗易帜加入兴中会,革命派势力开始压倒保皇派。但由于言论主笔力量不足,人员投入和财力都有限,尽管报纸上的言论多了一些爱国救亡的政治内容,但这一时期论战的声音仍显微弱,未能充分发挥宣传力量。

1899年保皇派在旧金山成立了中国维新会(保皇会)分会,将《文兴报》改造为其在美国的机关报。1905年同盟会成立以后,该报成为美洲地区保皇派与革命派论战的主要阵地。同时期还有《金港日报》《新中国报》《大同日报》《少年中国晨报》等一系列报纸加入论战,保皇派最终占了上风。

美国及海外各地的华文报刊对后续辛亥革命的成功贡献巨大,孙中山在1923年特地强调:辛亥革命之所以成功,"完全是由于宣传奋斗的成功"[5]。

(三)华文媒体概况

辛亥革命前后,美国华文报刊的功能从早期以提供商业信息为主逐渐转向宣传、政论,报刊类型在商业和宗教类之外,增加了党派性报刊。这与以康有为、梁启超为代表的保皇派和孙中山领导的革命派相继到美国,创办报刊建立言论阵地,争取华侨支持有关。美国华文报业形成了以康有为、梁启超为主的保皇派报刊和以孙中山为核心的革命派报刊两大阵地。这些政治性报刊重在说理驳论,政论是它们的主要表达手段。

美国华文报刊因这场轰轰烈烈的大论战而得以快速发展。辛亥革命后,华文报刊随着当时华侨势力范围的扩展,向美国东部、中西部和南部迁移,华侨人数较多的旧金山和檀香山成为美国华文报刊言论重镇,芝加哥和纽约等地也形成呼应之势。

20世纪20年代第一次国共合作期间,在美国共产党的帮助下,中国共产党在各地成立支部,并在旧金山、纽约、檀香山先后出版《平等》《侨光》等报纸型月刊、周刊。国共合作破裂之后,左翼分子组织的"中国工农革命大同盟"和"美洲华侨反帝大同盟"出版了美国第一份以马克思主义为指导思想的群众性报纸——《先锋报》（1928年—1938年）。[6]

20世纪30年代，海外华语广播事业初创时期，美国出现了首批华语广播机构：1933年成立于檀香山的"华人播音局"和"檀华播音社"。

辛亥革命时期的美国华文报刊唤醒了华侨的民族意识，激发了华侨拳拳爱国之心。在政治性报刊出现之前，海外华文商业报刊因"尚没有受到各方政治介入"而"专注于为华侨服务，在促进华侨经济发展和内部团结方面发挥其舆论作用"[7]。而保皇派与革命派的论战使越来越多的华侨开始关注祖国政局，他们在这场舆论动员中深受影响，参加革命组织，为革命出钱、出力，甚至牺牲生命。

三、抗日战争时期

日本发动全面侵华战争以后，最初美国采取的态度是帮助日本封锁孤立中国，然而随着日本在太平洋地区的不断侵略扩张，罗斯福政府意识到形势严峻，开始着手加强对华援助，将中国转变成在军事和政治上对美有益的盟友，以此遏制日本在亚洲的势力扩张。太平洋战争爆发以后，中美结盟，美国为中国的抗日战争提供了大量人力、物力和财力。

1937年卢沟桥事变后，中国国内形势发生了巨大的变化，广大华侨关心国内战局，也担心祖国的命运，齐心反对日本帝国主义的侵略。在这段时期内，美国诸多华文媒体积极参与和协助国内抗战，在人力、财力方面竭尽全力，通过报道和言论给予支持。当时的华文报纸，不仅及时翻译转载美联社、合众社的战事报道，而且也发表对时局的看法，为抗日救亡制造舆论。这一时期诞生了一批较有影响力的报纸，在美国东部华刊重镇纽约，有《华侨日报》《五洲公报》《先锋日报》《美洲华侨日报》《新报》等，西海岸旧金山有《世界日报》，芝加哥有《三民晨报》等。这一时期，中国人民同日本帝国主义之间的矛盾上升为中国社会的主要矛盾，海外华人媒体与祖国同心，积极为抗日宣传建设海外舆论阵地。

这一时期，中国共产党在捍卫国家主权、唤醒人民抗日热情的大势之下，为影响美国改变战时对华政策，发挥了不可忽视的作用。例如，1935年中共"八一"宣言发表后，中国共产党在美国创办了《先锋报》。11月2日，该报用整版阐述组织联合抗日救亡政府是历史必然，也是海内外民众一致的呼声。1937年抗日战争全面爆发后，《先锋报》持续揭露日本帝国主义罪行，介绍国内军民抗日事迹，号召广大侨胞和世界各国民众支援中国人民的抗战。该报还经常转载国内许多报刊的重要文章，扩大共产党的影响，进行抗日宣传。[8]

在此期间，美国华人社会第一家左派报纸《美洲华侨日报》和致公党主办的《纽约公报》最有影响力。1940年7月7日，由梅参天、冀贡泉、唐明照等创办、华侨"衣馆联合会"资助的《美洲华侨日报》，正面报道中国共产党领导军民抗日的事迹。其发刊词宣告该报"为美国华侨所组织""乃欲尽其分子之义务,负兹时代的使命",并明确指出"美国华侨之中,不少享有美国籍民权者。其爱护祖国,是属天职;而矢忠美国,亦有义务在焉"[9]。这份日报不仅向华侨宣传抗日救亡道理,及时报道国内抗日战争进展情况,发表呼吁各阶层团结起来一致对敌的社论,同时还发动华侨捐款、购药,支援抗战。第二次世界大战期间,这些左派报刊动员和团结了大批美国华侨华人投身抗日战争。

第二次世界大战期间,中美的盟国关系,为消除长期以来美国对华侨的排斥政策提供了契机。1942年,美国总统罗斯福提出废除《排华法案》,但遭到了国内保守势力的反对,国会辩论僵持半年多。《美洲华侨日报》在3月25日的社论中犀利指出,"移民苛例,是对我全体中华民国的侮辱",号召侨胞们勇于斗争,派代表出席国会听证会。该报特派记者也做出了一系列述评和通讯,编辑部持续发表社论,予以关注。[10]1943年12月,罗斯福总统正式签署废除1882年通过的《排华法案》,《美洲华侨日报》的舆论宣传起到了不可磨灭的重要作用。

整体来看,这一时期的美国华文报刊仍然具有鲜明的政治性,但特征已有所不同,从辛亥革命时期的党派政治,上升为关系民族兴亡的"国际政治"。中国共产党倡导的抗日民族统一战线建立以后,不同政见的报刊打破隔阂,形成了空前团结的抗日舆论战线,使海外侨胞及时了解抗战一线,呼吁华侨出资出力支援抗战,华侨社会由此形成了空前强大的凝聚力。抗战期间,华人捐款总额达2500万美元。[11]

四、结语

回望美国华文媒体最初发展的百年历史,中美关系是影响其兴起、建立和发展的最主要因素,尤其是关系中所体现的政治生态环境。当中美之间的互动是正向、积极的,或者两国存在共同利益时,为了寻求利益最大化,中美关系就会处于动态平衡,这时在美华侨华人就能较为平稳地生活,华人社会缓慢发展,华文媒体作为华人社区信息交换的平台和华侨关心祖国的阵地,也得以生长发展。反之,当中美关系存在利益冲突时,华侨华人生存处境艰难,也直接制约了华文媒体的发展。这一规律,放在当下也同样适用。

我们也要从最初近百年的美国华文媒体发展史中看到,在美国整体的排华政策背景下,美国华侨华人社会尽管有时间和人口积淀,但是因移民结构单一、性别失衡,经济地位处于整个美国社会底层,华人缺少向上流动发展的机会,华人社会发展也非常缓慢,未形成真正富有活力和生长力的成熟华人社会。这一状况也影响了美国华文媒体的发展,同时为后来冷战时期的美国华人社会和华文媒体的演变埋下伏笔。

注释

[1] 陈翰笙.华工出国史料汇编:第一辑(四)[M].北京:中华书局,1985.
[2] 齐锡玉.多云间晴还是阴有阵雨:小布什政府对华政策展望[J].当代世界,2001(3):8-11.
[3] 李长久,施鲁佳.中美关系二百年[M].北京:新华出版社,1984.
[4] 程曼丽.海外华文传媒研究[M].北京:新华出版社,2001:34.
[5] 孙中山.孙中山选集:下[M].北京:人民出版社,1966:493.
[6] 程曼丽.海外华文传媒研究[M].北京:新华出版社,2001:91.
[7] 王士谷.海外华文新闻史研究[M].北京:新华出版社,1998:9.
[8] 甘险峰.中国对外新闻传播史[M].福州:福建人民出版社,2004.
[9] 王士谷.《美洲华侨日报》的创建和发展[J].新闻研究资料,1991(3):157-171.
[10] 王士谷.《美洲华侨日报》的创建和发展[J].新闻研究资料,1991(3):157-171.
[11] 麦礼谦.从华侨到华人:二十世纪美国华人社会发展史[M].香港:三联书店,1992:300.

(本文编辑 徐树华)